中传学者文库编委会

主　任： 廖祥忠　张树庭

副主任： 蔺海波　李　众　刘守训　李新军　王　晖
　　　　　杨　懿　柴剑平

成　员（按姓氏笔画排序）：

王廷信　王栋晗　王晓红　王　雷　文春英
龙小农　付　龙　叶　龙　刘东建　刘剑波
任孟山　李怀亮　李　舒　张绍华　张　晶
张根兴　张毓强　林卫国　郑　月　金　炜
金雪涛　周建新　庞　亮　赵新利　徐红梅
贾秀清　高晓虹　隋　岩　喻　梅　熊澄宇

中传学者文库

1954-2024

主编/柴剑平
执行主编/龙小农
副主编/张毓强 周建新

电视艺术回望与观察

周建新自选集

周建新 著

中国传媒大学出版社
·北京·

图书在版编目（CIP）数据

电视艺术回望与观察：周建新自选集 / 周建新著 . -- 北京：中国传媒大学出版社，2024.8.

（中传学者文库 / 柴剑平主编）.

ISBN 978-7-5657-3739-8

Ⅰ . G229.2-53

中国国家版本馆 CIP 数据核字第 2024KJ0733 号

电视艺术回望与观察：周建新自选集
DIANSHI YISHU HUIWANG YU GUANCHA: ZHOU JIANXIN ZIXUANJI

著　　者	周建新
责任编辑	井彩霞
封面设计	锋尚设计
责任印制	李志鹏

出版发行	中国传媒大学出版社		
社　　址	北京市朝阳区定福庄东街 1 号	**邮　编**	100024
电　　话	86-10-65450528　65450532	**传　真**	65779405
网　　址	http://cucp.cuc.edu.cn		
经　　销	全国新华书店		
印　　刷	北京中科印刷有限公司		
开　　本	710mm×1000mm　1/16		
印　　张	16.75		
字　　数	273 千字		
版　　次	2024 年 8 月第 1 版		
印　　次	2024 年 8 月第 1 次印刷		
书　　号	ISBN 978-7-5657-3739-8/G・3739	**定　价**	84.00 元

本社法律顾问：北京嘉润律师事务所　郭建平

总 序

　　媒介是人类社会交流和传播的基本工具。从口语时代到印刷时代，再经电子时代至今天的数智时代，媒介形态加速演变、融合程度深入发展，媒介已然成为现代社会运行的基础设施和操作系统。今天，人类已经迈入媒介社会，万物皆媒、人人皆媒，无媒介不社会、无传播不治理。今天，无论我们怎么用力于信息传播的研究、怎么重视信息传播人才的培养都不为过。

　　中国传媒大学（其前身为北京广播学院）作为新中国第一所信息传播类院校，自1954年创建伊始，即与媒介形态演变合律同拍、与国家发展同频共振，努力探索中国特色信息传播人才培养模式、构建中国信息传播类学科自主知识体系，执信息传播人才培养之牛耳、发信息传播研究之先声，被誉为"中国广播电视及传媒人才摇篮""信息传播领域知名学府"。

　　追溯中传肇始发轫之起源、瞩望中传砥砺跨越之未来，可谓创业维艰而其命维新。昔日中传因广播而起，因电视而兴，因网络而盛，今天和未来必乘风破浪、蓄势而上，因人工智能而强。在这期间，每一种媒介兴起，中传均吸引一批志于学、问于道、勤于术的

学者汇聚于此,切磋学术、传道授业,立时代之潮头,回应社会需求,成为学界翘楚、行业中坚,遂有今日中传学术研究之森然气象,已历七秩而弦歌不断,将传百世亦风华正茂。

自新时代以来,中传坚守为党育人、为国育才初心,励精图治、勠力前行,秉承"系统治理、创新图强、交叉融合、特色发展"的办学理念,牢牢把握高等教育发展大势、传媒业态发展趋势,瞄准"智能传媒"和"国际一流"两大主攻方向,以世界为坐标、以未来为向度,完成了全面布局和系统升级,正在蹄疾步稳、高质量推动学校从传统高等教育向未来高等教育跨越、从传统传媒教育向智能传媒教育跨越、从国内一流向世界一流跨越,全力建设中国特色、世界一流传媒大学。

中国特色、世界一流,在于有大先生扎根中国大地,汇聚古今、融通中外;在于有大先生执教黉门,学高为师、身正为范;在于有大先生躬耕杏坛,敦品积学、启智润心。习近平总书记更强调,高校教师要立志成为大先生,在教书育人和科研创新上不断创造新业绩。中传广大教师素来以做大先生为毕生职志,努力成为新时代"经师"与"人师"的统一者,做真学问、立高品行,践履"立德树人"使命。

2024岁在甲辰,欣逢中传建校70华诞,学校特邀约部分学者钩玄勒要、增删批阅,遴选已公开刊发的论文汇编成集,出版"中传学者文库",意在呈现学校在学科建设、科学研究、服务行业实践等方面的最新成果,赓续中传文脉,谱写时代新声。

文库汇聚老中青三代学者,资深学者渊渟岳峙、阐幽抉微;中年学者沉潜蓄势、厚积薄发;青年学者踌躇满志、未来可期。文库与五十周年校庆所出版的"北广学者文库"相承接,大致可勾勒中传知识生产薪火相传、三代辉映之概貌，反映中传在构建中国特色新闻传播类、传媒艺术类、传媒技术类学科体系、学术体系和话语体系方面的耕耘与收获，窥见中国特色信息传播类学科知识体系构建的发展脉络与轨迹。

这一构建过程，虽筚路蓝缕，却步履铿锵；虽垦荒拓野，亦四方辐辏。一批肇始于中传，交叉融合、具有中国特色的学科，如播音主持艺术学、广播电视艺术学、传媒艺术学、数字媒体艺术学、政治传播学等，从涓涓细流汇入滔滔江河，从中传走向全国，展现了中传学者构建中国自主知识体系的学术想象力和创新力。文库展示的虽然是历史，实则是呈现今天；看似是总结过去，实则是召唤未来。与其说这套文库的出版，是对既有学术成果的展示，毋宁说是对未来学术创新的邀约。

回首过往，七秩芳华。我们深知，唯有将马克思主义基本原理与中华优秀传统文化相结合，才能推动中华学术创造性转化和创新性发展，推动中国自主知识体系的构建。我们深知，唯有准确把握媒介形态演变的脉动、深刻认知媒介形态变革所产生的影响，才能推动中国信息传播类学科自主知识体系的构建与时俱进。

展望未来，星辰大海。我们深知，以人工智能为代表的产业和科技革命正迅疾而来，媒介生态正在加速重构，教育形态正在全面重塑，大学之使命与价值正在被重新定义；我们深知，唯有"胸怀国之大者"、面向世界科技前沿、面向经济主战场、面向国家重大需求，才能确保中传始终屹立于中国乃至世界传媒教育发展之潮头。

如何应对人工智能带来的深刻变革，对中传而言是一场要么"冲顶"、要么"灭顶"的"兴亡之战"。我们坚信，不管前方是雄关漫道，还是荆棘满途，唯有勇敢直面"教育强国，中传何为？"这一核

心命题，奋力书写"智能传媒教育，中传师生有为！"的精彩答卷，才能化危为机，奋力开创人工智能时代中传智能传媒教育新纪元。

功不唐捐，芳华七秩；风帆正举，赓续创新。

是为序。

第十四届全国政协委员，中国传媒大学党委书记、教授、博士生导师

目　录

电视艺术研究的视野与立场

关于我国电视文艺生态环境的观察与思考 …………………………… 003

如何理解新时代我国影视以人民为中心创作导向的内涵和意义 …… 022

主体性、历史性、生活性：新时代我国电视文化的人民性内涵 …… 030

群众文化的概念辨析、文化特征与时代内涵 …………………………… 037

群众文化与电视艺术互动生成 …………………………………………… 050

建党百年视野下我国群众文艺的发展路径及其特点 ………………… 059

电视艺术历史回望与现状评析

中国少儿电视 60 年的发展路径与理念创新 …………………………… 077

中国文学版权开发与国际传播策略研究 ………………………………… 087

2014 中国电视艺术节目观察与展望 …………………………………… 099

刹住影视创作的不正之风 ………………………………………………… 106

如何看待电视节目主持人"跳槽"？ …………………………………… 109

中国电视受众角色嬗变及新时期电视受众收视需求分析 …………… 111

关于当前我国电视综艺发展问题的观察与思考 ……………………… 117

以军营的热血青春诠释成长主题 …………………………………… 122

电视艺术理论探究与实践创新

电视艺术需求 — 认同的对位模式研究 …………………………… 127
需求与认同的逻辑：论电视艺术审美认同的发生机制 …………… 141
传统化回归与螺旋式升级：论互联网时代传媒艺术审美活动的转向 … 156
电视节目创新动力：外在压力与主体自觉 ………………………… 170
电视节目引进为何压倒原创 ………………………………………… 177
原创关乎未来 ………………………………………………………… 181
关于电视对主流文化传播与引领的思考 …………………………… 183
融媒环境下乡村传播的功能转型及其路径创新 …………………… 190

传媒艺术教育理解与探索

艺考为何热度不减 …………………………………………………… 201
艺考要求提高文化课成绩是好事 …………………………………… 204
影视艺术教育如何跟上行业发展步伐？ …………………………… 206
我国高等院校传媒艺术教育任重道远 ……………………………… 210
发力源、着力点、实施面：传媒艺术教育中创作实践能力培养三论 … 214
媒体融合语境下我国传媒艺术教育创新的动力、理念和模式 …… 225
媒体融合语境下我国传媒艺术实践变革的趋势、本质与反思 …… 237

后记 …………………………………………………………………… 251

电视艺术研究的视野与立场

关于我国电视文艺生态环境的观察与思考*

电视文艺生态与特有的国情、民情以及文化背景有着极其密切的关系。中国电视文艺自1958年诞生至今已有60余年的历史，在半个多世纪的发展历程中逐渐形成了自己鲜明的特色与气质，尤其是改革开放以来，更是获得了长足的进步。从文化生态环境因素分析，中国电视文艺60余年的发展不是孤立的，而是始终与我国政治、经济、社会、文化、科技的发展变化紧密联系，构成电视文艺政治生态环境、电视文艺经济生态环境、电视文艺社会生态环境、电视文艺文化生态环境、电视文艺科技生态环境。它们尽管不是电视文艺的本体力量，但是在电视文艺的内容生产、文本、传播与接受中起着重要作用。因此，无论我们是展望未来电视文艺可能的发展前景，还是审视电视文艺的发展现状，以一种全面的视角来观察思考电视文艺的生态环境总是不可或缺的。

一、电视文艺政治生态环境

电视文艺与政治的关系历来是至关重要、十分关键的，这是由传媒自身的政治属性和阶级属性决定的，也是由我国的党情、国情决定的。[1]

---

* 本文原载于《中国电视文艺发展略论》2017年版，第36页到第54页，收入本书时略有改动。
[1] 胡智锋. 传统文化应成为电视节目创新的重要资源[N]. 光明日报, 2014-10-09（1）.

（一）电视文艺对于政治的工具属性及其影响

我们历来把中国电视视为党和政府的喉舌，尽管在半个多世纪的发展进程中出现过极"左"或极右的各种不同的看法，但无论是主流电视媒体的管理者还是大多数的电视从业者，对于这个立场和定位的认识都是明确、坚定的。正因如此，中国电视对于自己的工具性的特质从整体上看占据着主流判断和主流认识的地位。"建立在社会主义政治体制背景下的中国电视，从一开始就奠定了其特殊的重要地位——党和政府的喉舌和宣传工具。"[①] 基于电视的稀缺性、重要性，早期中国电视文艺主要围绕党和政府的中心工作来创作生产，"主要体现的是宣传教化功能，扮演着党和政府的喉舌角色，突出强调的是意识形态的要求"[②]。即使是改革开放以后，市场经济体制确立，中国电视在管理体制上依然是作为党和国家意识形态管理工作中的一项重要任务来抓，其方向性、思想性、价值观都服从于党和国家相关的法律法规。与此同时，电视文艺作为重要的宣传工具，始终围绕着党和国家的核心工作、重要的政治任务来进行创作、宣传，如党和国家重大节庆假日的纪念晚会、庆祝晚会、赈灾晚会等主题性晚会的开展；卫视黄金档播出的具有公益性的电视文艺节目，宣传好人好事、传播正能量、宣扬积极的社会价值观的道德性的电视文艺节目，以及弘扬优秀民族传统文化的文化类电视文艺节目等。

在西方，关于电视的说法如"社会公器""第四势力"等都表达着电视对于社会政治的反作用力。在中国，电视文艺的成长也直接或间接地影响着中国政治生活的风云变幻，如《超级女声》的出现，笔者曾撰文认为"2005年的《超级女声》火爆全国，演变成一个电视事件、媒介事件、文化事件"，此后，"电视娱乐选秀热潮大有愈演愈烈之势，其影响已不仅仅在于娱乐节目本身，也辐射到电视荧屏的其他各类节目中，海选、PK一时间成为大众熟悉的时尚名词；社会生活方面，各种社区活动、校园文化活动、商业文化活动，

---

① 刘习良. 中国电视史 [M]. 北京：中国广播电视出版社，2007：30.
② 胡智锋，周建新. 从"宣传品"、"作品"到"产品"——中国电视50年节目创新的三个发展阶段 [J]. 现代传播（中国传媒大学学报），2008（4）：1-6.

无处不隐藏着 PK、选秀的影子"。① 因此，娱乐选秀节目因为其"草根"性、平民性被认为是推动政治民主化的一种力量。再以《星光大道》为例，笔者曾经撰文认为它"自觉树立群众意识，将内容生产与新时期群众文化的开展主动结合，自觉走群众路线，凝聚草根大众，植根群众文化，吸引广大群众参与"。凝聚"草根"大众主要表现在其"汇聚全球能人，打造百姓明星"的节目主旨上；"植根群众文化主要表现在其充分展示选手的才艺。对选手的才艺表演没有形式、内容、风格等具体要求，音乐、舞蹈、杂技、相声、小品等，不管是民间绝活儿还是民族风情，不管是传统技艺还是流行文化，都可以在《星光大道》的舞台上自由绽放。"② 它的政治意义也正在于为普罗大众提供了一个国家级的展示平台，为社会文化开展提供了新的舞台，为文艺人才成长提供了新的渠道，从而彰显了国家媒体的社会责任。

（二）国家政治状态影响电视文艺的发展状况

影响电视文艺发展的重要因素往往取决于政治的发展与进步。改革开放使中国电视文艺获得了巨大的发展机遇，而20世纪90年代以来社会转型期的政治生态，无论是国际政治影响，还是国内政治（民主化、制度化、公开化、亲民化等）发展，都直接影响着电视文艺的内容生产与运营。"文革"结束后，十一届三中全会召开，全国上下解放思想、实事求是，国家从以阶级斗争为纲转移到以经济建设为中心。"在科学、教育、文艺的全面复苏与振兴之中，电视事业也焕发出勃勃生机……到1979年，尽管电视节目谈不上丰富，但是在改革开放的大背景下，随着进口电视的涌入和国产电视产量的增加，电视的优势被日趋增多的普通观众所领略"，"1979年，中国内地共有电视接收机485万台，……也正是从这年开始，电视的家庭拥有量和电视在社会上的影响力一起迅速提升。到1983年，猛增至3611万台。"③ 中国电视事业也因此获得了快速的发展机遇，"1980年，电视在中国的大中城市开始

---

① 胡智锋，周建新. 娱乐选秀热忧思[N]. 人民日报，2006-10-12（1）.
② 胡智锋，周建新. "星光"求变的启示[N]. 人民日报，2013-05-03（1）.
③ 刘习良. 中国电视史[M]. 北京：中国广播电视出版社，2007：155-156.

深入家庭,走向普及"①。"1983年到1991年是我国电视业的转型期。……电视开始作为普通家用电器进入平常人家。为满足广大观众日益增长的文化需求,电视屏幕也逐渐变得丰富多彩起来。……截至1990年底,中国电视共有频道554套,平均每周播出时长为22298小时,其中文艺节目占67.2%。到1991年,全国共有电视台543座,电视的人口混合覆盖率达到80.7%,全国有电视2亿台。"②"那么多家庭都有了一台电视,当然不只是摆在那里充充样子,这个世界上的大多数人早已养成了看电视的习惯。……电视旁的生活早已作为一种新的生活方式得到了人们的普遍认同。"③因此,从20世纪80年代开始,电视文艺就逐渐成为群众文化生活的重要组成部分,且比例逐渐提高,逐渐成为举世罕见的"传播之广、观众之多、容量之大、信息之新、影响之深"④的文化艺术样式,丰富了广大群众的日常文化生活,并成为群众文化生活的日常"伴侣"。20世纪90年代后半期以来,我国市场经济体制的重要地位逐步得以明确和确立,电视媒体的体制也随之改革,电视文艺生产力得到进一步的激活和释放。

总结我国电视文艺与政治的关系,或者说从政治视角来分析中国电视文艺,首先必须明确国家意识形态不能模糊,但意识形态与电视文艺也不应该是两张皮,生硬地贴在一起,而应该处理好二者之间的有机融合,这就是电视文艺的"传播艺术"⑤。因此,这里有两个问题需要明确:第一,电视文艺作为媒体承担党和国家的口舌功能这一点不容更改,然而哪些是国家意识形态,哪些是社会主义核心价值观?国家意识形态是不是简单地等同于政治宣传,政治宣传是不是等同于正面宣传、歌功颂德?这些问题还存在着模糊不清的现状。将政治和意识形态混杂在一起,把政治演化成国家意识形态,比较泛泛。所以从政治角度来看,国家意识形态还需要再强化、再清晰、再突出、

---

① 苗棣,范钟离.电视文化学[M].北京:北京广播学院出版社,1997:162.
② 刘习良.中国电视史[M].北京:中国广播电视出版社,2007:259.
③ 苗棣,范钟离.电视文化学[M].北京:北京广播学院出版社,1997:159.
④ 张凤铸.中国电视文艺学[M].北京:北京广播学院出版社,1999:2.
⑤ 胡智锋.电视传播艺术学[M].北京:北京大学出版社,2004.

再聚焦，应该给予社会主义核心价值观电视化、艺术化、情感化的表达。第二，电视文艺不应该只是对内，还应该着眼国际、放眼全球，不仅要"请进来"，还要"走出去"。从国际政治大环境来看，当今世界依然很不安宁，和平演变、思想渗透、文化入侵、文化霸权、软实力斗争等所谓国家文化安全问题时时刻刻存在，这就要求我们的电视文艺在坚守阵地的同时还要抵制入侵，在自我保护的同时还要承担好国际文化交流沟通的重任，塑造良好的国家形象，发出国家声音，"讲好中国故事"，因为文化是一个国家能否和世界上其他民族比肩的一个最基本的基础。

二、电视文艺经济生态环境

经济（市场）与电视文艺的关系也是相当密切的，西方电视从一开始就进入了资本主义市场体系的运作之中，成为传媒产业和娱乐产业的重要组成部分。在我国，我们对电视的市场属性、产业属性、商品属性的认知是经历了较长一段时间之后才逐渐形成的。

（一）经济（市场）发展极大地影响着电视文艺的发展

我们可以看到，一个国家、一个地区电视媒体的成长，无论是速度还是效率（包括质量），往往是与经济发展的状况相吻合的。一般说来，电视发展的状态是和经济发展的状态成正比的，经济发达往往带来电视媒体的发达，而经济媒体薄弱则往往导致电视媒体薄弱。当然，在个别地方经济发展的速度和效益与电视发展的速度和效益不成比例，有的地方经济发达电视媒体薄弱，有的地方经济虽然欠发达电视媒体却相对繁盛，例如被业界誉为"电视湘军"的湖南电视台，20世纪90年代以来，就一直引领娱乐潮流，在我国电视文艺市场中占据重要的位置，但其所在地的经济实力与电视文艺实力并不匹配；相反，广东、北京等经济发达地区在电视文艺总体实力上并不与其经济实力相匹配，在各大卫视的竞争当中并不占上风。但从总体上看，电视文艺实力与市场发展成熟度还是成正比的，因为电视文艺无论是制作、传播还是受众消费都需要一定的经济实力作为支撑，以北京为例，尽管北京卫视不属于卫视第一梯队，但是北京地区所占有的电视文艺资源，如节目制作公司、节目创作人才、专家资源、研发资源、资本，与其他省市相比，还是占据着绝对优势的，一线卫视的一些节目很多都是在北京录制的，也有很多是依托北京的影视制作公司、创作人才完成的，这是不争的事实。

（二）电视文艺自身产业价值得到了极大的释放

电视文艺依靠自己独有的传媒优势，在宣传引导、品牌推广、活跃经济、繁荣市场等方面扮演着相当重要的角色。一个地区的经济（市场）的繁荣与活跃常常离不开电视文艺的支持和参与，不论是生产、流通还是消费，电视文艺在经济生活和市场运行中始终扮演着不可或缺的角色，甚至在某些领域，电视文艺既可以成功塑造市场品牌也可以打击、销毁市场品牌。21世纪初，国外瞄准节目行业集中发力，韩国、荷兰、英国的电视综艺节目模式研发公司在国际电视节目交易市场上大获成功，尤其是在电视节目模式版权的交易上获得了较高的收益。中国电视从1979年播出第一条广告到1992年邓小平南方谈话之后自觉改革，再到今天我们越来越清晰地看到它在资源配置、产业运营等诸多方面的巨大潜力，电视文艺在内容生产、营销推广、媒体品牌打造、产品产业链开发等方面，都起到了十分重要的作用。以《星光大道》为例，作为中央电视台的一个老牌综艺节目，它坚持正确的价值观和社会导向，展现真善美，歌颂爱与梦想，同时积极探索市场化道路。2013年，《星光大道》的独家冠名权高达3.3999亿元，充分体现了其市场价值，证明了其市场化路线的成功。① 可以说电视卫星频道的竞争就是电视综艺娱乐品牌的竞争，强势的综艺品牌的带动作用、边界效益对于整个电视媒体综合实力的重要性不言而喻，例如《中国新歌声》（原《中国好声音》）之于浙江卫视，《非诚勿扰》之于江苏卫视，《快乐大本营》之于湖南卫视等。中国电视自21世纪初开始突飞猛进地发展，在相当大程度上依赖于对电视文艺的产业属性、商品

---

① 胡智锋，周建新."星光"求变的启示［N］.人民日报，2013-05-03（1）.

属性的认识的自觉，相信未来电视文艺市场价值的开发对于经济的贡献会越来越大。

总结电视文艺与经济之间的关系，或者说从经济视角来分析，中国电视文艺的发展现状有两个问题需要重视：第一，要防止电视文艺过度市场化行为；第二，要发挥政府宏观调控职能，保证电视文艺市场竞争公平有序。"娱乐选秀节目的出现和走向火爆，固然部分满足了一个时期一个阶段部分观众的外在、内在的某些需求，但从整体和长远来看，这显然是一种可以产生极大负面效应的潮流。"[①] 这种负面效应就是娱乐化带来的问题，一方面"麻醉"了观众，消解了审美价值的严肃崇高，也消解了生活本应该有的丰富层次；另一方面娱乐化助长了社会的纸醉金迷、娱乐喧嚣的不良风气。必须正视的事实是，电视文艺一方面是消费主义价值观和生活方式的助推器，另一方面传媒自身也在逐步的消费化，而这两者一起构成了当代社会的重要文化特征。在市场经济体制的大背景下，电视文艺出现了不良倾向，诸如一切"向钱看"，唯市场、唯产业、唯收视率为上的追求，再加上我们自身体制机制的不够完善，如频道过多、过滥等，市场变得混乱，抢占中国电视整体的市场份额的过程中充斥着恶性竞争。面对新媒体的快速发展、境外媒体的竞争以及其他诸多娱乐方式和信息传播方式的竞争，行业整体市场竞争力不仅没有上升反而在下降，市场份额也呈现萎缩趋势。开机率下降，年轻观众远离，收视率不高，广告额减少，这些都是不争的事实。在这种局面下，即使电视文艺拼命地降低成本、扩张内容和频道，然而在有限的蛋糕中争夺，其结果必然导致恶性循环。为了促进电视文艺市场公平有序竞争，净化电视市场氛围，电视主管部门采取了很多有力措施。21世纪以来，中国电视文艺取得了不俗的成绩，但该时期也是问题比较突出的时期，政府频繁下发的各种"调控"文件、政策、规范可以作为佐证，诸如"限娱令""限唱令""限外令""限真令"等。例如《关于进一步加强电视上星综合频道节目管理的意见》中要求，"从2012年1月1日起，34个电视上星综合频道要提高新闻类节目播出

---

① 胡智锋，周建新. "娱乐选秀热"忧思[N]. 人民日报，2006-10-12（1）.

量,同时对部分类型节目播出实施调控,以防止过度娱乐化和低俗化倾向。电视上星综合频道是以新闻宣传为主的综合频道,要扩大新闻、经济、文化、科教、少儿、纪录片等多种类型节目的播出比例。各电视上星综合频道还要开办一个弘扬中华民族传统美德和社会主义核心价值体系的思想道德建设栏目"。

三、电视文艺社会生态环境

电视文艺成长于中国社会的土壤之中,它与这块土地,与这种独特的社会生态从来都是相互依存、共同成长和共同进步的。

(一)社会发展状况极大地影响着电视文艺的发展状况

不论是某一时期社会的心理状态、情感状态还是社会组织机构的状态、社会阶层的变迁乃至社会道德、社会风尚的变动,都直接或间接地给某一时期的电视文艺打上深深的烙印。不同时期的电视的风貌甚至可以从一个侧面反映一个时期的社会状态,如积极与消极、正面与负面、健康与不健康等状态都会毫无保留地呈现在一定时期的电视文艺内容之中。这就是电视文艺创作为什么要重视对时代精神的把握和塑造的重要原因。习近平总书记在文艺座谈会上强调,"文艺工作者要志存高远,随着时代生活创新,以自己的艺术个性进行创新。要坚持百花齐放、百家争鸣的方针,发扬学术民主、艺术民主,营造积极健康、宽松和谐的氛围,提倡不同观点和学派充分讨论,提倡体裁、题材、形式、手段充分发展,推动观念、内容、风格、流派切磋互鉴"①。

---

① 习近平.在文艺座谈会上的讲话[EB/OL].(2015-10-15)[2024-05-09]. https://mp.weixin.qq.com/s?__biz=MzA3NTE5MzQzMA==&mid=208944532&idx=1&sn=84e1e6e5dd8920cce19c219fe463c89d&chksm=16f4d0ad218359bb88edc5aedffab1b74a2f8d9c35892f1ff5568407e8ff684b427f0ab8ad79&scene=27.

（二）电视文艺影响社会精神面貌并应承担社会责任

每一个时代有每一个时代的电视文化，每一个时代的电视文化对于那个时代人的精神文化生活的影响，会不同程度地反映在他们的时代精神面貌上。从每一代人所受的电视的影响观察每一代人的个性，会有很有趣的发现。不论是电视节目形式，如电视综艺栏目、电视文艺晚会、电视娱乐选秀等，还是特定的价值取向、思维方式乃至语言方式，都给当时的人们留下了深刻的记忆，特别是正在成长中的青少年。从各界、各不同年龄人群、不同个体的成长中，我们都可以看出电视对他们的深刻影响。

毫无疑问，有一点是大家普遍达成共识的，这就是电视由于其巨大甚至不可代替的影响力，承担着巨大的社会责任。电视媒介在它的市场诉求和社会责任之间常常扮演着相互矛盾的角色，一方面电视自身需要建构自己的经济链条，需要获取利润，以求再生产再发展；另一方面这种"唯利是图"的市场诉求又可能与公众意愿不尽相同。但是，这并不代表电视的经济效益与社会效益是不可调和的，恰恰相反，电视文艺彰显社会责任反而会为其带来巨大的社会关注和社会影响，进而提升其品牌影响力、美誉度和知名度。在这种情形下，如何承担起自身的媒介社会责任，是正处于"转型期"的中国电视文艺所必须思考和迎接的挑战。关于电视收视率的批判大概的指向就在于此，有学者批评——"收视率导向之所以值得批判，是因为其将收视率强调到了对节目的去留具有决定性影响的地步，使收视率从评价节目的手段变成了节目存在的目的。商业逻辑被置入文化领域，收视率掌控传媒文化，在这个过程中，文化与商品等同，公民同消费者混一，消费能力代替文化品位，受众的文化选择被极大地限制。与其说收视率是规范的民主，倒不如说它是金钱的暴政或群氓的狂欢"。① 收视率本身没有问题，它是一种客观的收视效果的评价指标体系，但是将其作为唯一的标准，就会产生收视率霸权，不仅

---

① 时统宇，吕强. 收视率导向批判——民主的视角［J］. 现代传播（中国传媒大学学报），2006（6）: 1-6.

会误导电视文艺的发展方向，也会丢失观众。

依据民族、宗教、受教育程度、性别、收入状况、生活品质、职业状况等可以将社会分为不同的群落。当前，中国社会阶层的分化日益复杂，社会生活当中不平衡的状态所引发的社会矛盾、社会问题日益显现。尽管不同的群体在社会中扮演的角色不同，所处的政治、经济地位不同，所持有的价值观，特别是伦理观、道德观不同，具体的社会需求也不同，但对电视媒体的社会责任要求是有共识的，那就是需要电视媒体在沟通社会各阶层、各群落的关系，规范社会的行为，建构积极的社会伦理价值观，建构和谐社会等方面扮演重要的角色。

总结电视文艺与社会的关系，或者从社会视角来审视电视文艺存在的一些问题，有两点必须警惕：第一，电视文艺的公信力和社会责任意识需要强化，要珍惜来之不易的社会形象；第二，电视文艺的公共服务意识有待加强，要积极参与到培育、弘扬社会主义核心价值观的活动当中。在我国，以生产资料公有制为主体的基本媒介经济制度，决定了媒体是社会公共利益和人民根本利益的代表。传媒是公共部门，以满足社会公共需要为着眼点，因其与广大人民的切身利益紧密联系而带有明显的"公益性"特征。电视文艺即使是"私"的也并非是"个人"的，同时媒介的传播活动也不能任由私有者或私营者决定，它是社会上的公共事务，在安全方面具有重要的战略地位。公共文化服务诉求是由我国传媒的政治属性决定的，而且随着传媒产业化、市场化进程的加快，传媒的公共服务职能也将被凸显，它将成为我国传媒政策调控非常重要的一种手段，以此来制约传媒的泛娱乐化，并保证传媒的价值导向。所以，从诞生的那一天起，电视文艺所提供的信息和文化内容产品就具备"服务意识"。然而在电视市场化、产业化的过程中，电视文艺的公共服务职能被淡化，或者说没有被清晰地认识。大力推进公共服务是构建和谐社会、促进社会公平的重要举措。以怎样的姿态、怎样的核心价值观，引领电视文艺的发展是电视媒体在复杂的语境中必须首先正视的问题。电视文艺既是传媒也是艺术，既承担着社会责任、媒介责任，也承担着文化传承与创新、实现艺术审美价值的功能。中国电视文艺依然在构建和谐社会、弘扬民族文化、塑造国家形象、满足人民群众不断增长的精神文化需求方面担当重任，如果偏离了社会主义核心价值观，不论做得怎样花哨，其权威性、公信力和影响力迟早都会衰竭。

四、电视文艺文化生态环境

电视文艺的发生发展脱离不了大的社会文化生态。人类创造了电视媒体，而这种媒体正逐渐发展并不断地改变着人类的文化生态，电视与文化的互动构成了半个多世纪以来人类文化中令人瞩目、前所未有的文化景观。

（一）文化传统和文化思潮极大地影响着电视文艺

文化传统更多的是"遗传"意义上历史积淀下来的一种价值取向、思维方式和知识系统，对于中国文化而言，以民族传统文化、社会主义文化和革命文化为主导，构成了当代电视最重要的文化传统和文化土壤。伽达默尔曾说："传统并不是我们继承得来的一宗现成之物，而是我们自己把它生产出来的，因为我们理解着传统的进展并且参与传统的进展之中，从而我们自己也就进一步规定了传统。"[1] 而文化思潮则更多的是当下的，是在特定的政治、经济、社会环境中锻造出来的时代文化，是人们当下的一种价值观念和思维方式以及知识系统。对于我国的电视文艺而言，当代文化思潮的冲击对于电视文艺的价值观和话语系统不仅是背景，更直接呈现于电视文艺中。

（二）电视文艺影响改变着当代文化的格局与动向

改革开放以来，中国电视文艺获得了快速的发展，由于其自身影响力的不断提升，使文化格局由以主流精英文化为主导逐渐倾向于大众文化地位的提升。所谓"日常生活审美化"的当代文化取向在很大程度上源于电视文艺的冲击。由于电视文艺深入千家万户，使大众文化几乎无孔不入，成就了当

---

[1] 贺庆国.在历史和历史性之间[D].长春：吉林大学，2011.

代文化不可忽略的乃至起决定作用的地位。同时，境外电视文化的进入也不断地改变着当代中国电视的文化格局，极大地改变着当代文化生态。电视文艺面临的是"土八路"与"洋鬼子"两种模式之间博弈的问题，也就是如何在全球化的背景下走出一条符合中国国情的本土化创新路子的问题。这个问题看起来简单，似乎原因也很清楚，但是为何会"屡禁不止"，恐怕就不能只是盯着电视文艺本身"头疼医头，脚疼医脚"了。对于海外节目的引进，有学者认为，不仅要"引进"，即"在引进过程中弄清新渠道、新方式、新生产关系如何运作（媒介机制的创新表现）"，还要"走进"，即"在本土化过程中引进模式的角色认同、融合、制作和再创作走向（本土角色的主动制造）"，更要"跨进"，即"在中国媒介生态下获得可持续发展的可行性和方法论"。①

（三）电视文艺构成了当代独特的媒介文化与艺术景观

电视文艺主体是由媒介和艺术娱乐内容构成的，它作为媒介在发布信息、整理信息、传导价值观念、制造媒介事件、设置媒介活动等过程中越来越多地影响着当代文化的取向与发展趋势。作为重要的娱乐活动，电视文艺通过情感的宣泄、心理的疏导来营造特定的氛围，制造种种偶像，满足人们的情感心理需求。不管是平民偶像还是明星偶像，都会以一种符号崇拜的形式来搅动文化艺术潮流，因此，关于电视文艺是媚雅还是媚俗、深刻还是浅薄、优良还是拙劣等的争议从来就没有停止过，而正是这样的争议使电视文艺制造了我们的时代的不可或缺的文化景致。

（四）文化的民族性影响了电视受众审美的"本土化"需求

作为人类精神生产的核心，文化既具有人类性特质，又具有民族性特质。文化的民族性是文化之所以具有稳定特质的重要原因。"一切划时代的体系的真正内容都是由产生这些体系的那个时期的需要形成的。所有这些体系都是

---

① 俞虹，肖妍琳.引进·走进·跨进——海外电视模式版权引进机制与本土化生存研究[J].南方电视学刊，2012（5）：7-10.

以本国过去的整体发展为基础的,是以阶级关系的历史形式及其政治的、道德的、哲学的以及其他的后果为基础的。"① 一个民族的传统之所以延续相当长的时间,是与其稳定性分不开的。每一种民族文化都是数百上千年遗传下来的,虽历经多次改朝换代,其核心内容却是相对稳定、凝固和完整的,如伦理道德、价值观念、生活习惯、礼俗、语言文字等。一般说来,一个民族的文化历史越长,文化积淀越厚,文化的民族性就越强;历史越短,文化积淀越薄,民族性就越弱。可以说,在世界各民族的文化中,中华文化是民族性最强的民族文化之一。我们的民族传统深深扎根于5000年以上悠久的历史传统之中,既能体现心忧天下、自强不息、厚德载物、和谐八方的姿态,又能体现爱好和平、团结统一、勤劳勇敢、自强不息的伟大民族精神。文化的多样性恰如生物的多样性,是人类赖以生存的精神基石。中国在逐渐崛起的进程中,感受到提升文化软实力的重要意义,也感受到维护人类文化多样性的重要意义。于是,中国在传统与现代、本国与外国、主流与非主流、引进和输出等多种文化关系中探索建构多种合理文化生态的可能性,这种可能性构成了中国电视文艺受众特殊的审美诉求。

(五)文化的地域性影响了电视受众的审美取向

所谓"一方水土养一方人",不同的地域在长期的历史过程中形成了个性格鲜明、极具特色的地域文化。中国是一个地域辽阔、民族众多、地域文化丰富多样的国家,例如中原文化、巴蜀文化、闽南文化、湘西文化等。地域文化的差异决定了电视受众在思维习惯、生活习惯以及行为习惯等方面有所不同,这些最终都将影响电视受众的审美心理,影响电视受众审美体验的方式和习惯。有人将中国电视观众分为京派观众群、海派观众群、西部观众群、东北观众群和岭南观众群。② 关于中国地域文化的划分,不同的标准会有不同的结果,但总的来说,那就是中国的区域文化十分复杂。尽管电视文化是一

---

① 中直党建. 中国梦的实践特色、理论特色、民族特色、时代特色[EB/OL].(2008-12-29)[2024-05-10]. http://www.ptjgdj.gov.cn/djyj/gzdy/sxjs_43642/201504/t20150424_1617086.
② 秦俊香. 影视接受心理[M]. 北京:中国传媒大学出版社,2006:38-51.

种大众文化,电视节目总是追求受众的大众化,但是我们不得不正视的现实是,任何一个节目都不可能独霸天下,电视文艺受众总是有其差异性的。从这个角度来讲,电视文艺在追求收视大众化的同时也必须考虑目标受众,即分众化的问题,而区域受众就是分众化里的一种表现形式。2010年前后关于省级卫视定位问题的大讨论就充分体现了这种地域文化对电视文艺的重要影响。"电视作为一种媒体,本身是中性的,电视的内容却有着相当强的民族历史文化限定。因此,选择什么样的内容,承载什么样的功能,是省级卫视需要仔细斟酌的问题。要成功地实现自己的定位,就必须把握电视传媒的一般特质,把握普通观众的审美需求,同时充分考虑到卫视所处的独特地域文化因素。换句话说,省级卫视确定自身的定位既需要考虑电视传媒的普遍规律,也需要考虑中国电视的一般规律,更需要考虑地方省级卫视的特殊规律,只有将三个方面有机地融合在一起,普遍的优势和特殊的优势才有可能充分发挥出来。不论是只考虑电视传媒的一般规律,还是仅仅考虑中国电视的普遍性规律,抑或仅仅考虑地方的特殊规律,这种单一优势都很难转化成真正的优势。在理性地分析媒介环境和竞争格局的前提下,巧妙地发掘自身的资源和特色,并据此制定适合自身的发展战略,亮出自己的旗帜。"[1] 正因如此,独有的地域文化资源被各个省级卫视作为一种不可替代的优势加以利用。以山西卫视为例,它充分利用非常丰富的三晋文化资源,不断推陈出新,在传播地域文化方面形成了独有的发展思路;再以东南卫视为例,为进一步突出与提炼自身的品牌形象及核心竞争力,它曾全新推出《欢乐海峡》通栏节目,在改进现有品牌栏目以及推出新节目的基础上,集中自身竞争优势,大策划、大制作、大品牌、大活动,倾心打造《欢乐海峡》的强势品牌。具体来说,东南卫视有以下优势:一是地处海峡西岸,有得天独厚、独一无二的地缘优势;二是充分利用中国台湾的资源,铸就节目的特色。[2]

总结电视文艺与文化之间的关系,或者说从文化视角反观电视文艺生态,

---

[1] 胡智锋,顾亚奇.省级卫视定位的问题与对策[J].电视研究,2006(1):13-14.
[2] 搜狐娱乐.东南卫视推出"欢乐海峡"倾心打造强势品牌[EB/OL].(2006-11-21)[2024-05-08].http://yule.sohu.com/20061121/n246525186.

有两点需要关注：第一，中华民族优秀的传统历史文化必须弘扬。在电视文艺创作和传播的过程中，始终要有正确的历史观，对历史文化的认知与寻根十分重要，这是国家文化责任的体现，也是广大观众内在的文化心理需求。电视文艺有传承文化、传承历史的责任，电视文艺是当代最大的传播平台和文艺载体，老百姓从电视文艺里获取对传统文化的认知最为便捷，因此，传统文化的设置不可或缺。随着国家文化软实力的提高，对传统文化的需求力度与传承力度会越来越大。我们在传承文化的同时经常会遇到受利益驱动而肆意改写历史、恶搞历史人物、消解英雄人物形象、挑战传统道德良知的问题。第二，雅俗共赏，自觉抵制"三俗"。文化有雅有俗，但雅俗没有简单的高低之分。电视文艺的"三俗"现象发生的根本问题就在于将电视文艺的功能需求简单地等同于生理的娱乐需求，而忽略了它的层次性、方向性和情感性，因此，也就失去了情感深度。但是，我们不得不面对电视文艺尴尬的现实，正如习近平总书记批评的，"有的搜奇猎艳、一味媚俗、趣味低级，把作品当作追逐利益的'摇钱树'，当作感官刺激的'摇头丸'"，"人类文艺发展史表明，急功近利，竭泽而渔，粗制滥造，不仅是对文艺的一种伤害，也是对社会精神生活的一种伤害"。①

五、电视文艺科技生态环境

从技术的角度看，电视的历史不过百年，但我们发现，几乎每一次重大的技术进步都是为了使电视语言有更好的表现力，以便更好地满足受众的感知需求。一方面，这些进步满足了电视受众的视觉需求——色彩更加鲜艳、饱满，画面更加清晰、稳定；另一方面，也满足了电视受众的听觉需求——声音更加立体、震撼。1925年10月2日，英国的科学家贝尔德首次试制成功

---

① 习近平.在文艺工作座谈会上的讲话［EB/OL］.（2015-10-15）［2024-05-09］. https://mp.weixin.qq.com/s?__biz=MzA3NTE5MzQzMA==&mid=208944532&idx=1&sn=84e1e6e5dd8920cce19c219fe463c89d&chksm=16f4d0ad218359bb88edc5aedffab1b74a2f8d9c35892f1ff5568407e8ff684b427f0ab8ad79&scene=27.

机械圆盘电视，发明了世界上的第一台电视机。经过多年的努力和不断改进，贝尔德于1926年1月26日第一次做了正式的电视表演。1932年，英国广播公司播出了世界上第一个规范的电视节目。从此，人类开始步入了电视时代。1940年，美国的古尔马研制出机电式彩色电视系统。1951年，美国的H.洛发明了三枪荫罩式彩色显像管，洛伦斯发明了单枪式彩色显像管。从电视机的诞生到彩色电视机的出现，只用了短短不到30年。纵览电视技术发展史，从黑白屏幕到彩色屏幕，从小屏幕到大屏幕，从模拟信号到数字信号，从无线传播到有线传播再到卫星传播，从家庭收视到户外收视……电视机的成像技术、接收技术、信号传输技术等飞速发展，各种各样的电视机以及电视收看方式纷纷出现，如等离子电视、宽屏电视、数字电视、户外大屏、公交电视、楼宇电视、网络电视等，它们的出现都始终围绕着一条主线或者说一个目的，那就是极大地丰富电视受众的感知力。

作为20世纪诞生的现代传媒与现代娱乐样式，电视文艺毫无疑问是20世纪高科技的产物，是20世纪电子技术发展的结晶，从科技角度来看电视文艺因此也就成了一个十分重要的研究视角。尤其是在当前电视文艺面临着互联网的冲击的背景下，这种研究就显得更加迫切和必要。从科技视角来审视电视文艺，有以下几点需要关注。

（一）科技的进步推动着电视文艺的发展

作为高科技的产物，科技发展的水平直接影响着电视文艺的风貌与发展的状态，从无线到有线，从黑白到彩色，从微波传送到卫星传送，从模拟到数字，这一系列的科技进步都对电视文艺生产、制作、传播的方式乃至电视文艺的内容变化产生着直接的、决定性的影响与作用。受网络影响，电视文艺传播也不得不由相对封闭的、单项的传播方式向开放的、双向互动的传播方式转变，重要的变化特点就是互动性和参与性的增强。有学者认为，电视文艺与受众的互动形式分为两种，即"传统互动"和"现代互动"。"传统互动"指的是"借助电话、手机短信等形式参与节目或部分受众作为嘉宾参与节目录制过程的低层次互动"。"现代互动"则是"受众通过新媒体收看电视文艺节目，并借助新媒体平台提供的各种技术支持，让受众直接参与到节目的制作中来的高级互动"[①]。当前的电视综艺节目基本都属于"现代互动"，更强调观众的参与感和互动感以及节目的实时性和现场性。从某种程度上讲，电视综艺娱乐节目如此火爆也与此有关，即调动普罗大众的积极性和参与性。总之，一方面，电视文艺自身的发展离不开科技的不断进步，它要求科技不断地改进和提升；另一方面，电视文艺作为大众传媒在推动科技转化为现实生产力、塑造人们的科学观以及推进新的科技发明与科技交流方面都直接或间接地产生着重要的影响，各种探索发现类的节目都对人类的科技进步发挥了自己独特的作用。

（二）电视文艺科技含量的提高离不开相关领域科技含量的提高

不论是电视文艺的生产、制作还是传播，我们都可以看到卫星技术、数字技术、网络技术的快速发展在电视科技含量的提升中产生的直接影响，从而催生了卫星电视、数字电视、网络电视。这些相关领域的科技含量的提升与传统电视文艺的结合，不断地改造着电视文艺的景观和形象。雷蒙德·威廉斯认为，"对于科技的寻求和发展，始终伴随着头脑中已有的某些目的和用途"[②]。其实，从莫尔斯的有线电报到马可尼的无线电报，从贝尔德的第一台电视机到亚历山大宫的首次试播，这背后都是人类一直以来的朴素的信息传播愿望，即更快更好地把信息传送到更远更多的人群当中去。[③] 人类对于信息的需求激发了科技进步，科技进步又为电视文艺的发展提供了源源不断的动力支持。

（三）技术进步推动媒介融合快速迈进

传媒科技应用发生了很大的变革，对传媒发展的影响日益深刻，影响着中国乃至世界传媒的发展进程。之前我们还在热议新媒体与传统媒体的媒介

[①] 欧阳宏生. 电视文艺学 [M]. 西安：陕西师范大学出版总社有限公司，2012：118.
[②] Williams R. Television: technology and cultural form [M]. New York: Routledge, 1990: 14.
[③] 苗棣，范钟离. 电视文化学 [M]. 北京：北京广播学院出版社，1997：1.

融合，打造全媒体的问题。我们惊叹传统的电影、电视综艺、电视剧、动漫、游戏之间的界限越来越模糊，电视剧中大量使用电影手法，电视综艺节目衍变成为电影产品，一个热门的文学 IP 可以开发成游戏、动漫、电影、电视剧、文化产业园等，而且这些彼此交叉交融。现在，媒介融合的案例已经是稀松平常，对于传媒发展而言，已经不是新媒体与传统媒体之间的竞争合作那么简单，而是跨界融合的趋势不可阻挡，更有愈演愈烈之势。有学者认为，"随着媒介终端的数字化，电影、电视、电脑、移动终端之间的界限日益模糊，它们的相互融合日渐频繁。内容产品已经难以仅凭电影、电视、网络视频、游戏等传统分类进行识别"[1]。传媒艺术类各个品种之间的交叉融合，直至地产、金融、矿业、建筑等其他行业资本强势进入传媒行业，且努力在生产品牌、创作平台、后期开发等链条上全打通，组建全媒体文化集团，典型的案例就是万达对全球电影产业上中下游的通盘整合。

总结电视文艺与科技之间的关系，或者从科技视角来观察电视文艺，这是电视文艺发展必须面临的问题。毫无疑问，当前及今后一段时期，随着数字技术、通信技术的发展，IPTV、网络电视、手机电视、移动电视、户外大屏等新媒体样式相继出现，我们已经处在一个由新媒体营造的语境之中。新媒体一方面对电视文艺产生了极大冲击，改变着传媒的格局与生态；另一方面也对社会生活的各个领域产生着极大冲击，创造着新的社会生活景观。可以说，今后一段时期，新媒体的影响力还将加速提升。新媒体的强大影响将使电视文艺遭遇前所未有的挑战和冲击，如电视受众的关注度明显下降，新媒体正在非常强力地蚕食传统电视的受众市场，新一代年轻人主要的信息和娱乐通道是手机和互联网等新媒体，电视的收视率整体明显下降。这背后的原因是电视的内容生产体系和传播体系日显封闭，电视体制机制趋于老化，在几十年的运行中，电视形成了成型的体制与机制，庞大的电视从业者群体的管理以及电视生产运营、传播的管理，成本极高，内耗突出，负担沉重。

---

[1] 尹鸿，袁宏舟. 从渠道到内容　从内容到 IP 综艺大电影与多屏融合时代的电视发展［J］. 电视研究，2015（6）：22-24.

由于新媒体没有传统媒体的积淀，轻装上阵，充满活力，电视与之相比较竞争力显然不足。因此，电视文艺一方面要加大科技创新的力度，第一时间研发并使用新的科技手段，将其转化为生产力和传播力；另一方面也要加大向新媒体学习的力度，加速媒介融合。

综上，电视文艺作为传媒艺术与文化的重要类型，属于我国上层建筑的意识形态领域，因此，无论是实践还是研究，都不能脱离由具体的政治、经济文化生活构成的社会实际，脱离这个实际去谈，有如空想，更难找到解决问题的办法。中国电视文艺无疑植根于中国社会实际，受政治、经济、文化、科技等多方面的影响，是社会文化系统中的一个因子，不能将其与大的环境割裂开。政治、经济（市场）、社会、文化、科技等领域构成了电视文艺发展的宏观背景，与电视文艺始终相互影响、相互推动，因此，当我们观察、描述与研究中国电视文艺的发展、成长与进步的时候，仅就电视文艺看电视文艺是不够的。从上述五个方面来辩证地看待电视文艺的正面与负面、积极与消极等此消彼长的关系，这有其必要性也有其可行性，既是一种理论研究方式也有一定的实践价值。从以上五种视角来看中国电视文艺，或许可以得到较为中肯的、真实的、准确的、辩证的认识。

如何理解新时代我国影视以人民为中心创作导向的内涵和意义*

毛泽东同志《在延安文艺座谈会上的讲话》中指出"为什么人的问题，是一个根本的问题，原则的问题"，从而明确了社会主义文艺为人民服务的方向。延安文艺座谈会"极力提倡工农兵文艺，力促中国现代文艺家从现实中提炼、生发理论"，对当时的文艺实践产生了革命性影响，其"义素符码"构成了中国共产党领导下的革命时期文艺工作的"基本语汇"，甚至说，这种"红色文化意识形态记忆的记忆母体"的影响力持续到新中国成立以后，成为"中国共产党在文艺管理方面的意义目的和价值旨趣"①。党的十八大以来，习近平总书记关于文艺工作、文化发展、传媒发展、舆论宣传等发表了一系列重要论述，特别是在文艺工作座谈会上的重要讲话，为我们深刻理解和准确把握新时代中国影视的发展提供了强大的认识论和方法论工具。习近平总书记在文艺工作座谈会上的讲话指出，"社会主义文艺，从本质上讲，就是人民的文艺"，这"为新时代文艺的发展指明了方向"②。从毛泽东同志的延安文艺座谈会讲话到习近平总书记的文艺工作座谈会讲话，我们可以清晰地发现，社会主义文艺鲜明的政治特色就在于强调其发展源头、发展目的、依托基础都是人民群众，这就是我国社会主义文艺的人民性内涵。

---

* 本文原载于《粤海风》2021年第1期，收入本书时略有改动。
① 张清民．两个文艺"讲话"的话语意义分析［J］.文学评论，2020（1）：5-12.
② 韩毓海."文艺与人民"随想［J］.求是，2020（4）：1.

如何理解新时代我国影视以人民为中心创作导向的内涵和意义

影视作为一种现代传媒艺术，凭借其独特的视听语言优势、内容综合优势和即时传播优势快速成长，成为当前我国创作生产能力最强、受众数量最大、传播范围最广的文艺形式之一，它在舆论宣传、艺术欣赏、文化传播、娱乐休闲等方面发挥了重要作用，为广大人民群众提供了丰富多彩的精神食粮。中国影视作为社会主义文艺的重要组成部分和大众文艺的代表，其本质就是"人民文艺"。对于中国影视而言，坚持"以人民为中心"的创作导向，既是对"为人民服务、为社会主义服务"方向的延伸，也是对"百花齐放、百家争鸣"方针的坚持。新中国成立以来，尤其是改革开放以来，正是因为坚持了"以人民为中心"的创作导向，中国影视才取得如此巨大的成就，从引进借鉴到成熟壮大，从影视大国走向影视强国。当前及今后一个时期，在建设文化强国的目标的引领下，不断提升影视作品质量，推出反映时代新气象、讴歌人民新创造的影视精品成为影视创作的重要使命。在这种背景下，深刻理解"以人民为中心"的创作导向的深刻内涵，并用其指导实践，对于新时代我国影视的发展具有重要意义。

一、以人民为中心创作导向的政治内涵

习近平总书记指出："党性和人民性从来都是一致的、统一的。"[1] 以人民为中心作为影视创作的原则、出发点和落脚点，是社会主义影视的意识形态底色，鲜明地体现了中国共产党"为人民服务"的初心和使命。人民群众对美好生活的向往，就是中国共产党的奋斗目标与方向。新中国成立以来，中国影视快速发展，已经成为广大人民群众精神文化生活的重要内容。从马克思主义文艺观立场出发，人民群众始终是我国影视创作的"剧中人"、"剧作家"和"剧评人"。人民群众是社会生产的主体，毫无疑问也是影视创作的主体，同时，影视作为一种文艺创作表达，展现的主体也自然是广大人民群众，

---

[1] 习近平.胸怀大局把握大势着眼大事努力把宣传思想工作做得更好[N].人民日报，2013-08-21（1）.

所以说，人民群众是影视创作的"剧作者"和"剧中人"。作为一种重要的大众文化传播和消费活动，影视最终要为人民群众服务并接受其检验与批评，因此说，人民群众又是影视的"剧评人"①。

第一，人民群众是影视的主创者，"人民是文艺创作的源头活水"，影视艺术创作离不开人民群众生产实践的"源头活水"，凝结着人民群众的劳动和智慧。"一切优秀文艺工作者的艺术生命都源于人民"，人民群众的生存状态决定了影视艺术的存在形式。第二，人民群众是影视的主角，"歌唱祖国、礼赞英雄从来都是文艺创作的永恒主题，也是最动人的篇章"②，人民群众是伟大斗争的英雄、伟大工程的劳动者、伟大事业的建设者、伟大梦想的追梦人，理所当然是影视艺术抒情、抒怀、书写的主角。以现实主义创作原则讲述时代发展故事的现实题材电视剧，如《大江大河》《最美的青春》《人民的名义》等聚焦人民群众生存百态，用朴实无华的电视艺术语言，传递出新时代的正能量。2020年新冠肺炎疫情全球大暴发，涌现出许多令人敬佩的抗"疫"英雄，他们救死扶伤、舍生忘死的抗"疫"精神让历史永远铭记，他们可歌可泣的感人故事也成为影视作品展现的重要内容，如央视的"抗击疫情系列报道"、纪录片《第"疫"线》、抗击疫情特别节目《人间世》、"抗疫"主题晚会等。第三，人民群众是影视的评判者，"以为人民不懂得文艺，以为大众是'下里巴人'，以为面向群众创作不上档次，这些观念都是不正确的"。影视作品只有被人民群众接受以后才算是完成其艺术创作生产的全部流程，也只有被人民群众所接受才能证实其艺术价值所在。在移动互联网时代，社交平台、网购平台、专业网站等可以利用大数据、人工智能、云计算等技术很快地将观众意见汇聚起来，弹幕技术更是可以实现受众与作品的实时互动，即时掌握社会反响，从而来指导和改进创作实践。受新冠肺炎疫情的影响，2020年的电影院线长达半年多处于关闭状态，给电影产业带来了巨大冲击，但随着当年7月20日中国电影市场的重启，《八佰》《我和我的祖国》《金刚川》《姜

---

① 周建新，杨宾．主体性、历史性、生活性：新时代我国电视文化的人民性内涵［J］．中国电视，2020（11）：89-92．

② 习近平．在中国文联十大、中国作协九大开幕式上的讲话［N］．人民日报，2016-12-01（2）．

子牙》等国产电影表现不俗，充分体现了中国电影观众对电影观赏的强大需求。

二、以人民为中心创作导向的历史内涵

影视是人类文化艺术的一次新集成和新转化，是电子工业革命以来全世界观众最主要的精神食粮和审美内容之一。丹纳在《艺术哲学》中提出艺术的"三个总体"说：一是艺术品总体，即"属于作者的全部作品"；二是艺术家总体，即"（艺术家）所在的同时同地的艺术宗派或艺术家族"；三是时代总体，即同样围绕艺术家庭、群众与艺术家的"社会风俗、习惯与时代精神"。① 从马克思主义唯物史观出发，任何一个民族的影视都有其特定的历史源头、发展现状和未来趋向。中国影视创作有其历史脉络、普遍性规律、独特性特征，坚持"以人民为中心"的创作导向，是社会主义影视文化的特色优势。

第一，中国影视不忘本来。优秀影视作品大多注重优秀民族文化的历史继承和时代传承，发掘5000年灿烂文明留下的宝贵财富和素材，并将其在影视创作中实现创新性发展与创造性转化。《中国诗词大会》《国家宝藏》《朗读者》等文化类综艺节目，《中国文房四宝》《我在故宫修文物》《本草中国》等文化类纪录片的热播就显现了中国优秀传统文化的永恒魅力。第二，中国影视不忘根本。中国共产党领导是中国特色社会主义制度最大的特色和优势，中国共产党领导"中国人民反抗帝国主义、封建主义和官僚资本主义的长期革命历程"中形成的革命文化，是"一笔宝贵的政治资源和精神财富"②。中国影视在其发展历程中始终重视革命文化的历史继承问题，通过影视作品发扬革命传统、宣传革命精神、讲述革命故事，塑造革命英雄人物。《亮剑》《历史的天空》《激情燃烧的岁月》《可爱的中国》等革命历史题材影视剧之所以

---

① 丹纳.艺术哲学[M].傅雷，译.南京：江苏文艺出版社，2012：14.
② 刘建军，彭蓉.试论革命文化的创造性转化与创新性发展[J].西北工业大学学报（社会科学版），2019（4）：1-7，117.

有很大的观众群，其中重要的原因就在于此。第三，中国影视着眼未来。中国影视在社会主义文化大家庭中茁壮成长并促进优秀社会主义文化繁花似锦，利用其高度的技术与艺术融合性、语言文化的普适性快速发展，尤其是在当前的融媒体、5G技术、人工智能、大数据背景下，着眼于技术赋能下影视创作的新趋势、新动向。因为技术赋能，一些影视新业态不断涌现，例如虚拟现实类影视短片的出现，再如影视、游戏、动画的交叉融合与类型重组。第四，中国影视不拒外来。习近平总书记指出："这个世界，各国相互联系、相互依存的程度空前加深，人类生活在同一个地球村里，生活在历史和现实交汇的同一个时空里，越来越成为你中有我、我中有你的命运共同体。"这一思想指导中国影视创作实践为推进中西方文明平等对话、交流互鉴，构建人类命运共同体和"一带一路"贡献中国智慧和中国力量。尽管当前中美关系受到挑战，世界全球化进程遇到阻碍，但中国影视放眼世界的心态和理念不会变化，中国影视市场的开放性、包容性不会变化。在世界百年未有之大变局下，我国影视坚持阐释中国立场、讲好中国故事、传递好中国声音，从而提升生命力和影响力。

三、以人民为中心创作导向的时代内涵

《关于建国以来党的若干历史问题的决议》，提出社会主义初级阶段我国社会主要矛盾是"人民日益增长的物质文化需要同落后的社会生产之间的矛盾"。2017年，党的十九大报告鲜明地提出，"中国特色社会主义进入新时代，我国社会主要矛盾已经转化为人民日益增长的美好生活需要和不平衡不充分的发展之间的矛盾"。时代在变化，社会在发展，社会主要矛盾也随之发生变化，人民群众对生活的要求由"基本的物质精神生活需求"向"美好生活需要"升级。从"物质文化满足"到"美好生活需要"的表述，全面展示了改革开放以来我国社会主义建设取得的伟大成就。正因如此，我们才有底气、有能力直面社会发展的不平衡不充分问题，并向全世界庄严宣告新时代中国共产党事业奋斗的新航向和新征程。社会主要矛盾和人民群众生活需求的新

变化将对我国影视创作提出更多更高的要求。

第一，在价值取向上突出社会效益。"以人民为中心"要求影视创作要为了人民、反映人民、观照人民，影视创作应将人民群众为美好生活所奋斗实践中的故事讲述好、声音传播好、形象塑造好、风貌展现好、精神阐发好。在社会主义市场经济条件下，影视创作应坚持社会价值优先原则，"不能当市场的奴隶，不要沾满了铜臭气"。将人民群众美好生活需求满足的是与否、高与低作为评判影视创作效果的最高标准。第二，在内容生产上力创高峰精品。人民的美好生活需要高质量、高水平的影视作品，而绝不能是低水平的重复、浅表层的娱乐。满足人民美好生活的需要，"不能让廉价的笑声，无底线的娱乐，无节操的垃圾淹没我们的生活"。力攀经典高峰，是人民和时代对影视创作的要求与期望。第三，在公共服务上提高供给质量。改革开放特别是党的十八大以来，我国影视基本公共服务在标准化、均等化等方面持续发力，体现了我国社会主义制度的优越性。新时代我国影视公共服务内容供给的主要矛盾已经不是"缺不缺、够不够"的问题，而是"好不好、精不精"的问题。影视创作作为公共文化服务体系的供给侧，应优化创新创作结构，及时更新创作理念，不断提高内容质量。

以上三者紧密联系、缺一不可，共同构成我国影视以人民为中心创作导向的内涵。其中，政治内涵是我国影视的党性和人民性问题，强调的是意识形态底色和内生动力；历史内涵是其民族性和历史性问题，强调的是发展源头和发展脉络；时代内涵是其现实性与未来性问题，强调的是其需求与供给平衡。

四、结语

影视自身的政治、经济和文化属性决定了其发展离不开外在大环境和自身媒介环境的影响。在宏观大背景层面，当今世界是一个"飞速发展的世界，不仅其社会变迁的速度远远快于先前各种制度，而且其社会变迁的广度和深度也与以前迥然有别"，"冲突使人们四分五裂，各种压迫也成为世界的基本特征","充满更多的不确定性。"①对我国而言，简单概括为两个维度：对外，作为世界第一人口大国、第二大经济体，在复杂的国际政治经济格局当中，如何确立自己的国际形象，或者说以什么样的身份来实现国家民族复兴，立于世界民族之林，同时还能赢得更多国家的尊重与支持；对内，面对新时代社会主要矛盾变化、现代化建设中出现的新难题，诸如城市化带来的人口流动、市场化造成的发展不平衡不充分、信息化带来的时空革命等。因此，"一方面我们看到，中国的腾飞和崛起"②，另一方面，我国在和平崛起、民族复兴的道路上也面临着来自国内外的压力与挑战，尤其是遭遇了以美国为首的西方政治体系的强力抵抗，冷战思维依然存在、国际秩序依然在博弈中充满着不确定性。如果以上是国际环境压力的话，那么，在国内，深层次体制机制改革的压力、疫情防控常态化背景下以内为主的"双循环"经济转型的压力、科技创新与成果转化的压力、社会阶层固化与就业的压力、文化大国向文化强国转型的压力等，都是极大的挑战。

　　从影视行业本身的发展看，新兴科技力量不断催生着艺术生产与传播方式的变革，3D、4D、IMAX等电影呈现技术，4K、8K高清影像技术，虚拟现实技术（VR）、现实增强技术（AR）、混合现实技术（MR），5G传输技术以及区块链、人工智能、大数据等高新技术的出现，将深刻改变影视的创作、传播和运营环境。短视频、视频博客、微电影、视频直播等新影像内容呈现方式迭代出现；PGC、UGC、MCN等视频创作和运营的创新模式应运而生。科技进步为人民的美好生活提供了新的可能，也为影视创作带来了功能拓展和需求升级。而常态化疫情防控对于影视产业的巨大冲击还在持续，影视行业发展中存在的不平衡、不充分的结构性问题将全面暴露，影视内容生产领域将借此进一步整合优质资源，淘汰落后产能，提高生产效率，挤出水分，同时影视行业的基本盘将大幅缩水，观众的收看心理、资本的投资信心同样

---

① 安东尼·吉登斯.现代性与自我认同：晚期现代中的自我与社会［M］.夏璐，译.北京：中国人民大学出版社，2016：3，8，15.
② 宣讲家网.胡智锋：新环境下的电视媒体发展与创新［EB/OL］.（2016-11-15）［2024-05-09］.http：//www.71.cn/2016/1115/920745_9.

备受打击。

在这种形势下，当前中国影视的发展任务主要集中在两个方面：对外表现为提高文化的传播力、影响力；对内表现为增强文化的凝聚力、向心力，这无疑是国家传播战略、国家文化战略的重要组成部分，是当代中国主流文化建设的使命与担当。尽管中国影视面临的新环境存在诸多不确定性、面对的新矛盾存在极端复杂性，但理想目标并未降低，化危为机、危中寻机是当前中国影视的职责所在，因此，举旗定向、笃定前行是必然选择。回归到具体的影视实践，就是自觉坚持"以人民为中心"的创作导向。如何坚持"以人民为中心"的创作导向，笔者认为，可以从世界观和方法论两方面简单地概括为"三生三世"：在世界观上，坚持人类命运共同体意识，即做到放眼世界，坚守世道，关注世态；在方法论上，坚持现实主义原则，即尊重人民生命，心系人民生存，植根人民生活。

主体性、历史性、生活性：新时代我国电视文化的人民性内涵*

电视文化是电视节目生产与传播形成的文化现象之总和，在舆论宣传、艺术鉴赏、文化传播、娱乐休闲等方面发挥着重要作用。从毛泽东同志《在延安文艺工作座谈会上的讲话》到习近平总书记在文艺工作座谈会上的讲话可以发现，"中国共产党在文艺管理方面的意义、目的和价值旨趣"[①]十分鲜明，即强调人民群众在社会主义文艺发展源头、发展目的、依托基础中的核心地位。如果说，这是我国社会主义文艺的人民性内涵的话，那么，我国电视文化的意识形态底色和政治特色就在于其人民性特征。新时代中国电视文化的人民性内涵，可从主体性、历史性和生活性三个方面去认识和理解，其中，主体性是其哲学特征，历史性是其民族特征，生活性是其艺术特征，三者紧密关联、缺一不可。

一、新时代我国电视文化的主体性：剧作者、剧中人、剧评人

主体性强调的是人民群众在电视文化建设与发展中的主体地位和首创精神。人民群众是社会生产的主体，毫无疑问也是电视文化建设的主体。电视文化作为一种创作表达和文化呈现，其创造的主体和被展示的对象，也是广

---

* 本文原载于《中国电视》2020 年第 11 期，与杨宾合作，收入本书时略有改动。
① 张清民. 两个文艺"讲话"的话语意义分析 [J]. 文学评论，2020（1）：5-12.

大的人民群众，因此，人民群众是电视文化的"剧作者""剧中人"。作为一种重要的大众传播活动，电视文化最终要为人民群众的精神文化生活服务并接受人民群众的检验和批评，因此，人民群众又是电视文化的"剧评人"。

（一）人民群众是电视文化的"剧作者"

电视文化的形成，离不开人民群众实践的"源头活水"，凝结着人民的劳动和智慧，是"人们通过电视传播所产生的精神价值和物质价值的总和",[①]它既包括物质生产层面，也囊括思想情感和精神价值层面；既包括具体的电视节目内容，又涵盖抽象的社会心理和社会行为等。从本质上看，电视文化既是人民群众生产实践的抽象、生命经验的显现，又构成了人民群众新的文化体验，循环往复、生生不息。正如存在决定意识、经济基础决定上层建筑一样，人民群众的生存状态决定了电视文化的存在形式、传播方式和消费样态。当电视文化不能适应社会存在的变化时，"唱衰"电视甚至电视"将死"的声音便会出现，因此，与时俱进的改革创新是中国电视持续发展的动力源。近年来，5G、人工智能、虚拟现实、大数据、云计算等先进技术被应用到社会生产场景，刷新着全人类的文化体验。[②]只有积极转变思想，寻求媒介融合，才能让电视内容生产和传播方式尽快地适应技术发展的新趋势。在2020年抗击新冠肺炎疫情期间，中央电视台的"抗击疫情系列报道"、纪录片《第一线》、"抗疫"主题晚会等权威、专业、及时且极具现场感的电视节目，结合新媒体技术推出的"慢直播""云旅游"等线上线下的创新性内容，赋予了电视文化以时代活力和技术动能，彰显了电视文化的社会责任。

（二）人民群众是电视文化的"剧中人"

人民群众是伟大斗争的英雄、伟大工程的劳动者、伟大事业的建设者、

[①] 梁婷婷，欧阳宏生. 电视文化：一种大众的消费文化[J]. 西南民族大学学报（人文社科版），2007（3）：100–104.

[②] 廖祥忠. 从媒体融合到融合媒体：电视人的抉择与进路[J]. 现代传播（中国传媒大学学报），2020，42（1）：1–7.

伟大梦想的追梦人,理应成为中国电视文化抒情、抒怀、书写的主角。一方面,电视以纪实的语言,反映和讲述老百姓自己的故事。央视"走基层""大国工匠""抗战家书"等新闻专题,《我在故宫修文物》《人生一串》《人间世》《急诊室的故事》等纪录片,均将镜头对准人民群众的生活百态,直观描摹其喜怒哀乐,引发社会的极大共鸣。另一方面,电视为人民群众创建了自我服务、互助互乐的休憩家园。收看电视是人民群众工作之余放松身心的最佳方式之一,是城市忙碌生活的润滑剂、乡村文明建设的加油站。《向往的生活》《王牌对王牌》《我家那闺女》等综艺节目在传播健康娱乐精神的同时,着重突出了人与人之间的真情表达。《大江大河》《都挺好》《最美的青春》等现实题材电视剧聚焦社会现实,从生活中汲取养料,提炼典型人物和典型情节进行艺术性的创造,用朴实无华的艺术语言传递新时代的正能量。

(三)人民群众是电视文化的"剧评人"

电视文化源自人民群众的生活体验、反映人民群众的生存经验,而节目质量的高低也必将接受人民群众的检验。任何一种文化艺术,只有人民群众接受才算完成创作生产的全部流程,也只有被人民群众肯定,才能实现其艺术价值。对于电视节目评价而言,人民群众的眼睛是雪亮的,他们有能力、有智慧通过多种多样的方式和渠道,科学、客观、真实地评价电视作品,营造良好的电视文化鉴赏环境;而人民群众的互评互鉴、态度取向也及时反馈到电视创作的生产和传播环节中,推动电视文化生产的再创造、再循环和再扩大。从早期的观众来信、热线电话、短信投票等方式,发展到当下移动互联网时代的即时评论和互动,人民群众的评价始终是电视生产不可或缺的一环。很多节目在现场直播时,都通过弹幕、微信"扫一扫""摇一摇"等新的即时评价、互动方式吸引观众参与,为构建中国特色电视文化的新景观提供了新的方式。

二、新时代我国电视文化的历史性：优秀传统文化、革命文化、社会主义先进文化

历史性强调的是电视文化作为中华文化的组成部分，不仅继承了中华优秀传统文化的基因，吸收了革命文化的养分，而且在社会主义建设和改革实践中积累了丰富的素材、汲取了充沛的养料。

（一）电视文化继承了中华优秀传统文化的强大基因

丹纳在《艺术哲学》中提出艺术的"三个总体"，"即艺术品总体、艺术家总体、社会总体"，并进一步提出，把种族、环境和时代作为艺术的三种基本动因。[①] 换言之，任何艺术创作与艺术家所处的时代及其民族传统都有着密切关联。电视文化也不例外。中国优秀传统文化是我国电视创作生产的肥沃土壤和强大的资源宝库。从中国电视艺术的发展历史中可以看出，传统文化资源始终是电视媒体挖掘和展示的重点。"四大名著"、《聊斋》、《封神演义》等古典文学名著不断地被改编并搬上荧屏，多数成为电视经典。《中国诗词大会》《经典咏流传》《风华国乐》《国家宝藏》等电视文化类节目和栏目，对传统文化进行了创新性的发展和创造性的转化，深受观众喜欢。《故宫》《河西走廊》《我在故宫修文物》等人文历史类纪录片，让中国传统文博瑰宝走出博物馆馆藏的封闭空间，走进大众的视野甚至走出国门，展现出中国传统文化的蓬勃的生命力、强大的吸引力和持久的传播力。

（二）电视文化吸收了革命文化的养分

"革命文化的历史来源，是近代以来中国人民反抗帝国主义、封建主义和官僚资本主义的长期革命历程。"[②] 作为"一笔宝贵的政治资源和精神财

[①] 丹纳.艺术哲学[M].傅雷,译.南京：江苏文艺出版社,2012：14.
[②] 曾汉辉.革命文化传承、创造与发展的若干思考[N/OL].学习时报,2019-12-27[2024-05-09].https://paper.cntheory.com/html/2019-12/27/nbs.D110000xxsb_A8.htm.

富"，它浇铸于我国电视文化的精神内核中，主要表现在两方面：一是电视作为党和人民的喉舌，以其直观性、感染力和大众性成为权威信息的发布媒介，承载着传承和践行革命文化的历史使命。以重大节庆活动的电视直播为例，开国大典、历届"两会"直播、香港回归、国庆阅兵……电视直播活动在记录党和国家重要历史时刻的同时，更因与人民群众共襄盛举而凝聚民心、鼓舞士气。二是电视以其强大的叙事能力和艺术感染力，讲述革命故事、塑造革命英雄，及时有效地传播了砥砺奋进、众志成城、艰苦奋斗的老一辈革命家的精神，发挥了凝心聚气、共克时艰的社会动员作用。《毛泽东》《长征》《延安颂》《解放》《历史转折中的邓小平》《海棠依旧》等革命历史题材电视剧，以现实主义笔触，生动再现了中国革命的历史征程，还原了革命先辈的光辉形象，彰显出伟大的革命精神和红色文化。

（三）电视文化在社会主义建设、改革伟大实践中全面发展

中国电视自诞生至今的60余年来，伴随着社会主义建设和改革开放伟大实践的不断深入，其发展历史"从某种意义上看，就是一部不断满足老百姓日益增长的文化需求的创新史"，同时，作为社会主义先进文化的组成部分，中国电视也在不断地创新和发展，其内容生产可分为三个历史时期，即"宣传品"时期、"作品"时期和"产品"时期。① 在这一过程中，电视内容生产的原创力和竞争力不断增强，逐步走上了独立化、本土化和产业化的发展道路；电视媒介的社会效益不断提升，公共服务能力不断增强，公共服务体系日臻完善；电视市场不断成熟和壮大，无论是节目产量还是受众规模，我国都无愧于世界电视大国的称号，对外传播能力和节目的国际影响力更是稳步提升。

---

① 项久雨.新时代美好生活的样态变革及价值引领［J］.中国社会科学，2019（11）：4-24，204.

三、新时代我国电视文化的生活性：生活理想、生活内涵、文化自信

生活性强调的是电视文化接地气、充满烟火气的日常文化伴随功能。作为最贴近群众、贴近现实、贴近生活的大众艺术之一，电视艺术源于生活但又不同于生活，其出发点和落脚点，是坚定群众的生活信念、丰富群众的生活内涵、增强群众的文化自信。进入中国特色社会主义新时代后，电视文化发展的根本任务，是适应社会主要矛盾的变化，满足人民群众对美好生活的期待。"新时代美好生活的出场，是与社会主要矛盾的演化历程相承接的，表明了中国人民生活样式的变迁进入了一个崭新的、高层次的阶段。"随着我国社会主要矛盾的变化，满足人民群众对美好生活的期待，成为新时代电视文化的重要使命。

（一）电视文化坚定人民群众的生活理想

对于广大民众而言，有梦想生活才有希望，有目标生活才有动力。电视文化的首要意义，就是让人民群众过上"有理想"的生活，这既是中国电视文化的题中应有之义，也是其奋斗目标和方向。以《中华诗词大会》为例，节目中"爆冷"夺冠的外卖小哥雷海、"背诗抗癌"的农妇白茹云，无不为人们展示了理想的至美、对生活的热爱以及永不衰竭的生活力量。这种力量是人民群众作为美好生活建设者的不竭动力，是电视文化的精神内涵和力量源泉。

（二）电视文化丰富人民群众的生活内涵

中国特色社会主义进入新时代，人民群众对精神文化生活的需求不断提高，对电视文化的传播方式、话语呈现与内容供给也会提出新的要求。同时，万物互联、移动通信、虚拟现实等新兴技术的发展和应用，也在推动着中国电视向融媒体、全媒体和智能媒体转变，国家公共服务体系日臻完善。

（三）电视文化增强人民群众的文化自信

新时代的美好生活不是简单的温饱和眼前的小康，而是全面、整体的生活品质的升级。展现美好生活，坚信中国特色社会主义的道路优势、理论优势、文化优势和制度优势，树立政治自信和文化自信，建构生活自信的力量，是渗透在人民群众精神饱满、充实忙碌的日常生活中的。曾几何时，中国电视一度出现过度依赖"洋版本""洋模式"、引进压倒原创等倾向。经过修正发展方向后，中国电视的创新力不断增强，以往不敢创新、不愿创新的情形得到改变，这不仅体现了文化软实力的提升，更凸显了国家整体文化建设的成就。《中国诗词大会》《经典咏流传》《朗读者》等一批优秀电视文化类节目的脱颖而出，彰显出强劲的本土原创力和坚定的文化自信。这些节目表明，电视创作与生产必须和人民群众的生活自信相统一、相一致。

主体性、历史性、生活性共同构成了中国电视文化人民性的新时代内涵。当前和未来一个时期，中国电视需要更好地履行时代使命，旗帜鲜明地坚定以人民为中心的创作导向，保持党和人民群众的血肉联系，不忘本来、融合外来、着眼未来。坚持立足人民、服务人民、热爱人民，中国电视必定会被人民所喜爱，书写出更加绚烂的时代画卷。

群众文化的概念辨析、文化特征与时代内涵[*]

广义而言，群众文化是人类社会特有的社会历史文化现象，贯穿了整个人类文化的发展史，渗透于各个时代世界各地民族的生活、生产活动之中，是人类社会文化生活的一种客观存在，在不同的历史时期、不同的地域、不同的民族中有不同的状况和特征。笔者提及的群众文化是狭义上的，指的是现代社会意义中的群众文化，从文化学、人类学、社会学、政治学等多元视角去观察，它既是一种随时随地可见的文化现象，也是任何个人、集体、民族都身在其中的生活空间；既是各类人群都深入其中的一种生活方式，也是从中央到地方、从城市到乡村成体系、成建制的强大社会机构。中华人民共和国成立后的群众文化具有鲜明的文化属性和意识形态属性，对于彰显社会主义优越性具有重要意义。

一、群众文化及其发展历程

广义上的群众文化是人类社会一切文化的母体和终点。从任何一个艺术史的发展中都可以发现，艺术的种子总是在广大群众的劳动实践中发芽成长，但是不管经历了什么样的艰难曲折，最后还是要叶落归根，回到广大群众生活当中。很多专家从人类学、历史学、艺术学角度论证了此观点，如"群众文化作为人类社会的一种文化形式，具有文化的如民族性、地域性、阶级性、

---

[*] 本文原载于《粤海风》2022年第1期，收入本书时略有改动。

传承性等特征……群众文化是古老的社会历史文化现象,几乎贯穿了整个人类文化的发展史,渗透于各个时代世界各地民族的生活、生产活动之中"①。

从这个角度上讲,我国群众文化历史悠久,每个时期都有其辉煌成就,形成了相应时期独特的群众文化形态,并对文化艺术的发生发展起到了重要的作用。按照历史学和文化学的划分标准,可以将我国的群众文化简单地分期为古代社会时期、近代历史时期和中华人民共和国成立后。

古代社会,由于生产力水平低下,群众文化与劳动生产实践捆绑在了一起,很难分清群众文化的产生是自觉还是不自觉,甚至很难分清是劳动还是艺术。随着人类社会生产力得到解放和提升以后,生产关系也随之发生了变化,群众文化也因此发生巨大变化,主要有以下四个方面的特征:一是在政治上,阶级的出现,社会阶层有了统治阶级与被统治阶级之分,文化也分化成了宫廷文化与群众文化对立的局面;二是在经济上,由于生产力水平的提高,广大群众从生产劳动实践中得到了更大的解放,一部分人从时间、精力等方面保证了可以专门从事文化艺术活动,从而出现了专业文化艺术人群,因此,社会文化又出现了精英文化与群众文化的分离;三是在文化科技上,随着人类科技文化水平的丰富,原有文化生活中的巫术、宗教仪式活动等逐渐由单纯的娱神功能转向娱人功能②;四是在社会构成上,新兴城市的相继出现,市民社会逐步形成,群众文化就形成了城市群众文化和乡村群众文化两条并行不悖且相互交流渗透的运动轨迹③。

近代以来,群众文化一方面服从于中华民族民主革命的主要任务,另一方面也服从于中华民族追求并实现现代化的理想,呈现出激烈的交叉融合性。这种交叉融合有三层含义:一是革命性和民族性的交叉融合,群众文化不管是以何种文艺形式开展,例如文学、戏剧、美术、电影等,其主要基调都会是强烈的革命属性和中华民族"一致对外"的民族性的交叉融合;二是传统与现代的交叉融合,西方列强的坚船利炮一方面迫使几千年传统的封建社会

---

① 郑永富,等.群众文化学[M].北京:中国国际广播出版社,2001:1,10.
② 费孝通.乡土中国:生育制度[M].北京:北京大学出版社,1998:2-4.
③ 郑永富,等.群众文化学[M].北京:中国国际广播出版社,2001:67.

走向瓦解,另一方面西方的近现代文明观念也随着他们的武器席卷而来,因此,群众文化与以往相比,受到了中西方文化前所未有的冲突融合;三是城乡群众文化的交叉融合,少量的群众文化设施已经建立,如"俱乐部、青年会、民众乐园、大世界;有些城市和县城还设有民众教育馆;有的农村集镇建有戏楼、茶社",这些场所尽管"大都开展一些低级庸俗的文化娱乐活动"①,但其城乡文化相互建构的融合意义和符号价值不可忽略。

中华人民共和国成立后,群众文化获得了更进一步的发展,毛泽东提出必须确立人民大众在文化中的主体地位的思想。他坚持文化起源上的实践观和群众观,强调人民大众是物质财富和精神财富的创造者②,文艺创作要深入人民群众的日常生活,歌颂人民,为人民而书写。1956年,毛泽东提出了"百花齐放,百家争鸣"作为科学和文化工作的重要方针,群众文化的发展规模与类型均有所提升及丰富。改革开放后,群众文化按照"解放思想,实事求是"的路线获得了长久发展,大众文化的蓬勃崛起使得群众文化的生态环境发生剧变,如何确保群众文化的公益属性、群众性不滑坡,确保群众文化的可接受性、易接受性逐步提升,确保城市和乡村、落后地区和发达地区之间的文化平衡不动摇成为社会关注的话题。

进入新时代,以习近平同志为核心的党中央着重关注群众文化的发展问题。2014年10月,习近平在文艺工作座谈会上强调:"随着人民生活水平不断提高,人民对包括文艺作品在内的文化产品的质量、品位、风格等的要求也更高了……民间文艺、群众文艺等各领域都要跟上时代发展、把握人民需求,以充沛的激情、生动的笔触、优美的旋律、感人的形象创作生产出人民喜闻乐见的优秀作品"③,群众文化作为社会主义文化的重要组成部分,理当牢牢贴近人民生活,为人民服务,脱离了人民群众这汪活水则只能成为"无根的浮萍"被时代所遗忘。随着我国社会主要矛盾的转变,人民群众对群众文化的要求也逐步提高,作为一项公共事业,如何实现文化脱贫是一项重要的

---

① 梁泽楚.群众文化史(当代部分)[M].北京:新华出版社,1989:31.
② 曹爱琴.试论中国共产党的群众文化观[J].齐鲁学刊,2011(4):5-9.
③ 习近平.在文艺工作座谈会上的讲话[N].人民日报,2015-10-15(2).

议题。党的十八大以来，群众文化以出色的表现形式完成了党和国家重大庆祝活动的任务要求，特别是围绕纪念中国人民抗日战争暨世界反法西斯战争胜利70周年、庆祝中国人民解放军建军90周年、庆祝改革开放40周年、庆祝中华人民共和国成立70周年、纪念中国人民志愿军抗美援朝出国作战70周年、庆祝中国共产党成立100周年等党和国家重大活动，围绕决战脱贫攻坚、决胜全面建成小康社会等重大主题，围绕抗击新冠肺炎疫情等重大风险挑战创作出了一系列优秀的文艺作品。①

综上分析，群众文化在中华民族悠久的历史长河中始终存在，并对中华文化艺术的发展起到了十分重要的作用。"群众文化是人群的共同劳动、生产的产物，它既是当时文化的一个重要组成部分，又是后世文化艺术的源头。"②文化艺术从广大群众的劳动实践中诞生，有的发展成为主流文化艺术样式，有的发展成为专业文化艺术，但不管是哪条道路，最终又回归到广大群众的文化生活当中，被接受、被吸收、被批评、被流传。

二、群众文化的概念辨析

我国群众文化的理论研究起步较晚，总体处于自发、少量、分散、不持续的状态，甚至对于其概念界定这个基本命题还存在较大争议。正因如此，国家将"加强群众文化理论研究和评论工作，提高群众文艺专业化水平"③作为新时代加快社会主义群众文化繁荣发展的重要任务之一。笔者认为，对群众文化的界定不能太"务实"也不能太"实务"，"务实"指的是缺乏历史观照，就事论事，就现象说现象，容易陷入历史虚无主义；"实务"指的是太偏重实践层面、工作实操层面，对于一项工作如此界定可以，但是要作为一个

---

① 习近平.在中国文联十一大、中国作协十大开幕式上的讲话［EB/OL］.（2021-12-14）［2024-05-09］.http：//www.news.cn/2021-12/14/c_1128163690.
② 周德辉.中国群众文化史［G］.北京人文函授大学教材，1986：5.
③ 中国文明网.文化部"十三五"时期繁荣群众文艺发展规划［EB/OL］.（2017-05-12）［2024-05-09］.http：//www.wenming.cn/ziliao/wenjian/jigou/qita/201705/t20170512_4239071.

研究领域，未免有些太过狭窄，容易陷入事务主义，缺乏文化学、社会学、人类学等多元视角的宏观观照，难以在学理意义上有所深入。

（一）群众文化实践和理论研究的双重困境

从实践层面看，中华人民共和国成立后，群众文化这一概念一直在国家相关的机构名称、政策、文件当中继续沿用，但是20世纪90年代之后，尽管"群众文化指导处（室）"作为国家文化主管部门的一个职能机构存在，但国家相关政策文件当中已经很少出现"群众文化"这个词汇，尤其是进入21世纪以来，采用更多的是"群众文化活动""群众性文化""群众文化生活""公益性文化事业""公共文化""公共文化服务"等。表面上看，这是文化用语的变换，背后反映的是我国文化行政管理体制条款分割、部门壁垒带来的尴尬。如除了文化工作管理部门、体育工作管理部门、民族工作管理部门等拥有对群众文化的管理职责之外，新闻出版广电系统的广播、电影、电视、出版也同样具有而且正在行使着群众文化的管理与服务职能，但是因为分属不同的管理系统，所以表述各有不同。

相对于群众文化建设实践的如火如荼，我国群众文化理论研究起步较晚。从20世纪80年代中后期到90年代，一批群众文化研究的专著、专业教材、辅导教材如《中国群众文化史》《中国群众文化辞典》《群众文化学》《群众文化辅导学》《群众文化管理学》《群众文化引论》《群众文化的大趋势》《群众文化社会学概论》等相继问世；一批研究期刊相继出版，成为群众文化理论研究和传播的主要阵地，全国性刊物如《群众文化》《群众文化论丛》，省级刊物如吉林的《群众文化研究》、湖北的《群众文化指导》、福建的《福建文化之窗》、浙江的《群文论坛》、贵州的《群众文化学报》、湖南的《湖南群众文化》、山西的《研究与辅导》、四川的《群众文化学报》、北京的《北京群众文化学报》、河北的《群众文化研究》等[1]。这些研究成果和平台为我国群众文化研究奠定了很好的基础，但遗憾的是，这种兴旺的研究现象只是昙花一现，

---

[1] 曹爱琴.试论中国共产党的群众文化观[J].齐鲁学刊，2011（4）：5-9.

后续乏力,之后的群众文化研究成果无论数量还是影响力都略显不足,以上期刊如今多数已经停刊或成为内部交流刊物,开办群众文化专业的高校寥若晨星,"在全国群众文化行业内高水平的专家也是寥寥无几,群众文化学一直没有进入国家学科门类,学科地位没有确立。理论研究和学科建设的薄弱与蓬勃发展的群众文化实践形成强烈反差"①。

理论与实践的双重尴尬造成中华人民共和国成立后的群众文化理论研究的薄弱。在已有的研究成果中,关于群众文化的认识主要存在两种误区:一是将"群众文化"中的"文化"理解为"小文化",例如将群众文化与大众文化混为一谈;二是将"群众文化"中的"群众"理解成了"小群体"或者是特殊的群体和区域。第一种误解表现在:将群众文化简单对应成某一种或几种文化类型,如大众文化、民间文化、民俗文化、基层文化、次文化、通俗文化;第二种误解表现在:将群众文化的受众群体简单对应成农民、工人、军人、学生,或者是老人、妇女、儿童等群体;或者是将受众地区简单对应成乡村、社区、少数民族地区、城乡接合部等欠发达地区,这种认识不只是对研究对象的定位不准、边界窄化,更是将群众文化中的"群众"与"文化"这一整体生硬拆散。

(二)多元视野中的群众文化

群众文化是一个简单而又复杂的概念。说简单,是因为它"在我国现代化建设中,一直处于主流文化的范畴,也是我国政府主办的文化馆(站)行业的工作重心"②。约定俗成指的是由政府部门主导的,以文化馆(站)、公共图书馆、纪念馆、博物馆、美术馆等为载体的文化现象、文化制度、文化成果。说复杂,是因为关于群众文化概念的界定有很多争论。目前的一些界定更多的是从文化学、社会学、传播学的角度分析,将其看作一个文化场域,对其同时代、同区域的文化艺术发展有着重要的影响。正如专家的观点,"群

---

① 杜染.群众文化[M].北京:文化艺术出版社,2012:6.
② 杜染.群众文化的现代化[M].北京:北京师范大学出版社,2016:3.

众文化是参与人数最多与最重要的文化类别……是人们职业外，自我参与、自我娱乐、自我开发的社会性文化"[①]。也有从传播学角度进行的表述，"群众文化是当代社会的一种大众传播手段……强化群众文化的传播功能，具有特殊的意义"；"作为一种文化机构，群众文化几乎涉及社会生活的全部领域"[②]。

因此，对群众文化的界定应该将其置于现代社会的生产生活实践之中来考虑，因为"职业"在社会分工没有大规模进行之前是不存在的。群众文化是一种社会性文化，但在"社会性"的界定上不能只停留在"业余性""自我性""实体性"等现象层面解析。

1. 文化学范畴中的群众文化及其分类

从文化学角度看，群众文化是人民群众自我表现、自发教育、自我服务的非职业、非商业的文化艺术。其基本属性是公益性、群体性、艺术性、日常性，公益性是由其公共文化服务属性决定的，群体性是由其活动主体人民群众决定的，艺术性是由其活动内容决定的，日常性是由其活动方式决定的。其基本功能概括起来有：宣传教化、娱乐宣泄、团结凝聚等。其活动形式包括群众文学活动、群众戏剧活动、群众曲艺活动、群众音乐活动、群众舞蹈活动、群众美术活动、群众游艺活动、群众体育活动等。其分类可按照参与者的年龄、参与主体的群体、活动开展的区域、活动内容等不同标准进行。

2. 社会学范畴中的群众文化及其特征

从社会文化学角度分析，群众文化是我国政府主导的人民大众的公共文化生活空间。一般而言，文化现象也好，文化机构也罢，抑或是社会生活方式、文化艺术活动，都脱离不了文化的社会属性。从群众文化的社会学、艺术学和传播学功能出发，群众文化具有鲜明的"文化空间"和"日常生活"功能。由群众文化构建的生活空间是一种独特的"文化集合"[③]、文化系统、文化生态和文化存在，按照内容生产的流程可以细分为：生产空间、传播空间、接受空间、交流空间。也可以按照属性细分为：物质空间、精神空间、制度

[①] 车光义. 群众文化社会学概论［M］. 北京：学苑出版社，1989：6，69—71.

[②] 谢彬如. 群众文化引论［M］. 贵阳：贵州省艺术研究室，1988：2.

[③] 郑永富，等. 群众文化学［M］. 北京：中国国际广播出版社，2001：10.

空间。这种文化生活空间是物质与精神的结合，是传统与现代的结合，也是个人与集体的结合。

首先，所谓物质与精神的结合，指的是群众文化不仅有专门的文化场地，如文化馆、图书馆、博物馆、纪念馆、文化宫、少年宫、老年活动中心、广场、军队礼堂等，还在于这些空间本身也承载着相应的文化艺术内容，以及文化背后的价值、观念、导向等。其次，所谓传统与现代的结合，指的是群众文化活动中不仅有传统民间文化、民俗文化的传承、保护与发扬，也有电影、电视、网络等现代电子传播工具及其文化，还有传统文化与现代高科技融合的电子图书室、阅览室、博物馆、信息共享产品等，既考虑当前文化发展的现实性，也照顾到未来文化发展的可能性。最后，所谓个人与集体的结合，指的是群众文化生活空间既考虑到个人文化需求的差异性，也照顾到了群体文化需求的统一性；既考虑到国家宣传教育的统一需要，也照顾到群众基本文化需求的个性化。

群众文化作为一种独特的文化生活空间，其特征有以下四点：一是互动性，即群众文化是国家主导文化与社会普遍文化需求的一种互动，当这种需求与满足呈正方向时，群众文化的发展便呈现良性发展态势；二是开放性，即群众文化内容不是一成不变的封闭系统，它随着群众文化需求和国家主导文化的诉求的变化而发生变化，也受科技、传播和艺术本身变化的影响；三是日常性，即群众文化不是专业的艺术创作与艺术欣赏，它与日常工作、生活联系紧密，有很强的生活伴随性、休闲性；四是共享性，即群众文化没有阶层边界，在于全民参与、全民共享。

综上，群众文化终究要融入人民群众的生产生活[①]，回归于人民群众的生活方式、文化艺术活动当中。对于群众文化的理解，不仅要认识其作为一种社会文化活动的实践意义，例如实务性、务实性、操作性、活动性特征，还要认识到其深刻的文化学、社会学和哲学意义。

---

① 宣文艺.深入学习红色文艺轻骑兵精神推动群众文化工作强起来［N］.人民日报，2018-11-19（12）.

三、中华人民共和国成立后的群众文化的文化特征和时代内涵

从历史维度和实践角度去考察，中华人民共和国成立后的群众文化指的是中华人民共和国成立以来的群众文化活动、群众文化机构、群众文化组织、群众文化内容，以及由此产生的特殊的历史文化现象。中华人民共和国成立后的群众文化是中国传统群众文化的发展延续，是中国特色社会主义文化的重要组成部分，是"以中华优秀传统文化为根脉，以革命文化为源头，以社会主义先进文化为主体"[①]的文化艺术样态。中华人民共和国成立后的群众文化遵从文化艺术活动的一般发展规律，具有文化艺术活动的一般特性，也具有鲜明的中国特色，是"民族的、大众的、科学的"社会主义文化的重要组成部分。

（一）中华人民共和国成立后的群众文化的文化特征

中华人民共和国成立后的群众文化的主要特征体现在创作生产、艺术呈现、组织机构、平台载体等构成要素和流程上。

1.创作生产过程的自发性

从创作主体构成上看，广大人民群众既是群众文化的接受者、传播者，也是活动开展的组织者、创造者，他们是来自各个行业、各个领域的广大群众，不一定是专业的音乐人才、舞蹈人才、美术人才，更多可能是在某一文艺领域具有强烈的兴趣爱好和奉献精神的人民群众。在创作实践组织上，他们也不一定按照文艺生产的流程有明确的文化组织、文化创作、文化传播、文化接受等角色分工，职能边界较为模糊。因此，群众文化是广大人民群众自发自为的、"无功利"的精神表达，自娱自乐、陶醉其中、享受生活是其主要目的。

2.创作成果呈现的生活性

从艺术表达上看，群众文化是群众智慧对专业文艺的二次创作和集体创作，不管是嫁接、拼贴还是整合、改造，群众文化创作是人民群众茶余饭后，

---

① 李长学.中国特色社会主义文化的哲学审视［J］.科学社会主义，2019（6）：59-64.

从文学、戏剧、电影、电视、音乐、舞蹈、美术、摄影、书法、曲艺、杂技等专业文艺中吸收与其生产生活相关的一些文艺要素进行杂糅性的创作,以实现休闲娱乐,调节生活节奏。例如广场舞,它是人民群众在音乐、舞蹈等专业艺术形式的基础上的一种集成式再创作。因此,群众文化创作活动一般会贴近社会现实,贴近群众生活,与群众的生产生活具有非常强的关联性,通俗易懂、易于传播。与此相关的民间特色、地域特色、乡土气息等特点也是群众文化贴近生活的表现。

3.价值导向的意识形态性

从组织主体上看,中国共产党的宣传部门在群众文化活动指导和管理上发挥中枢作用,一方面借助群众文化来进行宣传教育、知识普及,另一方面需要群众文化来培育文艺人才,繁荣社会主义文艺,总之是利用各种方式和途径,时时处处表达国家权力符号"在现场",以体现中国共产党"以人民为中心"的初心,彰显"以人民为主体的先进文化"的优越性。在管理运行上,政府部门将群众文化活动开展作为行政职能,建立纵横贯通、协调并行的管理体系,即由国家相关部门和社会组织协同推进,如文化与旅游系统、新闻出版系统、广电系统、电影系统、人民团体等。

4.平台建设的公共服务性

从硬件设施建设上看,群众文化活动的载体是政府作为主体来主导建设的,其展演平台是公益性的,既包括现实的物理空间,如文化馆(站)、群众艺术馆、公共图书馆、博物馆、纪念馆、美术馆、工人文化宫、青年宫、少年宫、老年活动中心(站)、文化广场、公园等;也包括虚实结合的文化空间,如广播、电视、互联网、电影院、户外大屏、手机、PAD等。在内容供给上,政府建立相关工作机制,或直接组织创作生产,或购买服务,例如组织"群星奖"获奖作品评选与巡演活动,推动"中国民间文化艺术之乡"的建设,送戏下乡开展"戏曲进乡村"活动等,以多样的扶持方式进行。

(二)中华人民共和国成立后的群众文化的时代内涵

从群众文化的历史脉络分析,中华人民共和国成立后的群众文化起源于革命战争时期，在社会主义建设中逐步成熟，是国家文化事业的重要组成部分，是社会主义先进文化代表①，是人民群众基本文化权益的保障，是社会主义优越性的重要体现，属于现代公共文化服务体系建设的重要内容。它"积淀着中华民族最深沉的精神追求，代表着中华民族独特的精神标识"②，是中华优秀传统文化、革命文化和社会主义先进文化相结合的产物。

1. 中华人民共和国成立后的群众文化继承了中华文明的优秀基因

广义上讲，群众文化是人类社会一切文化的母体和终点，"几乎贯穿着整个人类的文明史"。几乎任何一个艺术门类的历史发展都可以证实，艺术的种子总是在广大群众的劳动实践中发芽成长，最后"叶落归根"，回到广大群众文化生活当中去被接受、被检验。李泽厚的"审美积淀说"认为，在原始社会时期，艺术尚未在巫术中分化，艺术之美最初只是社会内容的积淀，这种积淀经由长时间的由内容到形式的变化，才表现为当下丰富多彩的艺术形式。群众文化的外在呈现，均可回溯到原始时期先民的劳动实践，属于中华民族独一无二的集体无意识。从这个角度上讲，我国群众文化历史悠久，一是具有民族性，是中华民族在生产生活实践中的文化创造，是民族智慧的结晶；二是具有时代性，与每个时代的经济社会整体发展情况息息相关，在每个时期都有其辉煌成就，形成了相应时期的独特的群众文化形态，并对艺术的发生发展起到了重要的作用。

2. 中华人民共和国成立后的群众文化充满了革命文化的精神气质

1840 年鸦片战争后，中国开始沦为半殖民地半封建社会，救亡图存成为中华民族的主要任务，这一主题始终贯穿于中国政治、经济、社会、文化和科技等各个方面。伴随着中国共产党的诞生而出现的群众文化，从一开始就服从于中华民族的主要任务，投身于民主革命事业之中，致力于民族解放与独立。1933 年 6 月 1 日，"群众文化"一词正式在苏区中央的文件中出现。"1933 年 8 月 12 日，毛泽东首次在苏区南部十七县经济建设大会的报告中"

---

① 杜染. 群众文化的现代化[M]. 北京：华龄出版社，2018：2.
② 习近平. 在中国文联十大、中国作协九大开幕式上的讲话[EB/OL].（2016-10-30）[2016-11-30]. http://www.xinhuanet.com/politics/2016-11/30/c_1120025319.

使用"群众文化"这个词①，1942年5月，毛泽东在《在延安文艺座谈会上的讲话》中从多方面对群众文化的开展发表了见解，明确了群众文化的革命属性和政治宣传属性，强调群众文化服务革命的功能和重要性。我国"革命文化的历史来源是近代以来中国人民反抗帝国主义、封建主义和官僚资本主义的长期革命历程。其中以五四运动和中国共产党诞生以来的新民主主义革命为标志，革命文化进入以马克思主义为指导的新阶段"②。从新民主主义革命时期的群众文化发展可以看到，革命文化作为"一笔宝贵的政治资源和精神财富"③，浇铸在群众文化的精神内核中。中华人民共和国成立后的群众文化与"新阶段"的革命文化一样，在马克思主义的指导下，在中国共产党的带领下，参与到伟大的革命事业中，并被打上了深深的革命文化烙印。值得注意的是，在开展方式上，新民主主义革命这一时期的群众文化开展已经由群众文化活动变成了"群众文化运动"，群众文化艺术样式，不管是歌剧、音乐、文学、电影、广播还是其他，都被冠以一种"群体运动式"的形式。"老解放区的革命文艺演唱活动，迅速向全国传播、普及，是中华人民共和国成立初期群众文化活动的一个突出特点。""运动"所凸显的也是浓浓的革命文化精神气质。

3. 中华人民共和国成立后的群众文化充分彰显了社会主义文艺本质

群众文化活动开展的内容是鲜活的、丰富的，不是喊口号和空洞的言说。没有丰富的内容和形式，是没有生命力和创造力的，而这个生命力的由来还是群众自身。"人民是文艺创作的源头活水。"很多专业领域的艺术家不是来自专业培养而是在社会实践中诞生，甚至在"出道"之前就是平民"草根"。这些民间高手是群众文化的继承人也是群众文化的创新主力，他们的匠心精神愈久弥香，在活跃群众文化的同时，也为我国社会主义文艺的整体繁荣作

---

① 胡守勇."下里巴人"的重建［D］.北京：中央民族大学，2010.
② 曾汉辉.革命文化传承、创造与发展的若干思考［EB/OL］.（2019-11-27）［2019-12-27］.
  https://paper.cntheory.com/html/2019-12/27/nbs.D110000xxsb.
③ 刘建军，彭蓉.试论革命文化的创造性转化与创新性发展［J］.西北工业大学学报（社会科学版），2019（4）：1-7，117.

出贡献。"一切优秀文艺工作者的艺术生命都源于人民。"人民群众的生产生活不仅蕴含着智慧,而且是人类智慧的源头和结晶。文化艺术从广大群众的劳动实践中诞生,有的发展成为主流文化艺术,有的发展成为专业文化艺术。中国特色社会主义进入新时代,国家富强、人民富足,人民生活水平不断提高,"人民对包括文艺作品在内的文化产品的质量、品位、风格等的要求也更高了",群众文化要更快速发展、繁荣发展才能"跟上时代发展、把握人民需求"。由此可见,人民群众需要群众文化,群众文化需要人民群众。

进入新时代,面对百年未有之大变局,群众文化的纯洁性受到各种挑战,西方文化意识形态的渗透、大众文化享乐文化盛行,群众文化在此时的中流砥柱作用得以彰显,作为直接面向社会每一个个体的文化类型,群众文化需要重申文化内涵的重要性。正如习近平总书记在中国文联十一大、中国作协十大开幕式上的讲话中所说的"各种艺术门类互融互通,各种表现形式交叉融合,互联网、大数据、人工智能等催生了文艺形式创新,拓宽了文艺空间。我们必须明白一个道理,一切创作技巧和手段都是为内容服务的",文化可以由多种不同的媒介来承载,但是文化内涵是有绝对原则性的,"源于人民、为了人民、属于人民,是社会主义文艺的根本立场,也是社会主义文艺繁荣发展的动力所在"。因此,新时代的群众文化也彰显了社会主义文艺的本质,国际国内环境在改变,讲述故事的方式在改变,不变的是群众文化中蕴含的深刻的人民性。

中华人民共和国成立后的群众文化诞生以来,在新民主主义革命、社会主义革命与建设、改革开放、新时代等过程中均发挥了重要作用。然而,与文学、音乐、美术、舞蹈等专业艺术相比,与其丰富的实践活动开展相比,群众文化的理论研究却起步较晚,成果显得捉襟见肘且未能与时俱进。2014年10月,习近平总书记主持文艺座谈会并发表重要讲话,以赤诚为民的情怀亲自谋划、关心新时代群众文艺事业发展。自此,"以人民为中心"的文化发展理念深入人心,它深刻揭示了社会主义文艺的本质,也为新时代群众文化发展举旗定向,提供了根本遵循。最令人欣喜的是,以"人民为中心"的初心和使命的再回归、再认识和再强调,必然为今后的群众文化全面发展和繁荣兴盛提供坚强保障。

群众文化与电视艺术互动生成*

强调电视艺术与群众文化之间的相似性，其逻辑的背后是国家意志力和行为的主导，也是体制的约束和保证。这种大的背景与氛围对群众文化和电视艺术来说是同样的，带来的结果是电视艺术与群众文化存在天然的、依托公益价值的互动关系。这种关系的弱化，一方面表现在电视艺术对群众文化的需求越来越冷漠甚至无视，一种明显的表现就是，曾经一个时期，广大观众觉得"电视越来越看不懂了"，满屏的电视娱乐节目、同质化的版本模式、"抗日神剧"和魔幻剧泛滥、电视人才成长困难等问题越来越凸显。另一方面表现在群众文化的智慧、群众文化造就的人才很难通过畅通的渠道、多样的路径、灵活的方式转化为实际的电视艺术生产力。这两种难题或者困境的产生最主要的原因就是电视艺术与群众文化之间应有的良性互动关系被阻隔或干扰。

电视艺术的诞生有其深厚的社会基础，其中最重要的方面就是满足人类社会尤其是普通大众丰富多样的精神文化需求。群众文化是一个时期群众生活方式的整体显现和意义表达，那么这种生活方式必然有其所对应的特殊的文化需求，这种需求既是文化发展的动力，也是科技发展的动力，这些动力是电视和电视艺术出现的根本动因。群众文化对于电视艺术的动力支持在于：为电视艺术发展培养人才，提供文化土壤、艺术创新的动力和广泛的受众基础。

反过来，电视艺术又是一个时期群众文化的重要组成部分，对于关注现

---

* 本文原载于《群众文化视阈下中国电视认同研究》2023年版，第81页到第88页，收入本书时略有改动。

实、反映现实，发现问题、解决问题，回应群众文化需求，电视艺术有责任、有义务、有能力在其中发挥重要的功能，扮演独特的角色。但是拿捏好尺度，既体现媒体的社会责任，又不越俎代庖，对于任何一个电视节目来讲都是一个考验。① 对于电视观众而言，欣赏电视艺术中的节目就如同参加群众文化活动一样，他们在意见、思想、观点的反馈与表达中提高自身的艺术素养，这种艺术素养和媒介素养又将会作用于观众的群众文化活动开展，进而提高群众文化活动的文化影响力和艺术水准。

一、群众文化是电视艺术的重要动力支持

雷蒙德·威廉斯认为，电视不是科技发展的必然逻辑结果，也不是商业发展的自然产物，而是在技术和资本等形式条件业已完备的基础上，社会需求催发的结果。"对于科技的寻求和发展，始终伴随着头脑中已有的某些目的和用途"②，其实，从莫尔斯的有线电报到马可尼的无线电报，从贝尔德的第一台电视机到电视在亚历山大宫的首次试播，这背后都是人类长期以来的朴素的信息传播愿望，即更快更好地把信息传送到更远更多的人群当中去。③ 而反过来，传播学者麦圭尔的"使用与满足"理论也印证了这点，他认为，电视节目的四种功能包括心绪转换、人际关系、自我确认和环境监测，④ 这几种功能对应地都被包含在马斯洛的需求层次中。

（一）文化土壤方面的支持

在宏观层面，一定时期一定区域的政治、经济、社会、科技等综合作用构成了文化发展的大背景与形势。这种背景与形势，尤其是由群众文化构成的特殊"文化场域"，对于具有中国特色的电视艺术的发展而言是必须考虑的

---

① 周建新，胡智锋.电视节目创新动力：外在压力与主体自觉[J].电视研究，2013（9）：25-27.
② Williams R. Television: technology and cultural form [M]. London: Routledge, 1990: 14.
③ 苗棣，范钟离.电视文化学[M].北京：北京广播学院出版社，1997：1.
④ 郭庆光.传播学教程[M].北京：中国人民大学出版社，1999：113.

因素，从其几十年的历史发展轨迹可以看出，电视艺术发展受宏观环境的影响很大，有时这些影响甚至是决定性的。改革开放以后的电视艺术受思想解放的影响，表现得青春焕发、朝气蓬勃。这同样与那个时期大的群众文化气候密切相关，社会思潮、文艺潮流、审美趣味都是朝着解放思想而去，新颖新奇、与众不同成为时尚，电视艺术的发展与之步调一致。

20世纪末和21世纪的最初几年，我国电视荧屏娱乐选秀节目多点开花，铺天盖地。笔者曾经撰文提出，娱乐选秀节目的低"门槛"、低成本和巨大的社会效益、经济效益，吸引了众多电视媒体。从湖南卫视《超级女声》的走红到北京电视台的《红楼梦中人》、重庆电视台的《第一次心动》、江苏电视台的《绝对唱响》和《名师高徒》、河南电视台的《武林风》等节目纷纷亮相荧屏，从海外购买节目模式的典型案例如《中国达人秀》《中国好声音》，再到偶像团队选秀节目《创造营》《青春有你》，娱乐选秀已不仅是一个电视事件，更是媒体事件、文化事件。其影响已不仅在于娱乐节目本身，也辐射到电视荧屏的其他各类节目中，海选、PK一时间成为大众熟悉的时尚名词，在社会生活方面，各种社区活动、校园文化活动、商业文化活动也深受其影响。①

（二）人才培养方面的支持

群众文化可以锻造出"民间艺人""草根艺人"，并借助各种渠道平台不断地向专业文艺行业领域输送新鲜血液，为其提供人才支持。这里的"人才"是个广义概念，不仅指核心层面涉及电视艺术节目本身内容生产创作的各个环节的专业人才，同样也包括外围层面的电视艺术管理人才、研究人才，甚至是教育机构培养出的人才。人才对于我国电视艺术发展的重要性不言而喻。电视艺术人才如何在群众文化的洗礼中得到培养，以及国家对此采取何种措施，直接影响到某些电视艺术节目的制作水平和播出效果。最明显的例子就是随着电视娱乐选秀节目明显增多，为"民间艺人"的大量发掘和培养以及

---

① 胡智锋.2006：对中国电视的宏观描述［J］.广告大观（媒介版），2007（1）：16–20.

他们的成长、成才和成角提供了宽阔的舞台，但是我们也发现，节目对奇才、特才、专才的需求也有些"竭泽而渔"。

以 2004 年为例，全国各种形式的电视大赛此起彼伏，令观众目不暇接。仅中央电视台就举办了第五届服装设计暨模特电视大赛、全国街舞电视大赛、第十一届全国青年歌手电视大奖赛、"夏新杯"第四届电视节目主持人大赛、第五届全国少儿艺术电视大赛、第七届音乐电视大赛、第三届全国电视舞蹈大赛、第二届全国电视烹饪大赛、第二届全国青年时代风采大赛等，并新推出了首届西部民歌大赛、首届朗诵艺术大赛、首届全国电视喜剧小品大赛、首届全国少儿戏曲大赛、首届中国网络原创动漫大赛等。当然各省级地方电视台也不甘落后，利用自身资源优势来举办电视赛事活动。这些电视大赛涉及领域宽，内容丰富，形式多样，而且规模大，影响广，形成了颇受关注的"大赛经济"。它之所以能够形成一种经济现象自然有其复杂的原因，但更重要的是赛事活动的主角是才艺选手，从实际情况看，他们很多都不是专业院校科班出身，那么他们的才艺来自哪里？自然与群众文化活动有着天然联系。

（三）艺术创新方面的支持

电视艺术作品的内容及其类型、模式、价值等方面是电视艺术发展最直接的呈现，也是人民群众最为关心的。电视艺术作品属性功能的偏重，形式的新颖与否、质量的高与低、模式的优与劣、价值导向的正确与否等，是一个电视艺术作品综合价值的体现，也是评判一个时期电视艺术发展成就高低的依据。

那么，群众文化对于电视艺术形态的探索、内容创新有没有发挥积极作用，将是我们考量的一个重要指标。从文化角度分析，一些电视艺术节目火爆的原因就与群众文化的影响关系密切，例如《百家讲坛》等一批知识教育类节目之所以受观众追捧，与整个社会群众对文化知识渴求的氛围不无关系。清宫戏的大量播出既是对群众清史知识的普及，同样也调动了大家对清史文化的兴趣，因此《百家讲坛》关于清史文化的部分也受到欢迎。《国家宝藏》《典籍里的中国》等文化类综艺节目的兴盛也与人民群众树立文化自信的诉求有关。"中华文化博大精深"不是空洞的口号，文化自信本身既是历史底蕴的熏陶，也是群众内心的强烈渴求。但是对于文化的认知、自省和自信需要基础和过程，这种基础就是物质生活的相对富足，古今中外的文化发展史无不在证明这种观点。那么，今天的中国，人民群众之所以对群众文化、中华优秀传统文化有很大的需求，根本原因还是我们的社会主义建设取得了伟大成就。也就是说，一些文化教育类节目认识到群众文化需求的变化趋势和方向所在，并沿着这个方向进行创新，所以赢得了观众的认可和接受。

（四）受众基础方面的支持

这里的受众基础是一个基础概念，也是艺术传播的必要环节。群众文化活动开展和电视艺术传播都离不开受众因素。二者尽管属于不同的艺术样态，传播方式和规律也不尽相同，但是在受众问题上有一定的交集，这是因为所有的受众都来自群众，是广大人民群众的一部分，而一切受众的生存生产生活环境又必须植根于中国的实际，包括文化基因、民族传统、宗教信仰等。所以，群众文化的需求与趣味变化直接影响电视艺术受众的趣味变化。尤其是在互联网发达的时代，群众的呼声、兴趣爱好不再"沉默"，微博、微信、短视频等丰富多彩的传播平台、传播载体和传播渠道都能极好地满足群众表达的欲望，而且表达越来越碎片化、越来越及时、越来越方便、越来越时尚，群众的表达不会石沉大海，而是积少成多，尤其是被朋友圈发酵之后，一些很小的创意、很随意的点子、很简单的看法，都可以演变成热点事件，这是当前受众生存生活的真实媒介环境，这种环境影响电视艺术的策划、选题、创作、拍摄、传播、营销，也造就了个性不一样、接受态度不一样的新时代电视受众。

例如，《非诚勿扰》等一批婚恋交友节目之所以受欢迎，与整个社会存在大量的单身青年不无关系。受现代城市工作生活的快节奏和多元文化的影响，人们对晚婚甚至不婚司空见惯，传统的择偶观念、择偶方式、择偶需求都发生了很大的变化，这是家家户户都面临的问题，自然也就成为全社会普遍关注的社会问题，这种社会现实需求因此成为婚恋交友节目的创新源。再比如针对当下一些女性群体普遍存在的年龄焦虑、身份认同等问题，2020年夏天湖南卫视的综艺节目《乘风破浪的姐姐》确立了"打破偏见，重新定义"的节目主题，借助大数据平台把握舆论导向、设计节目人设，塑造典型化、有看点的人物。这些人物的性格剖面与当下群众精致化的生活贴合度较强，容易带来共情和话题性。人物不同的性格和经历也带来不同的情节走向，节目社会化程度较高，成为人们热议的话题。

二、电视艺术是群众文化活动的重要内容

文化就是人类社会"一种整体的生活方式"和"一种实现了表意的系统"。[①] 前者是雷蒙德·威廉斯在其早期著作《文化与社会》中提出的观点，后者是其在《文化社会学》中提出的观点，很显然，前者更强调文化的物质性特征，后者更强调文化的精神性特征。我们在群众文化研究当中不妨将二者结合起来，那么简单而言，群众文化就是广大群众的生活方式以及由此产生的意义和符号系统。电视艺术诞生之前，群众文化已然存在，广大群众需要由类似"电视艺术"的产物来满足的认知需求、教育需求和审美需求[②] 已然存在，只是待"电子缪斯"[③] 下凡之后，一切自然地发生和出现。电视艺术是对群众文化需求的回应，构成群众文化活动的重要内容，主要体现在以下三个方面。

（一）电视艺术为群众文艺创作提供素材源

电视艺术的丰富性为群众文化活动的开展提供了更多的选择性和可能。很多电视艺术作品带动了群众文化活动的开展，例如一年一度的中央广播电视总台春节联欢晚会（以下简称"央视春晚"）融合了全国各族人民、各个阶层的观众的喜好，根据每年老百姓关心的热点话题，创作了群众喜闻乐见的

---

① 樊柯. 走向文化社会学 [D]. 北京：中国社会科学院研究生院，2010.
② 刘树森，李泱. 电视艺术学 [M]. 沈阳：辽宁大学出版社，1990：77.
③ 张凤铸. 中国电视艺术学 [M]. 北京：北京广播学院出版社，1999：5.

精品内容，这也让收看央视春晚成为中国人的文化新"年俗"。每年央视春晚一结束，就有一大批的"热词""热曲""热舞"在全社会流行，成为众多群众文艺再创作的素材。所以，电视艺术节目在创作时要高度重视群众文化的趣味。

以《星光大道》为例，它的成功因素有很多，但群众意识的树立是其中十分重要的一个。"自觉树立群众意识，将内容生产与新时期群众文化的开展主动结合，自觉走群众路线，凝聚草根大众，植根群众文化，吸引广大群众参与。"凝聚"草根"大众主要表现在其"汇聚全球能人，打造百姓明星"的节目主旨上；植根群众文化主要表现在其"充分展示选手的才艺"。选手的才艺表演没有形式、内容、风格等方面的具体要求，音乐、舞蹈、杂技、相声、小品等皆可，不管是民间绝活还是民族风情，不管是传统技艺还是流行文化，都可以在《星光大道》的舞台上自由绽放。① 这里就很好地实现了电视艺术和群众文化的良好互动融合，电视艺术的群众意识来自对群众文化的认知、理解和尊重，反过来，对于群众文化的吸收也可以促进电视节目的再创造。

（二）电视艺术为群众文化传播提供渠道

电视艺术不仅是一种文艺形式，还是一种艺术传播平台。电视艺术的综合性、包容性，方便群众文化的传播，尤其是为群众文化提供了一条由非专业向专业、由"草根"向精英、由地域向全局传播的可能的道路，这在众多的选秀节目中表现得非常突出。21世纪以来，一大批电视选秀节目利用其传播平台，掀起了一轮又一轮的"造星运动"，培养了各种各样的娱乐明星。

此外就是电视民生类节目。民生内容的范围很宽泛，前面有所分析，作为国家公共服务体系的重要内容之一，群众文化自然也属于民生内容。尤其是在物质生活水平大幅提高的情况下，人民群众精神文化生活的质量明显影响了他们的幸福指数。笔者曾经撰文分析，在社会转型的关键时期，社会生活发生了剧烈的变革，社会结构趋向分层化与碎片化，不同阶层的利益诉求

---

① 胡智锋，周建新."星光"求变的启示［N］.人民日报，2013-05-03（24）.

日益多元，民生问题、公平问题、正义问题等备受关注，社会心理更加复杂，社会情绪更显脆弱，社会矛盾更易发生，这时候迫切需要文化的力量来疏解堵点痛点，缓解个人、集体和社会的紧张情绪。无论是早年的民生节目《南京零距离》还是在网络上爆红"出圈"的《1818黄金眼》，又或者是以"一问到底、狠抓落实"而著称并成为业内标杆的《问政山东》，都巧妙地掌握了媒体社会责任、电视媒体的社会文化定位之间的平衡，既不"缺位"，也不"越位"，很多内容也及时回应了群众的精神文化需求。①

（三）电视艺术为群众文化接受提供提升观众艺术涵养的机会

长期以来，电视节目就有很强的受众意识：从观众来信到热线电话再到网络留言，从现场互动到嘉宾主持再到短信互动，观众参与节目的方式越来越多，观众介入电视节目的力度在不断加大。②电视艺术对于全社会各个阶层群众整体的媒介素养、艺术素养、文化素养的提升有积极的影响。广大电视艺术节目尤其是一些文化品位较高的节目，蕴含的艺术价值、审美趣味最终会传递给广大群众，这就在客观上刺激了群众的文化需求，培养、引导、提高或改良了他们的知识品位、价值观念、艺术修为，而这种需求又会直接作用于群众文化活动的开展，对于群众文化的发展起到推动作用。

当前的电视观众不是传统被动接受的"乌合之众"，而是有充分选择权、积极参与权，甚至是很高话语权的观众。他们是电视节目的消费者，对节目可以赞不绝口，也可以随意挑剔；他们的思想、观点、意见、建议本身就是节目内容的一部分或者是影响节目生产传播的重要因素。③移动互联网的发展带来了更多新颖有效的互动方式，中央电视台推出的文化类综艺节目《经典咏流传》就开发了配套的微信小程序，观众可以在收看节目时扫描屏幕上的二维码在移动端参与节目，AI智能识音软件可以帮助观众判断最适宜演唱的歌曲。跨屏互动大大增强了节目的生命力，节目对传统文化的创造性转化也

---

①②③ 周建新，胡智锋.电视节目创新动力：外在压力与主体自觉［J］.电视研究，2013（9）：25-27.

更加深入人心。从某种意义上讲，观众的审美水平直接影响甚至决定了电视节目的艺术水准。正因如此，现在的电视节目都十分重视收视反应，在对节目的收视率进行专业的分析之外还借助新媒体手段，利用短视频、微信公众平台、官方网站、官方微博、研讨会等多种形式收集观众的意见、建议，以此作为节目创新的依据。

建党百年视野下我国群众文艺的发展路径及其特点*

新中国群众文艺是人民群众"自我表现、自发教育、自我服务"的非职业、非商业的文化艺术，活动形式包括"群众文学活动、群众戏剧活动、群众曲艺活动、群众音乐活动、群众舞蹈活动、群众美术活动、群众游艺活动、群众体育活动"[1]等。从革命战争年代到和平发展年代，群众文艺在战争动员、舆论宣传、丰富人民群众精神文化生活、保障人民群众基本文化权益、激发人民文化创造活力、维护国家文化安全、提升国民文化素质、构建现代公共文化服务体系等方面发挥着重要作用，已经充分融入人民群众的日常生活当中，成为我国社会主义文艺大家庭中的重要组成部分。然而，与文学、戏剧、电影、电视等文艺类型相比，群众文艺的艺术独特性、创作专业性、市场化程度还显不足，理论研究起步较晚，相关研究成果相对较少。正因如此，国家将"加强群众文艺理论研究和评论工作，提高群众文艺专业化水平"[2]，作为新时代加快社会主义群众文艺繁荣发展的重要任务之一。

---

* 本文原载于《现代传播》2021年第11期，收入本书时略有改动。
① 杜染. 群众文化[M]. 北京：文化艺术出版社，2012：89–91.
② 中国文明网. 文化部《"十三五"时期繁荣群众文艺发展规划》[EB/OL].（2017–05–12）
   [2024–05–09]. http://www.wenming.cn/ziliao/wenjian/jigou/qita/201705/t20170512_4239071.

一、孕育形成期（1921—1949 年）的群众文艺及其发展特点

从历史沿革和根本属性上讲，新中国群众文艺的诞生与中国共产党成立同步。其原因在于，一方面，中国共产党是马克思主义政党，与人民群众有着天然的血肉联系，其政党属性决定了我国群众文艺的根本属性，自成立之日起就要求文艺工作必须紧紧围绕工人、农民、军人等群体开展。另一方面，新中国成立后，中国共产党成为执政党，新民主主义革命时期党的群众文艺路线、方针、政策在社会主义革命、建设时期大多延续了下来，保持了属性上的一致性和政策上的延续性。从总体情况观察，这一时期的群众文艺主要是配合"抓革命"的时代使命，在思想引领、组织建设、队伍建设、活动开展、创作生产等方面都有所建树，很好地完成了始创期的各项准备工作。

（一）孕育形成期群众文艺发展的基本情况

这一时期的群众文艺工作主要围绕中国共产党领导的新民主主义革命事业开展，是中国共产党群众路线在文艺战线的具体实践，也是中国共产党领导群众革命斗争的重大举措。由于处于初创期，群众文艺工作在指导思想、组织建设、活动开展、作品创作等方面有很多开创性。

其一，早期群众文艺的指导思想应运而生。1942 年 5 月，毛泽东发表了《在延安文艺座谈会上的讲话》，强调"我们的文艺第一是为工农兵""我们的问题基本上是一个为群众与如何为群众的问题"，明确了中国共产党群众文艺的革命属性和宣传属性。延安文艺座谈会"极力提倡工农兵文艺"，对当时的群众文艺实践产生了革命性影响，其"义素符码"构成了中国共产党领导下的革命时期群众文艺工作的"基本语汇"，甚至说，这种"红色文化意识形态记忆的记忆母体"的影响力持续到新中国成立以后，成为"中国共产党在文艺管理方面的意义目的和价值旨趣"[①]。

---

① 张清民. 两个文艺"讲话"的话语意义分析［J］. 文学评论, 2020（1）: 5–12.

其二，早期群众文艺的活动形式多样。群众文艺活动作为群众文艺工作最重要的载体和呈现方式，其开展深受广大工人、农民、战士和知识分子阶层的欢迎。1934年1月，毛泽东在第二次全国苏维埃代表大会的报告中，对中央苏区群众文艺活动发展给予了肯定。①这一时期的群众文艺宣传队、剧团、文工团及其他群众文艺组织，开展了丰富的群众文艺活动。如中央苏区的"列宁小学、夜校、识字班、妇女教育、政治学习、读报，以及体育运动等"②。但是从"活动"上升到"运动"，即大规模全面铺开还是在延安文艺座谈会之后。杜仲平在总结西北革命文艺工作的经验时说，"整个为群众的文艺运动，是在（延安）文艺座谈会以后才形成"③。延安文艺座谈会以后，影响较大的群众文艺活动有"街头诗运动""大秧歌运动""战士诗运动""西北战地服务团""战地社""战歌社"④等。

其三，早期群众文艺的创作生产链条日趋完整。群众文艺创作生产是群众文艺主体能动性发挥和客体再现生活、反映生活的主要方式，作为"艺术生产"，必然离不开群众文艺创作队伍、文艺作品等基本要素。群众文艺创作生产与群众文艺活动开展密切相关，一方面，群众文艺活动的开展需要大量的群众文艺作品来支撑，为群众文艺创作提供了客观需求；另一方面，随着群众文艺活动的开展，文艺知识的迅速普及与提高，也改造、培育了一批群众文艺创作人才，这又为群众文艺创作强化了人才基础。完整的群众文艺创作生产流程闭环链条在这一时期出现，催生了著名的"延安文艺现象"，代表性作品有新秧歌剧《兄妹开荒》、新歌剧《白毛女》和《血泪仇》、新历史剧《逼上梁山》、新洋片《养娃娃》、新诗歌《王贵与李香香》、新小说《一个女人翻身的故事》和《小二黑结婚》、新通讯文学《白求恩》等，它们在中国群

---

① 胡守勇."下里巴人"的重建——利川市群众文化建设研究［D］.北京：中央民族大学，2010.
② 孙渊.群众文化概论［M］.北京：新华出版社，1988.
③ 中国作家网.柯仲平《把我们的文艺工作提高一步——西北代表团陕甘宁部分文艺工作总结发言》［EB/OL］.（2012-07-04）［2024-05-09］.http：//www.chinawriter.com.cn/ 2012/2012-07-04/133138.
④ 央视网.艾克恩《毛泽东同志〈在延安文艺座谈会上的讲话〉的前前后后（1992年）》［EB/OL］.（2012-05-18）［2024-05-09］.http：//news.cntv.en/china/20120518/113505.

众文艺发展史甚至中国文艺史上都有很大的影响力。

（二）孕育形成期群众文艺发展的主要特点

尽管这一时期的历史时间跨度不是特别长，但经历了曲折而又惊心动魄的革命战争，且不同区域的革命形势又有所不同，所以群众文艺工作开展的复杂难度可想而知。总体而言，这一时期群众文艺体现出明显的交叉融合特性。

其一，在功能价值上体现了革命目的性和工具手段性的交叉融合。群众文艺在反帝反封建的民族救亡图存大业中诞生成长，因此不管以何种形式开展，其主要特点都是强烈的革命属性和"一致对外"的民族性交叉融合。这种交叉融合对于全体中华民族而言，在这近30年的艰苦卓绝的斗争中是"合目的性"的高度一致。在统一目标的统摄下，国统区也好、解放区也罢，群众文艺的"工具性"和指向性也就显而易见。由此可见，这一时期群众文艺的普及和提高，都是服务于力挽狂澜式的救万民于水火、寻求民族解放独立的总体目标。

其二，在创作观念上体现了文化传统性和现代性的交叉融合。鸦片战争后，西方的现代文化观念、文艺形式也随着他们的武器纷至沓来，"师夷长技以制夷""西学东渐""洋为中用"等学习西方、革新社会的文化思潮席卷神州大地。这一时期的群众文艺虽然"偏安一隅"，普遍存在于落后的乡村地区和城市基层，但传统与现代、保守与激进的激烈冲突也深深影响着群众文艺创作，比较明显的是，关于反思民族劣根性、封建礼教顽固不化的内容大量出现，试图在群众文艺的普及与提高中实现"民众启蒙""民智提高"。从实际过程看，从闭关锁国到门户开放，群众文艺创作难以避免中西观念的冲突，但自豪的是，在这种激烈的冲撞中，群众文艺作为中华大地最底层、最普遍、最大众的文化样态，在迎来现代性改造和升级的同时，时至今日依然保持着坚定的文化自信。

其三，在活动开展上体现了文艺场域的城乡互动与交叉融合。从民国时期开始，城市少量的公共类文艺设施与场所已经建立，如"俱乐部、青年会、民众乐园、大世界；有些城市和县城还设有民众教育馆"，部分乡镇也"建有戏楼、茶社"。① 这种活动组织形式对于新中国群众文艺的发展而言是有启发性的，例如"通俗教育馆"的建立，其部分文化教育功能的设置、组织运行形式对于新中国成立后的文化馆、群艺馆建设都有很好的借鉴意义。② 但是国民党统治下的"通俗教育馆"等实施场所建立的根本目的还是要维持庞大的官僚集团的统治利益。而中国共产党领导下的群众文艺始终心系广大人民群众，与"农村包围城市"的革命路线保持一致，不断加强对广大农村地区群众文艺事业的领导和建设，还能够与时俱进，齐头并进推进城市和乡村的群众文艺建设发展，使之相互补充，共同支持新民主主义革命事业的发展。

总结起来，早期群众文艺伴随着中国共产党的诞生而出现，并在革命烈火中孕育而成，作为马列主义的宣传手段和推动革命前进的斗争法宝，具有重要的意义和价值。其一，它具有极强的社会动员能力，吸引、鼓动普通民众参与到新民主主义革命及文艺活动中去，"激发了人民团结抗战的信心"③，因此有着巨大的时代意义；其二，"它体现了（中国）共产党的文化政策及理想"④，并将中国共产党的革命事业、崇高理想、初心使命宣传到广大工农兵学阶层，丰富了人民群众的日常生活，提高了他们的思想觉悟；其三，从群众文艺的发展历程观察，这一时期的时代背景、孕育环境注定了其红色文化基因的赓续和革命文化的底蕴积淀，这些自带的"荣耀光环"内化为其文化性格，即使是到了和平时期依然清晰可见。

二、探索成长期（1949—1977年）的群众文艺及其发展特点

新中国成立后，国内外环境形势十分复杂，新生政权受到的挑战来自方方面面，社会主义建设事业百废待兴，群众文艺作为国家凝聚人心的重要方

---

① 梁泽楚.群众文化史［M］.北京：新华出版社，1989：31，6，82，36，141，208.
② 彭泽明.文化馆的雏形：民国初期的通俗教育观［N］.中国文化报，2012-11-05（7）.
③ 陆青.群众文艺运动的新方向——浅析《穷人乐》的创作特点［J］.党史博采（理论），2015（4）：47.
④ 张自春.经验互助与群众创作："《穷人乐》方向"与解放区——新中国的群众文艺运动［J］.文学评论，2018（2）：154-163.

式和广大人民群众抒怀释怀的重要途径，活动开展得十分活跃。然而，受"大跃进""左"倾思潮的影响，尤其是"文化大革命"的巨大冲击，群众文艺的发展受困，甚至出现了停滞状态。从总体情况观察，这一时期的群众文艺工作与"促生产"的时代使命紧密结合，但同时也没有忘记"抓革命"的任务要求，不仅很好地实现了功能角色的成功转型、催生场域的有效转换，还建立起体系化的组织架构、搭建起了多样化的活动载体、培育出了一批新的群众文艺力量，为社会主义革命和建设初期的文艺普及与提高发挥了重要作用。

（一）探索成长期群众文艺发展的基本情况

1949年7月，新中国第一次全国文艺工作者代表大会召开，大会全面总结了革命战争时期群众文艺工作的经验，并研究新中国成立后的建设发展思路。郭沫若在本次大会的致辞中明确要求，"我们要注意开展工厂、农村、部队中的群众文艺活动，培养群众中新的文艺力量"[①]。然而，和平年代与战争年代的群众文艺工作的开展有着极大的不同，无论是制度建设、组织运行、人才培育还是功能定位等都需要进行全方位的重构，因此，这一时期群众文艺工作的主要任务就是配合人民新政权的建立开展相关活动。

其一，群众文艺工作的管理运行体系逐步完善。新中国成立后，国家将群众文艺事业作为党和政府相关部门的一项重要职责来予以推进，最终形成了中央到地方、党政部门到社会组织的纵横交叉的组织运行管理体系。从横向职能协调看，形成了包括文化管理部门、工会组织部门、共青团和教育部门、军队管理部门协同管理的群众文艺制度体系。[②] 从纵向职能分配看，以文化部群众文化事业管理局的成立为重要标志，"一个以文化馆、站为中心的群众文化辅导网，以俱乐部为中心的群众文化宣传活动网已经基本组成"[③]。此外，国家对少数民族地区的群众文艺工作也高度重视，将其纳入政府管理

---

① 中国作家网. 郭沫若《为建设新中国的人民文艺而奋斗——在中华全国文学艺术工作者代表大会上的总报告》(1949年) [EB/OL]. (2012-07-04) [2024-05-09]. http://www.chinawriter.com.cn/2012/2012-07-04/133123.

②③ 梁泽楚. 群众文化史 [M]. 北京：新华出版社，1989：31, 6, 82, 36, 141, 208.

职能当中。至此，群众文艺工作从战时动员机制下面对重点辖区、重点区域、重点人群开展文艺活动，发展成为行政力量主导下的覆盖全国、全民族、全社会的、日常稳定的，体系化的制度和工作体系。遗憾的是，"文革"爆发以后，整个国家陷入了阶级斗争为纲、政治挂帅的运动当中，群众文艺管理体系名存实亡，难以正常运转。

其二，群众文艺人才队伍建设与创作生产卓有成效。"文革"前，我国群众文艺工作开展得十分活跃，群众文艺的组织架构不断健全、任务明确化"在组织当地文艺工作者进行创作和各种配合中心任务的文艺宣传以及辅导群众业务艺术活动上做了不少工作"[1]。一方面，文艺战线服务工农兵的意识很强烈，"特别是1958年以来，广大文艺工作者在上山下乡，深入工农群众，和群众同呼吸、共命运的过程中，或深或浅地自觉地改造了世界观和阶级情感"，创作出一批新的文学、新的戏剧、新的电影、新的连环画、新的年画、新的歌曲、新的舞蹈等文艺作品。另一方面，"群众又通过多样的业余活动的方式积极地参加了艺术创造的事业"[2]，例如"许多作品被群众改编为通俗的戏曲和戏剧，群众也编写许多的曲艺、包括快板和歌曲"[3]。此外，"我们的文学艺术和人民发生了广泛的联系，推动了群众中间的新文艺活动，在群众中形成了文学艺术的后备军"[4]。但是"文革"导致群众文艺组织几乎瘫痪，一些群众文艺工作者遭到迫害，群众文艺活动无法正常开展。

---

[1] 中国作家网. 郭沫若《致中国文学艺术工作者第二次代表大会开幕词》(1953年)[EB/OL]. (2011-11-03)[2024-05-09]. http://www.chinawriter.com.cn/2011/2011-11-03/104137.

[2] 人民日报. 周扬《为创造更多的优秀的文学艺术作品而奋斗——在中国文学艺术工作者第二次代表大会上的报告》(1953年)[EB/OL]. (1953-10-09)[2024-05-09]. https://new.zlck.com/rmrb/news/1ZM3EKD4.

[3] 中国文艺网. 茅盾《新的现实和新的任务——在中国文学工作者第二次代表大会上的报告》(1953年)[EB/OL]. (2007-09-05)[2024-05-09]. http://www.cllac.org.cn/wdh/eflac_wdh-2th_Article-03.

[4] 中国作家网. 人民日报社论《努力发展文学艺术的创作》(1953年)[EB/OL]. (2011-11-03)[2024-05-09]. http://www.chinawriter.com.cn/2011/2011-11-03/104141.

（二）探索成长期群众文艺发展的主要特点

由于这一时期处于革命战争时期向和平建设时期过渡、抓革命向促生产过渡的特殊阶段，群众文艺行政部门、群众文艺组织、广大人民群众之间也在不断调试、适应和磨合的过程中，体现出"探索性"的转型特征。

其一，在运行管理上由政府统一管理向群众自发自愿组织过渡。这一时期群众文艺工作作为国家政府部门的职责被明确强调，但其管理涉及部门众多，如文化部门、党团部门、部队机关、工会部门以及民族管理部门等。这一方面说明群众文艺涉及的面多领域广需要多部门协调联动，但另一方面，多头管理为今后的群众文艺工作管理带来极大困难。和平建设时期，群众文艺更多地回归和强调群众主体的自愿自觉，人民群众在生产生活之余自行组织的机会明显增多，但是"文革"时期，群众文艺完全被集中统一管理——"毛泽东思想文艺宣传队"遍布城市、工矿、企业、学校、农村，千篇一律地推广"样板戏"，唱"语录歌"，跳"忠字舞"。

其二，在功能价值上由革命宣传教育向休闲娱乐过渡。新中国成立初期，国内外复杂的政治环境给予新生政权极大压力，需要群众文艺配合做出强有力的宣传。抗美援朝，保家卫国更是需要群众文艺再次激发和点燃全民的革命意志和斗争精神。然而，群众文艺不能超越，更不能替代社会生产建设，其功能定位理应回归到精神生产层面。于是，在新中国百废待兴、亟须恢复生产的需求的驱动下，群众文艺把精神文化建设、文化娱乐的自主权交还给广大人民群众，从高压紧张到团结活泼，从宣传教育到娱乐放松。但遗憾的是，"文革"爆发后整个国家陷入了停滞状态，出现了群众文艺运动越俎代庖，代替生产建设的极端情形。

其三，在队伍建设上由专业型向业余型过渡。群众文艺不是"另起炉灶"独创一种文艺类型，而在于兼容并蓄、吸收百家之长，其目的是向广大群众普及文艺常识并提高全民文艺素养。因此，与传统艺术类型相比，群众文艺的革新不在于艺术形式的创新而是艺术创作与传播价值理念的根本变化，即在面向群众、服务群众、群众自主的原则下进行艺术创作或艺术再创造。之所以说其是价值理念的创新，是因为这里的"群众"是一种群体意义的象征符号而非每一个人民个体。群众文艺创作与传播主体自身的实际就是介于专业与业余之间的中间状态。然而，"大跃进"时期的文艺也跟着"放卫星"，出现"人人能读书、人人能写诗、人人看电影、人人能唱歌、人人能画画、人人能跳舞、人人能表演、人人能创作"的口号①，这种要求不仅不符合现实实际，也不符合艺术规律。

总结起来，这一时期的群众文艺工作在社会主义革命及建设初期探索前进，一方面因为有了较为完整的管理体系再加上政策支持，群众文艺活动开展得十分活跃。另一方面，群众文艺工作的开展与新中国整体生态环境休戚与共，受国家大政方针的影响较大。过渡期的这种"摸着石头过河"的探索是正常的，积累的经验产生的教训也都是自然的。毫无疑问，这一时期的群众文艺在"促生产"方面起到了动员鼓劲、凝神聚力的作用，但也出现了一些摇摆不定甚至是激进受挫的情况。

三、成熟进步期（1977—2012年）的群众文艺及其发展特点

党的十一届三中全会的召开标志中国社会拉开了改革开放的大幕。这一时期群众文艺的发展面临的首要任务就是在"文革"造成了巨大破坏之后开始全面复苏。随着社会主义市场经济体制的逐步建立，文化体制改革也在探索中前行，群众文艺在管理方式、组织运行、队伍建设、活动开展等方面迈出改革探索步伐。从总体情况观察，这一时期群众文艺全面总结以往的经验教训，经过一系列的改革探索，基于现代公共文化服务体系下的群众文艺发展模式最终确立。

（一）成熟进步期群众文艺发展的基本情况

这一时期群众文艺发展遵循的是"解放思想、实事求是"的总体路线，

---

① 梁泽楚.群众文化史［M］.北京：新华出版社，1989：31，6，82，36，141，208.

改革任务是在尊重经济社会发展实际、服从自身发展规律、激发群众主体参与积极性等方面，破除不利于发展的各种政策制度。一方面，按照"自主、自愿、自乐、自发"的原则，探索"以文养文"、"以文补文"或"以工补文"的建设思路；另一方面，防止矫枉过正，弥补市场运作机制的不足、消除文化产业对于群众文艺发展的不利影响，将群众文艺事业纳入政府公共服务职能予以支持保障。

其一，群众文艺的公益属性得到强化。党的十五大报告确立了整个文化分类发展的总要求，将其分为公益性文化事业和经营性文化产业两大部分，由此明确了群众文艺作为公益性文化事业的定位。党的十六大报告继续明确，要支持和保障公益文化事业，并鼓励其增强自身发展活力。党的十七大报告进一步要求，"坚持以政府为主导，加大财政投入力度，加强社区和乡村文化设施建设，鼓励社会力量积极参与公益性文化建设，拓宽服务渠道，健全服务网络，不断提高公共文化产品和服务的供给能力"。由此可见，国家对于群众文艺发展的总体思路是清晰的，在政策制定、文化引导等方面，不断强化群众文艺工作的公共文化服务职能，这为市场经济环境下群众文艺的健康发展提供了坚强保障。

其二，群众文艺的发展活力得到激发。庞大的组织架构、大量的人员编制和日益高昂的运行成本对于改革开放初期的国家文化管理而言确实是沉重的负担。如何鼓励文化事业单位根据自身特点和优势开展经营性活动，缓解群众文艺活动经费不足成为一个难题。这些问题的解决需要国家层面深化文化体制改革，从改革创新中寻求发展动力和新机。于是，《关于当前农村文化站问题的请示的通知》《文化事业单位开展有偿服务和经营活动的暂行办法》《群众艺术馆、文化馆管理办法》等制度文件陆续出台，为规范群众文艺发展、激发发展活力提供政策保障。

其三，群众文艺活动开展得如火如荼。江泽民在中国文联第六次全国代表大会、中国作协第五次全国代表大会上的讲话指出，"作为农村文化、企业文化、军营文化组成部分的群众性文艺活动，其广度也是前所未有的"。群众文艺活动在各地区、各民族之间广泛有力开展，城市群众文艺活动设施建设进一步加强、活动样式丰富多样"传统民俗以其顽强的生命力重新在广大乡村地区蓬勃兴起，并在规范乡村社会的生产、生活秩序中扮演着重要角色"[①]；军队、学校以及工会、妇女等团体组织的群众文艺活动在各自领域有序开展，极大地丰富了广大人民群众的精神文化生活。进入 21 世纪以后，伴随着经济社会建设的快速发展，"民间文艺、群众文艺等繁花似锦、姹紫嫣红"[②]。

其四，群众文艺基础建设全面加强。随着公共文化服务体系逐步建立，群众文艺的公共服务能力不断提升，专业的文艺演出、电影放映、书刊的出版和发行，迅速普及农村、工矿和连队，农村广播网、电影放映网建设得到扩展，电影放映设备和戏剧演出的服装、道具得到改进，能轻装上路，便于跋山涉水，乌兰牧骑式的流动文化组织有计划地开展。[③] 此外，在群众文艺研究和学术期刊平台的建设上也迈出坚实步伐，从 20 世纪 80 年代中后期到 90 年代，一批群众文艺专著、专业教材、辅导教材相继问世；一批研究期刊相继出版，成为群众文艺理论研究和传播的主要阵地。这为我国群众文艺研究奠定了基础，但遗憾的是，这种"兴旺"的研究现象只是昙花一现，后续乏力。

（二）成熟进步期群众文艺发展的主要特点

我国群众文艺发展不得不面对的现实国情是，幅员辽阔、民族众多、区域经济社会发展和城乡发展极不平衡。而群众文艺又依赖于彼时彼地的经济社会建设水平。这一时期群众文艺最明显的特征就是在改革深化中寻求一种动态平衡，以实现可持续发展和科学发展。

其一，在管理运行上协调政府与市场之间的再平衡。群众文艺开展的"以文补文、多业助文""以工养文""多种经营、多业助文"等有偿服务，意

---

① 荣跃明.公共文化的概念、形态和特征［J］.毛泽东邓小平理论研究，2011（3）：38-45，84.
② 胡锦涛.在中国文联九大、中国作协八大上的讲话［EB/OL］.（2011-11-22）[2024-05-09］. http：//www.gw.cn/ldhd/2011-11/22/content_2000509.
③ 中国作家网.周扬《继往开来，繁荣社会主义新时期的文艺——在中国文学艺术工作者第四次代表大会上的报告》（1979 年）［EB/OL］.（2012-07-05）[2024-05-09］. http：//www.chinawriter.com.en/2012/2012-07-05/133218.

味着除了强调政府的主体责任之外,对于市场的力量、社会的力量表示了积极欢迎。客观上,这可以刺激群众文艺组织平台和人才队伍进一步改进服务,提高群众文艺组织能力,提供更多的优质内容;也可以进一步激发人民群众的自主性、创造性和文化动能。然而,群众文艺市场化或者半市场化带来的后果是不敢想象的,一些地区曲解国家政策,贱卖群众文艺公共平台的国有资产,丢弃本职工作或将其作为副业,严重弱化群众宣传教育、指导群众文艺创作的职能。随着文化体制改革的深化,国家对文化产业和文化事业进行明确功能定位,从而实现群众文艺公益性和市场机制建设之间的再平衡。

其二,在结构布局上协调城市与乡村之间的再平衡。社会主义改革建设带来城乡社会结构的巨大变化,传统的乡村社会由于城镇化、农民工进城等因素的影响,已经出现了"空心化"、"老龄化"和"空巢化",因此群众文艺开展失去了基本的人才依托。为此,1998年,文化部印发了《关于进一步加强农村文化建设的意见的通知》。此外,城市、厂矿则因为"职工下岗"、城市生活压力过大等因素,也导致了群众文艺开展的动力不足。随着城市化的不断推进,城乡群众文艺发展不平衡的矛盾更加凸显。所以,建立健全覆盖城乡的公共文化服务体系、推动群众文艺在城乡的均衡发展,尤其是利用现代传媒手段,实现城乡群众文艺资源的迅速对接和传播,成为各界的共识。

其三,在整体保障上协调不同经济区域之间的再平衡。我国东西部地区经济发展的差距,内地与沿海经济发展的差距,内陆和边疆地区经济发展的差距等在客观上制约了群众文艺的开展,因为群众文艺的硬件平台,如群众文艺馆建设、文化馆建设、文化广场建设、广播电视"村村通"工程实施、农家书屋建设等本质上都属于基础设施建设范畴,国家财政和地方财政都需要加大投入力度才能完成,这对于落后地区而言是很大的压力。此外,少数民族地区的群众文艺发展情况复杂多样,影响了当地民族文化的传承和发展。因此,国家对现代公共服务体系建设的标准要求充分尊重了当地的发展实际和发展实力,当然也通过资源的统筹调配和倾斜,实现区域群众文艺发展的再平衡。

总结起来,"实践证明,以文补文是群众文化工作解放思想,穷则思变,在工作实践中摸索出来的，促进群众文化事业发展、增强自身获利的一项关键性的措施"[1]。与此同时，实施"业余、自愿、小型、多样、节约"的原则，有利于释放群众文艺发展的活力，因此，国家在效率与公平的选择中愈加明确，将公益性作为社会主义群众文艺的根本属性，公共文化服务作为其首要功能，从而回归群众、立足群众、服务群众、尊重群众，保障人民群众基本的文化权益，体现其鲜明的意识形态导向和社会主义制度优越性。

四、全面发展期（2012年至今）的群众文艺及其发展特点

党的十八大以来，习近平主持文艺工作座谈会并发表重要讲话，以赤诚为民的情怀亲自谋划、关心新时代群众文艺事业发展。从总体情况观察，因为这一时期社会主要矛盾发生了重大变化，人民群众对美好生活的向往更加迫切，为此，国家对群众文艺的发展提出了更高的要求，通过发展规划、法制建设、政策出台等多种方式，对其阵地建设、活动开展、人才建设、设施建设、产品供给等做了系统性的谋划，也促进其迈入全面发展的快车道。

（一）全面发展期群众文艺发展的基本情况

社会主义现代化建设进入新时代，我国社会主要矛盾已经发生了根本变化，人民群众对美好生活的需求与发展不充分不平衡的矛盾上升为主要矛盾。人民群众对美好生活的向往对群众文艺发展提出高质量要求，对各地区各民族群众文艺充分平衡发展提出更高要求。群众文艺发展离不开国家建设成绩的支撑，这一时期群众文艺在平台阵地建设、品牌活动开展、优秀作品创作传播、工作机制创新、人才队伍建设等方面取得佳绩，从实践层面看，新时代群众文艺需要创造性、创新性地开展活动，"既体现了继承性和民族性，也体现了原创性和时代性"[2]，根本上是增强文化自觉和文化自信，为人民幸福、

---

[1] 梁泽楚.群众文化史[M].北京：新华出版社，1989：31，6，82，36，141，208.
[2] 赵晓翠.创造性转化与创新性发展何以可能[J].红旗文稿，2019（14）：31-32.

国家富强、民族振兴提供"更基本、更深沉、更持久的力量"。

其一，群众文艺的阵地网络建设更健全。各级图书馆、博物馆、文化馆（站）、美术馆、科技馆、纪念馆、体育场馆、工人文化宫、青少年宫、妇女儿童活动中心、老年人活动中心、文化广场、文化大院、乡镇（街道）和村（社区）基层综合性文化服务中心、农家（职工）书屋、公共阅报栏（屏）、广播电视播出传输覆盖设施、公共数字文化服务点等群众文艺阵地建设快速推进，覆盖全国的群众文艺阵地网络建设有力，场地、设备等硬件投入得到全面保障。

其二，群众文艺品牌工程（活动）建设更加有效。广播电视公共服务从"村村通"到"户户通"持续推进，农村电影公益放映工程的放映场次和质量不断提升，农家书屋建设为农村学习提供有力平台，"中国艺术节群星奖"评选、"中国民间文化艺术之乡"评选、中国老年合唱节、中国少年儿童合唱节、中国农民歌会、送欢乐下基层等示范性活动的影响力日益扩大，"戏曲进乡村""戏曲进校园"等高雅艺术普及活动广受欢迎，优秀广场舞作品的创作、培训、交流、推广得到大力支持。

其三，群众文艺共建共享共繁荣的协作机制得到创新。文化与旅游主管部门、新闻出版、广播电视与网络视听、电影等文化主管部门负责公共文化服务工作，其他有关部门在各自的职责范围内负责相关公共文化服务工作。文联、作协、工会、共青团、妇联等团体和组织的协作协调，促进了资源的联通共享和融合发展。专业文艺院团、艺术院校、文联、作协对基层公共文化机构和群众文艺团队结对帮扶机制常态化。

（二）全面发展期群众文艺发展的主要特点

这一时期的群众文艺发展迎来了"两个一百年"的战略机遇期和百年未有之大变局，群众文艺工作已经融入每个家庭的日常生活，成为新时代人民群众美好生活获得感、满足感、幸福感的重要内容之一，因此发展特点体现在新时代的"新"变化上。

其一，明确新时代群众文艺发展的新理念。2014 年 10 月，习近平在文艺工作座谈会上发表重要讲话时强调，"民间文艺、群众文艺等各领域都要跟上时代发展、把握人民需求"。2017年11月，习近平在《给内蒙古自治区苏尼特右旗乌兰牧骑队员们的回信》中指出，"乌兰牧骑是全国文艺战线的一面旗帜，……以天为幕布，以地为舞台，为广大农牧民送去了欢乐和文明，传递了党的声音和关怀"。这是对我国群众文艺活动的充分肯定，也为推动新时代文艺的繁荣发展提供了"金钥匙"①。坚持"以人民为中心"的理念是新时代群众文艺发展的基本方略。"社会主义文艺，从本质上讲，就是人民的文艺。"②群众文艺完美诠释了社会主义文艺的本质并在实践发展中一以贯之、坚持到底，其本质就是"群众的文艺"，人民群众是其创造主体，既是群众文艺的"剧作者"，又是群众文艺的"剧中人"，还是群众文艺的"剧评人"。

其二，新时代人民群众对群众文艺发展的新需求。中国特色社会主义建设进入新时代，群众文艺发展的根本任务是适应社会主要矛盾变化，满足人民群众对美好生活的期待，"新时代美好生活的出场是与社会主要矛盾的演化历程相承接的，表明了中国人民生活样式的变迁进入了一个崭新的、高层次的阶段"。生活样式、生活质量都对群众文艺的发展水平提出要求，如对群众文艺主体性的尊重、创造性的发挥、服务意识的提高、内容供给的有效富足等。

其三，推动新时代群众文艺制度建设新成就。这一时期，党和国家出台的一系列政策法规，支持、规范、谋划新时代群众文艺发展，如《关于加快构建现代公共文化服务体系的意见》《中共中央关于繁荣发展社会主义文艺的意见》《中华人民共和国公共文化服务保障法》《"十三五"时期繁荣群众文艺发展规划》等，为繁荣群众文艺提供了政策保障，为构建现代公共文化服务体系提供了有力支撑。

总结起来，新时代中国特色社会主义建设的伟大成就为群众文艺发展带

---

① 人民网.白玉刚《永远做草原上的"红色文艺轻骑兵"——深入学习贯彻习近平总书记关于乌兰牧骑的重要指示精神》[EB/OL].(2018-04-01)[2024-05-09]. http://theory.people.com.cn/nl/2018/0401/c40531-29900889.

② 习近平.在文艺工作座谈会上的讲话[N].人民日报，2015-10-15(2).

来了硬件、软件等各方面的全面升级，为小康社会背景下人民群众的精神文化生活提供了丰富的内容。然而，着眼未来，无论是城市化建设、乡村振兴还是共同富裕发展，要"满足人民过上美好生活的新期待"，群众文艺"必须提供丰富的精神食粮"，这就要求"完善公共文化服务体系，深入实施文化惠民工程，丰富群众性文化活动"。最令人欣喜的是，以"人民为中心"的初心使命的再回归、再认识和再强调，必然为当前及今后的群众文艺全面发展和繁荣兴盛提供坚强保障。

从新中国群众文艺的发展历程看，群众文艺不是无源之水，它"积淀着中华民族最深沉的精神追求，代表着中华民族独特的精神标识"①，是中华优秀传统文化、革命文化和社会主义先进文化相结合的产物，是中国特色社会主义文化的重要组成部分。习近平总书记在庆祝中国共产党成立100周年大会上的重要讲话强调："我们要继续弘扬光荣传统、赓续红色血脉，永远把伟大建党精神继承下去、发扬光大！"十九届五中全会对"十四五"时期文化建设提出明确要求，即"公共文化服务体系和文化产业体系更加健全，人民精神文化生活日益丰富，中华文化影响力进一步提升，中华民族凝聚力进一步增强"。那么，新中国群众文艺作为中国特色社会主义文化的重要组成部分，是"以中华优秀传统文化为根脉，以革命文化为源头，以社会主义先进文化为主体"②的文化艺术样态。站在新的时代航向，正确认识和深刻理解我国群众文艺的发展历程，对于总结中国共产党百年的发展史、赓续红色血脉、建设新时代中国特色社会主义文化具有重要意义，需要我们学界、业界以及其他社会各界给予高度重视，进行深入研究。

---

① 新华网. 习近平《在中国文联十大、中国作协九大开幕式上的讲话》[EB/OL]. (2016-11-30) [2024-05-09]. http://www.xinhuanet.com/politics/2016-11/30/c_1120025319.

② 李长学. 中国特色社会主义文化的哲学审视[J]. 科学社会主义, 2019 (6): 59-64.

电视艺术历史回望与现状评析

中国少儿电视 60 年的发展路径与理念创新*

一、中国少儿电视六十年："三品"路径与特色

从宽泛的意义上分析，中国少儿电视应该从 1958 年电视诞生之初就已经出现，如最早播出的电视木偶剧、动画片。关于我国少儿电视节目的分期，有人认为可以分为零星化阶段（1958—1980 年）、正常化阶段（1981—1991 年）、栏目个性化节目精品化阶段（1992—2002 年）、频道专业化阶段（2003—2018 年）四个阶段；有人认为可以分为节目时代（1958—1999 年）、频道时代（1999—2008 年）和新媒体时代（2008—2018 年）三个阶段。类似的分期表述还有很多，诸如起步、探索、发展、繁荣等常规的事物发展历程的阶段概括。笔者曾用"三品"来划分 1958 年至 2008 年中国电视内容生产的三个发展阶段，即以"宣传品"为主导的阶段、以"作品"为主导的阶段和以"产品"为主导的阶段。回顾中国少儿电视从 1958 年至 2018 年的发展历程，同样可以据此来对这一甲子岁月进行三个阶段的划分，即以 20 年为一个周期，以"宣传品"为主导的阶段指的是 1958 年至 1978 年，以"作品"为主导的阶段指的是 1978 年至 1998 年，以"产品"为主导的阶段指的是 1998 年至 2018 年。在这三个不同的历史阶段中，中国少儿电视面临的时代环境不同，承担的功能角色和内容生产的方式、方法、特点也各异。

---

* 本文原载于《当代电视》2018 年第 11 期，与胡智锋合作，收入本书时略有改动。

（一）以"宣传品"为主导的阶段的中国少儿电视

1958年5月1日19时25分，我国第一座电视台——北京电视台开始试验性播出，这一次播出的有北京舞蹈学校演出的舞蹈《四小天鹅》《牧童和村姑》等。从节目内容本身看，这些节目可以被称为我国最早的少儿电视节目雏形。同年5月29日，电视节目木偶剧《两个笨狗熊》播出，同年6月15日，我国第一部电视剧《一口菜饼子》直播成功，同年9月，第一个少儿电视专栏《少年儿童节目》正式播出。由此可见，少儿电视节目在中国电视早期就作为十分重要的内容开始发展，"文革"前，中国电视荧屏已经形成了种类丰富的少儿节目——少儿新闻节目如《少先队号角》以及其他的与少儿相关的新闻报道，少儿文艺节目如《小朋友》《红小兵音乐舞蹈》《革命传家宝》，少儿科教节目如《好朋友——书》《聪明的机器人》《万能的手》，少儿电视剧如《刘文学》《巧捉罗元根》《校队风格》等，节目种类丰富。"文革"时期，少儿电视节目受到了强烈冲击，大多数节目基本停播，偶尔有复播的。1972年，北京电视台设立《红小兵》专栏，节目内容大多是红小兵唱样板戏及学习毛主席语录和著作的体会。这一时期拍摄的少儿纪录片有《革命精神代代传》《户县少年爱画画》《大轮船来了》等。概括而言，以"宣传品"为主导的阶段的少儿电视主要围绕党和政府的中心工作来组织、开展宣传，承担的是"宣传教化"功能，正如有观点认为，"建立在社会主义政治体制背景下的中国电视，从一开始就奠定了其特殊的重要地位——党和政府的喉舌和宣传工具"。① 从节目内容分析，少儿电视节目的电视主体性还没有获得完全独立，更多地还是对报纸新闻、电影、文学、舞蹈、美术、戏剧等的一种学习、模仿和借鉴，此外就是少儿电视的儿童主体性没有得到完全独立，因为出于宣传的需要，这些节目更多还是站在成人化的视角，或者用的是成人世界的改造式、宣教式的语态和语气，所以很多节目显得严肃有余而活泼不足，说教有余而娱乐不足。

---

① 刘习良. 中国电视史 [M]. 北京：中国广播电视出版社，2007：30.

（二）以"作品"为主导的阶段的中国少儿电视

1978年十一届三中全会之后，一方面，在改革开放的大背景下，随着进口电视机的涌入和国产电视机产量的增加，中国电视事业发展的硬件问题得到了解决。从20世纪80年代开始，中国电视迎来了快速发展时期。另一方面，党和国家对儿童工作的重视为少儿电视的发展营造了有力的政治氛围。1981年3月，中共中央书记处召开了全国儿童工作座谈会，号召"全党全社会都来关心少年儿童健康成长"。20世纪八九十年代，中国电视处于快速上升时期，诸多新的电视观念更迭推出，如电视纪实观念、电视栏目化观念和电视游戏娱乐观念，以及电视节目主持人出现[1]，这些都对少儿电视节目制作播出产生了重要影响，概括而言：一是少儿电视在电视本体自觉上迈出了坚实的步伐，儿童电视节目由直播、录播其他艺术类型节目到以自制节目为主体，节目内容的专业化、艺术个性、原创性和独特性也得到了极大的尊重和肯定[2]；二是少儿电视从中央电视台到地方电视台都得到了极高的重视，形成了极大的规模，"1994年，全国有据可查的播出少儿节目的电视台有200余个，约占全国电视台总数（不含有线台）的26.1%。中央和省台、大城市电视台基本上可做到每天下午6：00左右及节假日有少儿节目播出"[3]；三是少儿电视从数量到质量得到大幅提升，从零散化播出到规范性、连续性播出，实现了栏目化的如约而至，成就了大量独具中国特色的代表性作品，有些被誉为电视"精品"[4]，如中央电视台1985年播出的《七巧板》节目，这个栏目成为中国少年儿童及家长们非常喜爱的栏目之一，其主持人鞠萍也成了央视第一位专职少儿电视节目的主持人。再如1993年中央电视台正式播出的《红·黄·蓝》（后改名为《动画城》），作为我国第一个国产动画片专栏，播

---

[1] 胡智锋.影视文化论稿[M].北京：北京广播学院出版社，2001：174.
[2] 央视网.三个主要方面努力开创新时代广电发展新局面[EB/OL].（2023-09-28）[2024-05-10].https：//news.cctv.com/2023/09/28/ARTIMkDekVp80eQbtUXG9Dg5230928.
[3] 姚汝勇.以"儿童本位"理念构建群体守望的精神家园[D].南京：南京师范大学，2004.
[4] 胡智锋.中国电视策划与设计[M].北京：中国广播电视出版社，2004：59-64.

出了很多经典的动画片。1995年六一儿童节，中央电视台推出了《大风车》专栏，该栏目整合了《七巧板》《天地之间》《蒲公英剧场》《同一片蓝天》《聪明屋》《和爸爸妈妈一起看》等多个栏目，成为我国最具影响力的儿童电视栏目，其中的鞠萍姐姐、董浩叔叔、金龟子、月亮姐姐、小鹿姐姐等主持人成为"80后""90后"的集体记忆。

（三）以"产品"为主导的阶段的中国少儿电视

1999年，广东南方电视台少儿频道开播，2003年，中央电视台少儿频道成立，从此，中国少儿电视进入了频道专业化时期。截至2018年，我国专业少儿频道呈现出央视少儿频道、省级卫视少儿频道和地面少儿频道三个层级的分布态势。在CSM收视统计的71个城市中，专业频道共有31个，含1个中央级卡通频道，5个省级上星卡通频道，16个省级非上星卡通频道和9个市级卡通频道。其中上星的卡通频道分别为中央电视台少儿频道、湖南电视台金鹰卡通频道、北京卡酷少儿频道、广东广播电视台嘉佳卡通频道、江苏优漫卡通卫视、上海电视台炫动卡通频道。[①]究其原因：其一，20世纪90年代后期，尤其是21世纪以来，随着社会主义经济体制改革步伐的加快，市场经济主体地位的确立，电视市场化程度不断加深，产业化成为少儿电视的重要任务，影响着少儿电视的创作、传播实践[②]。其二，这一阶段，观众的需求出现了更加细致的分化，进入了需求细分期，少儿电视节目不再是一个笼统的概念，同样在年龄、性别、区域、职业、城乡等方面都成为影响节目需求与定位分野的因素。其三，随着互联网、移动互联网的高速发展，少儿节目的制作、播出尤其是接受环境发生了巨大变化，一大批专业的动画、儿童网站在互联网上应运而生，其中包括专业动画网站、门户网站、动漫频道及动漫单元项等形式，如悠视网旗下的淘米网、腾讯视频旗下的动漫频道和少儿频道、百度爱奇艺旗下的国内首个儿童动漫视频移动客户端——"爱奇艺动

---

① 马超. 上星卡通频道收视新观察[J]. 收视中国，2015（6）：12-13.
② 黄升民."媒介产业化"十年考[J]. 现代传播（中国传媒大学学报），2007（1）：101-107.

画片"、中国电信动漫运营中心的"爱动漫"、中国移动推出的手机动漫基地、中国联通力推的"互动宝宝"平台等。其四，少儿电视国际合作和竞争在加剧。"美国尼克罗迪恩儿童频道的开播，掀起了世界各国开办儿童频道的热潮。20世纪末期，英国、法国、加拿大、荷兰、澳大利亚、德国纷纷开设自己的儿童频道。开办少儿电视专用频道已成为国际电视界的一种新时尚。"[1]

此外，中国与国际少儿电视媒体的合作也在扩大和深入，如中央电视台分别与澳大利亚、英国银色之口媒体公司（Silvergate）合作，拍摄了《神奇山谷》和《海底小纵队》第五季。另外，海外儿童动画网站的建立，通过提供同步播出的海外动漫作品，成为电视少儿频道的又一有力竞争对手，例如尼克儿童与中国网络电视台合作，建立尼克儿童频道中文官方网站，为中国观众提供最全面的尼克儿童节目资讯及视频，实现尼克最丰富的动画片视频资源全球同步在线观看。这一阶段少儿电视的竞争环境和竞争格局已经发生了重大变化：从传媒形态上讲，出现了互联网媒体与电视媒体竞相角逐的格局；从疆域国别角度上讲，出现了境内外少儿电视同场竞技的局面；从国内传媒层级上讲，有中央电视台少儿频道，还有地方电视台少儿频道；从传播方式和覆盖面讲，有上星少儿频道，还有非上星地面少儿频道。受此影响，少儿电视节目呈现出的是"产品"特征，其评价标准转换成它的市场价值的实现，比如较高的收视率、较强的广告拉动能力或者市场的回收能力、开发能力，即能否形成产业链、开发出相应的衍生产品、创造出更多的市场价值等。

总之，从内容生产的角度，中国少儿电视自1958年至2018年这60年来的发展脉络是清晰的，即从"宣传品"到"作品"再到"产品"的线条逻辑，在以"宣传品"为主导的阶段是以意识形态宣传为核心功能的，在以"作品"为主导的阶段是以艺术追求为核心诉求的，在以"产品"为主导的阶段是以满足观众需求细分为核心功能的。当然，必须说明的是，所谓"三品"只是一个主导性的、侧重性的特征描述，而非截然的分割和独立，也就是说，直

---

[1] 张志君. 呼唤中国的"尼克罗迪恩"——世界各国已建儿童电视频道整体扫描及其对中国同行的启示 [J]. 中国电视, 2004 (1): 17-20.

至今日，中国少儿电视的"宣传品"功能和"作品"特质依然存在，只是在内容生产和功能实现的侧重点上有所不同。

二、中国少儿电视发展的经验与启示

蕴藏在中国少儿电视自 1958 年至 2018 年这 60 年发展道路中的是几代中国电视人艰苦的奋斗努力和孜孜不倦的创新[①]，中国少儿电视的本土化的方向坚持、高度的媒体责任自觉、回归儿童本体的创新理念始终没有变化。

（一）中国少儿电视本土化的经验探索

中国少儿电视的本土化发展方向，即植根中华大地、中华民族和中国传统文化，不断回应和满足中国广大少儿及家长越来越丰富和高水平的审美需求，以我为主，不忘本来，着眼未来，具体体现在价值观念、资源开发等层面[②]。价值观念层面，在以"宣传品"为主导的阶段，从早期儿童题材、主题等相关内容的电视直播，到革命主义、爱国主义、英雄主义主题的少儿电视的制作播出；在以"作品"为主导的阶段，从探索丰富多彩的贴近少儿心理和社会化需求的少儿动画、少儿新闻、少儿纪录片、少儿文艺、少儿电视剧，到创建覆盖全国的富有特色的涵盖各种品牌性的少儿电视节目、少儿电视专栏、少儿动画剧场、少儿电视专题晚会的少儿电视节目体系；在以"产品"为主导的阶段，从专业化少儿电视频道的纷纷亮相和少儿电视市场需求的多样化，到少儿电视节目的多频互动、多渠道播出、全球化加速，中国少儿电视一以贯之的价值理念是"自觉依托我们的国情现实和社会现实来展现中国精神、体现中国思想、表达中国立场"[③]，为中国少儿及家长提供了精神家园，

---

① 胡智锋，周建新.从"宣传品"、"作品"到"产品"——中国电视 50 年节目创新的三个发展阶段［J］.现代传播（中国传媒大学学报），2008（4）：1-6.
② 胡智锋.新环境下中国电视的发展与创新空间［J］.新闻与写作，2018（3）：22-25.
③ 胡智锋·十八大以来中国影视艺术发展纵览［J］.现代传播（中国传媒大学学报），2018，40（1）：96-101.

同时也给全世界提供了具有"东方价值、东方韵味、东方智慧"的节目内容。资源开发方面，从早期塑造儿童英雄、宣传儿童革命英雄事迹的少儿电视《刘文学》（少儿电视剧）、《我爱北京天安门》（少儿文艺）、《红小兵》（少儿专栏），到一批具有中国传统文化特色韵味和中国现实生活观照的动画片如《山水情》《淮南子》《喜羊羊与灰太狼》，音乐电视如《土娃子》《卓玛》，情景喜剧如《我爱我家》《家有儿女》，少儿专栏如《七巧板》《大风车》等的制作播出，我们发现少儿电视既能在不同的历史阶段抓住时代的脉搏，着眼社会现实，开掘现实题材和现实主义素材，同时也能时刻不忘从丰厚的传统文化资源宝库中汲取营养。

（二）中国少儿电视内容规制的经验探索

吉登斯认为，"人的社会化经过初级社会化阶段和次级社会化阶段。前者发生在幼年和童年早期，目标是学习语言和基本行为方式。后者发生在儿童阶段末期到成年期，目的是检验初期形成的社会价值观、社会规范和信仰"。[①]少儿电视天然承担了重要的未成年群体的社会形塑功能，相比较于家庭、学校，少儿电视起着十分重要的作用，扮演着十分特殊的角色。不同的国家情况有所不同，在不同的家庭教育环境中，少儿电视的影响力也不相同，但是每个国家和每个家庭都对少儿电视的内容十分重视。中国少儿电视从诞生到发展，其价值导向、内容制作一直都深受党和国家领导人的重视，相关的批示有很多。20世纪90年代以来，"我国出台了多项行政法规和法律文件，对涉及未成年人的电视节目进行约束和要求，最大可能减少电视节目对未成年人的负面影响"。[②]如《未成年人保护法》（1991年）、《中华人民共和国广告法》（1994年）、《关于切实加强电视剧审查工作的通知》（2002年）、《广播影视关于改进和加强未成年人思想道德建设的实施方案》（2004年）、《广电总局关于实行国产动画片发行许可制度的通知》（2005年）、《关于进一步加强少儿广播

---

① 安东尼·吉登斯.社会学（第五版）[M].李康,译.北京：北京大学出版社,2003：26-27.
② 张娣.童年的"消失"与绽放[D].济南：山东大学,2015.

影视节目建设的意见》(2005年)、《广电总局关于进一步加强电视动画片播出管理的通知》(2009年)、《广电总局关于加强未成年人参与的广播电视节目管理的通知》(2013年)、《关于进一步加强电视上星综合频道节目管理的通知》(2016年)等。中国少儿电视内容规制根本上是由我国传媒的政治体制决定的，是基于对未成年人的保护，是基于对国家和民族的未来负责的行为举措。从国家领导人的批示到相关法律法规的出台完善，我国少儿电视内容规制不断在向法治化的道路迈进。

（三）中国少儿电视的儿童主体性追求

所谓少儿电视的儿童主体性指的是无论从电视节目本体角度还是受众主体角度，少儿电视都应该正确认识、科学把握和尊重少儿这一特殊群体对于信息需求的主动性和健康性。这里的第一层意思强调的是作为节目创作者，少儿电视应该立足少儿心理需求，符合少儿生理特点，"儿童接触电视媒介的动机为儿童电视节目的功能定位提供了依据，那就是少儿电视节目应当主要满足儿童的娱乐需求，同时还要兼顾节目的知识性和信息性"。[①] 由此可见，少儿电视的创作生产从形式到内容，从情节到节奏，从画面语言到配乐，从主旨思想到叙事内涵，都应该着眼于少儿的知识性、趣味性和信息性需求，否则，以成人化的语言、成人化的语态、道德教化的姿态，很难吸引少儿的注意。第二层意思强调的是，少儿电视受众群体的特殊性要求节目本身的法律意识、道德意识、责任意识要时刻成为自我约束的准绳。我们不否认，电视对于少儿社会化、成人化起到积极的作用，因为作为一种媒介它可以向少儿传播多种多样的信息，促进他们大脑的发育。"电视将儿童推进了一个复杂的成人世界，并且促使儿童去问那些没有电视他们就不会听到或看到的行为和语言的意义。"[②] 但是我们必须正视的是，因为未成年人对于媒介信息的处理尤其是负面信息的处理还没有理性的是非判断，而模仿和游戏是他们这个年

[①] 李琦.多元媒介环境下的我国儿童电视节目研究[D].上海：华东师范大学，2012.

[②] 约书亚·梅罗维茨.小时的地域：电子媒介对社会行为的影响[M].肖志军，译.北京：清华大学出版社，2002：233.

龄段的本性，所以中外的相关传媒法律都会对少儿电视中的涉黄、涉暴、涉毒、涉赌等违法不道德的镜头和信息给予严厉的把控。尼尔·波兹曼认为，"当成人世界以一切可想象的方式向儿童开放时，他们必然效仿成人的犯罪活动"。①少儿电视节目涉暴案例不在少数，2013年4月，江苏3名儿童模仿《喜羊羊与灰太狼》中的情节，导致其中两名儿童严重烧伤；2014年3月，一个两岁半的男孩，模仿动画片《熊出没》里的光头强，结果用斧头把自己的两根手指砍伤；2016年，汉中10岁的女孩模仿光头强，用电锯导致妹妹脸部严重受伤。这些"恶性事件"曾引起全社会的高度关注和强烈谴责。

三、融媒体时代少儿电视创新的理念与对策

融媒体指的是媒体基于现代技术平台以互联网技术和通信技术为核心进行的不同媒体形态（包括电视媒体）的融合，是通过不同媒体形态中具有的互通及互补的资源、内容、传播渠道、销售方式的全面整合而形成的新型媒体。基于此，我们对于我国少儿电视的内涵与外延的理解至少应该把握住三点，具体如下。

第一点是明晰"少儿"的指向性。少年儿童指的是7周岁到16周岁的少年和儿童。医学界以0岁到12周岁的儿童为儿科的研究对象，在《中华人民共和国刑法》等诸多关于儿童犯罪的法律法规条款中，对儿童的年龄的界定也是以14周岁为上限。联合国《儿童权利公约》界定的儿童是指18周岁以下的任何人。在我国，未成年人与儿童并非同一个概念。笔者意在强调的"少儿"是一个生理学、物理学、社会学的概念，是"人的生命的一个自然的存在阶段，以及一个社会化过程的客观存在"，是"自然所赋予的独特的生命时期所具备的独特生命现象，同时兼具社会化过程中形成的独特价值和自我精神"。②从生存状态上讲，属于无忧无虑的、快乐的人生阶段，即我们通常说

---

① 尼尔·波兹曼.童年的消逝[M].吴燕莛,译.桂林：广西师范大学出版社,2009：164.
② 张娣.童年的"消失"与绽放[D].济南：山东大学,2015.

的"童年"。

第二点是明晰"少儿电视"的指向性。少儿电视到底是倾向于受众传播对象还是形式内容规制，抑或是内容和对象的多重指向交叉，还需要进一步明确。从受众角度讲，在中国电视市场化程度加剧和受众细分的大的历史趋势下，少儿电视更像是一个统称概念，它包含了受众年龄范围最小的"幼儿电视"，如6周岁以下的少儿，还有"儿童电视"，受众年龄范围指的是6周岁到14周岁，以及"青少年电视"，受众年龄范围指的是14周岁到18周岁。从内容角度讲，少儿电视之所以存在是在于电视节目形式内容本身，它的定位更倾向于满足少儿的心理需求、生理需求、信息需求，例如一些幼儿护理节目，还比如电视荧屏上较为火爆的亲子互动节目，以及我们常见的少儿动画、少儿综艺、少儿游戏、少儿晚会等。

第三点是"少儿电视"传播方式的指向性。融媒体时代多频互动成为常态，少儿电视中的"电视"到底占据多大的"戏份"？这里要强调的是，从传播平台、播出方式、呈现形式上，我们已经很难用传统的电视和非电视这种简单的二元对立思维来理解少儿电视的指向与边界。新媒体时代的少儿电视一定是融合的、交叉的、多元的，它是多频互动的影像集，也是多频共振的传媒产品，还是多途交互的体验品。新媒体环境下，少儿电视需要进行"主体的重构"，也即生产主体的重构、传播主体的重构、消费主体的重构。其内容生产主体不再仅仅是电视机构，也可能是社会化、市场化的传媒公司；其内容传播载体不再是电视机屏幕，也可能是手机、PC、户外大屏、电影银幕等；其内容消费主体不再是电视观众，也可能是参观者、旅游者、使用者、品尝者、批评者等多元的"用户群体"。

总之，新媒体时代，对于少儿电视而言，无论是受众、内容生产还是传播营销，其边界存在着多种复杂可能性，但有一点是根本性的，那就是少儿主体性的坚守和回归，也就是说，我们对于少儿电视的认识、理解和把握一定是植根于"少儿"这个初心，不能是花里胡哨的"少儿"，例如一些打着少儿招牌的与儿童自身毫无关系的节目，也不能是表里不一的"少儿"，例如对少儿心理需求毫无体现的节目。

中国文学版权开发与国际传播策略研究*

习近平总书记曾指出"中国需要更好地了解世界,世界也需要更好地了解中国"①,传播我国优秀文学作品是让世界了解中国的一种有效途径。近年来,为破除中西文化差异带来的信息解码障碍,国家连续出台多项利好政策,从"中国图书对外推广计划""中国文化著作翻译出版工程"到"经典中国国际出版工程"等,由点及面地逐渐扩大支持范围,打造了包括内容、翻译、出版、推广、版权贸易在内的多方位立体化出版"走出去"战略格局,顺利进入190多个国家和地区出版物市场②。尽管这些措施起到了积极的推动作用,但我国文学"走出去"的效力与欧美等文化强国之间仍存在较大差距,总体上的国际影响力较弱,具体表现为:一方面,国内对文学作品的关注度节节攀升,但国外市场反响平平;另一方面,成功出海的文学作品影响辐射能力有限,未能在国际上形成长效影响。

为了摆脱上述困境,学者们对中国文学"走出去"路径展开探索。在研究内容上,大都将目光聚焦于文学内容质量的提升、译介和翻译人才培养等方面。左攀峰认为要树立以受众为中心的文学出版理念,加强与读者

---

* 本文原载于《现代出版》2022年第4期,与李玲飞、易子涵合作完成,收入本书时略有改动。

① 习近平致中国国际电视台(中国环球电视网)开播的贺信[EB/OL].(2016-12-31)[2022-06-20]. http: xinhuanet.com/politics/2016-12/31c_1120226957.

② 马会峰. 拓展出版渠道,打造中国文学立体出海新范式[J]. 出版广角,2019(15):33-35.

互动[1]；魏清光提出，从国家利益的高度统一认识，对输出国进行科学评估，规划"走出去"路径，提高出版企业国际竞争力，培养高水平译者，实施多语种战略[2]；刘红认为应培养专业的海外版权代理人；彭蕾、叶君提出要探索适合中国文学出版的运行机制，增强中国出版企业开拓国际市场的能力，通过学习大型国际出版集团的先进经验，加强我国出版企业自身品牌建设[3]；黑宇宇认为，中国文学要以读者需求为目标，搭乘大数据分析技术的快车，深入分析目标读者的民族文化、阅读喜好、学历层次、地域位置等数据[4]。

通过梳理现有文献可以看出，一是对中国文学版权开发重视不足，或是将侧重点置于营销渠道建设上，或是走文学作品"纸质书变电子书""文字变影视游戏"的版权开发老路，欠缺与时俱进的创新思维。二是对传播策略的关注度不够。传播策略是沟通上下，联通内外的关键一环。"酒香也怕巷子深"，文学作品内容再好，翻译再精确，政府支持力度再大，没有好的传播策略，就容易陷入"孤芳自赏"的囹圄。

正如有学者所言，"出版主体要从纷繁复杂的个体化精神产品中选择那些优质的、适宜传播的出版客体，并对出版客体从内容、形式到传播方式等各方面进行优化"[5]。面对中国文学海外传播陷入举步维艰、裹足不前的困境，一方面，要承认我国文学作品的思想观念和国外存在一定的出入，文化折扣现象在所难免；另一方面，要从深层次上反思版权开发与国际传播策略。中国文学要提高在国际市场上的能见度、曝光度和扩散度，就要打破"重数量轻质量"的版权开发模式和"文化秀场"的传播方式，革新版权开发路径，走全方位、多渠道、高效能的国际化传播之路。

---

[1] 左攀峰.内修与外塑：中国文学出版走出去的双重进路[J].中国出版，2018（21）：68-71.
[2] 魏清光.中国文学"走出去"：现状、问题及对策[J].当代文坛，2015（1）：155-159.
[3] 彭蕾，叶君.中国文学出版走出去话语权建构[J].中国出版，2019（5）：58-60.
[4] 黑宇宇.中国文学"走出去"的新机遇与路径[J].人民论坛，2019（31）：135-137.
[5] 周蔚华.中国特色出版学理论体系建设论纲[J].现代出版，2022（1）：5-18+101.

一、中国文学版权的开发路径

中国文学作品承载着中华文明和中国智慧，是扭转西方社会对中华民族"妖魔化""丑恶化"刻板印象的"利器"。文学作品的版权开发是文学作品思想精髓立体多维呈现的绝佳途径，其版权开发不应当只停留在一次性授权与内容形式转变上，关键在于作品价值内核的开发。即在吃透文学作品思想精髓的基础上，找寻能激发世界人民情感共鸣的内容，选择与之匹配的影视、游戏、漫画、音乐等改编方式，实现对作品价值内核的多层次呈现、多元利用和多次收益，扩大文学作品的辐射面和影响力，实现版权价值的最大化。

（一）构建中国特色文学出版话语体系是版权开发的起点

中国文学进行版权开发的前提是其思想价值能被海外读者理解并接受。中国特色文学出版话语体系是文学作品思想精髓、价值核心的外在反映，是以特定的符号和语言传递中国特色思维和价值观的规范结构。用文学语言向世界人民系统讲清"中国特色"是什么、从哪里来、到哪里去、有何意义等问题，避免西方话语随意裁剪中国文学的审美，破除中国故事的话语障碍。中国文学作品中蕴含的中华优秀传统文化和现代文明价值需要与之匹配的话语体系进行讲述，并以此为版权开发的起点。构建中国特色文学出版话语体系，就要以人类命运共同体为思想地基，创新叙事角度，并借力文学评论提升中国文学的全球议程设置力和引导力，让海外读者"听懂中国故事"。

1. 铸牢人类命运共同体理念的思想根基

当今世界处于百年未有之大变局，全球化发展遭遇寒潮，世界局势走向模糊，迫切需要全球治理体系变革，重塑全球发展主基调。为有效应对冷战思维、强权政治、恐怖主义、气候变化等安全威胁，重新走上全球合作共赢道路，自2013年开始，党和国家领导人多次公开阐述人类命运共同体理念，这也为中国特色文学话语体系奠定了思想根基。"人类命运共同体理论适应了

世界潮流和全球协同发展的伟大构想,是新时代的人类大同思想"[1],其倡导的"不同文明兼容并蓄、交流互鉴"赋予发展中国家和新兴国家在世界舞台上讲述自我、为全球发展贡献独特方案的空间,也为提升中国文化的传播力和影响力提供了理论支撑。因此,中国特色文学出版话语体系要以人类命运共同体这一全球共识为基础,在中国文学作品中娓娓讲述中国故事、中国方案。

2. 创新叙事角度

"出版物作为具有连续性、秩序化特点的知识生产产品,能够在更为深远的意义上影响人的思想意识,并能够带来文明意义上的对话期待。"[2]中西方文化的差异是普遍存在的,但对美好生活的向往是共通的。对于海外读者而言,需要具备一定的知识水平才能对博大精深的中华文化领略一二,传统出版平铺直叙的表述难以直达肺腑,中国文化及中国思想总体上是抽象的、陌生的。中国特色文学出版话语体系要打破这种"曲高和寡"的现状,就要寻找不同种族、不同地区、不同国家的共性主题,通过选择可触摸、可遐想、可接受的叙事方式,唤起世界文明间的有效互动,建立情感共鸣,达成文明相互认知。

3. 发挥文学评论的作用

中国文学开拓"走出去"版图的过程中一直对翻译工作、营销工作等予以较大关注,忽略了文学评论的重要作用。文学评论"失语"导致中国文学难以达到"一石激起千层浪"的效果,更无力为文学作品的版权开发与运营提供动力源。文学评论要发挥其联通作者与世界读者、文学作品与世界价值观的桥梁作用,通过深入阐释和解读,赋予文学作品久久不息的生命力,顺应数字时代的阅读方式变革趋势,缩小中西方读者的思维与认知差异。一是在评论主体方面,形成包含中国文学评论家、西方汉学家、中西方读者在内的评论主体矩阵,通过专业评论发表和网站留言等形式,明确中国文学海外传播的价值所在。二是在评论内容方面,以对中国文学作品价值的正面阐释

---

[1] 金鑫荣.论主题出版的内容建构及传播路径[J].现代出版,2021(4):84-87.
[2] 孙寿山.我国数字出版海外传播体系建设的意义及路径[J].现代出版,2022(2):9-11.

为起点,将蕴藏在作品中的符合世界人民共有价值观的真、善、美挖掘出来,并阐释其何以为真、何以为善、何以为美。同时要跳脱出作品本身的囹圄,以小见大,引导海外读者用中国理论思考全球问题,提升海外读者对中国文学的感受力和理解力。

(二)搭建中国文学版权立体开发矩阵是版权开发的重点

中国文学的丰富内涵、深厚意蕴让其拥有广阔的版权开发空间,版权输出规模持续扩大,应建立起一个融合在线阅读、移动阅读、实体书店、影视、广播、动漫、网游、舞台演艺等多种形态文化产品、立体化版权开发生态体系。

1. 完善版权开发全链条

在泛娱乐开发时代,以文学作品为开发源头,进一步实现版权价值的多渠道、多形态开发。一是健全不同版权开发模式的内生联动机制。在版权开发前期预留 IP 开发空间,拟定重点开发方式。在具体开发过程中增强文学、影视、游戏、漫画等主要版权开发模块间的联动效应,使中国文学作品内涵在不同开发板块间展现不同形象和意蕴,形成扩展性和序列化的开发链条。二是突出当代中国形象。在版权开发过程中着力凸显中华民族优秀传统文化、中国特色社会主义先进文化、人类命运共同体等全球共识,将其融入多形态数字版权衍生品的策划和设计过程。三是利用数字技术。将 5G、人工智能、物联网、虚拟现实、增强现实等数字技术深度融入中国文学版权开发全过程,打造可视化、立体化、互动化、沉浸化的版权开发精品,提升文学作品的可感知度、艺术感染力和表现创新力。

2. 搭建版权开发协同平台

目前进行版权开发运营主要依靠两种模式。一种是集团式运营。集团中拥有完备的产业链条,泛娱乐生态体系构建完善,且各链条各版权开发环节之间能共享资源、互动互通。另一种是开放式运营。在此模式下,企业一般专注于版权开发中的某一环节,发挥自身优势与其他公司合力完成版权开发。但大部分企业尚处于成长阶段,尚未形成完整的版权开发生态。应尝试搭建中国文学版权开发协同平台，吸引国内外各类企业、高校学会、政府部门入驻，布局金融、影视、游戏、视频、电子读物、音乐等全版权开发生态，降低企业间的沟通成本，加快促成版权开发战略合作。

3. 建立科学合理的版权开发评价机制

中国文学要实现在质量与时效方面的深层次跨越，科学合理的版权开发评价机制是衡量版权开发效度的有利方式。应在深入分析版权输出国文化特征、消费心理、价值取向、接受方式的基础上，将文化距离、开发费用、经济效益、消费者评价等指标纳入中国文学版权开发评价机制，并在此基础上调整版权开发策略。对于那些取得较好社会效益和经济效益的版权开发产品，可在细分受众群体的基础上采取精细化开发策略，延长其开发产业链。对于那些取得一般社会效益和经济效益的版权开发产品，可予以政策倾斜和税收减免等政策支持，同时可与输出国的本土版权开发商合作，提升版权开发的有效性。对于那些没有取得预期社会效益和经济效益的版权开发产品，可及时调整版权开发重心与资源配比，与当地版权开发商达成版权委托开发协议。

（三）促进"三个主体"协同发力是版权开发的支点

站在两个百年历史交汇点，面临中国文学出版"走出去"工作的新形势、新使命，需要政府、企业和人才三个主体形成合力，加强顶层设计，提升版权开发运营效率，输入源源不断的创新活力，增强中国文学版权开发规模化效应。

1. 政府加强版权开发顶层设计

政府层面应持续通过制定相关利好政策，实施中国文学版权开发重点工程。一是加强与多部门间的互动合作，在学术研究、内容筛选、IP开发设计、衍生品开发设计、资本运作等方面积极同其他政府部门、各类学会、高校、版权开发企业等多主体创新交流合作方式，将中国文学版权开发工作与外交工作紧密结合，与文化振兴工作紧密结合，与经济开放工作紧密结合，提高文化自信和文化软实力。二是开展专项行动。加大对版权开发的政策倾斜和支持力度，尤其是对已取得良好国际效益的文学作品，持续探索开发其他产品形态，深挖文学作品价值。三是实施精细化管理。增强中国文学"走出去"工作的整体性和协同性，改变原来"重翻译轻版权开发""重数量规模轻成效影响"的现象，从粗放式管理向精细化管理转变，形成版权开发考核和效果评价机制。

2. 企业提升版权开发运营效率

企业应发挥自身的市场敏锐性优势，将文学作品版权开发活动的社会效应放在首位。一是用好国内国际两种资源、两个市场。应充分利用国际书展、版权贸易等机会广泛开展国际合作新形式，文学版权"走出去"与"引进来"并行，在双向交流、文明互通的过程中找到多种文化的共通点。二是布局海外本土化渠道。应与输出国的本土企业合作，建立分社、分销渠道，以版权开发为重心，加速数字化转型，布局线上版权开发渠道，以新的网络渠道打破地域局限性，获取海外读者的偏好需求，快速锚定版权开发方向与方式。三是挖掘他者视角故事。应借助其海外布局的触角，在海外文学作品中选取对中国发展有亲身经历的知名外国友好人士的作品进行宣推和开发，突出他们的在华经历和对中国的认知与感受，反映中国当代风貌图景，促进世界文明交流、文明互融、文明共存。

3. 加强版权开发人才队伍建设

在媒介与社会一体同构环境下，新冠肺炎疫情常态化叠加世界政治经济格局重组，百年未有之大变局带来全球文化格局深度调整。中国文学不仅要承载传播中华文明的功能，还肩负着维护国家文化安全的重要使命。相应地，中国文学版权开发重点也应向呼吁世界和平发展方向倾斜，这就需要建设一支适应新时代中国文学"走出去"的专业人才队伍。一是加强高校学科建设，提升出版理论、中国文学传播理论、版权开发理论、国际传播理论的研究水平，构建完备的版权开发人才培养机制。二是培养一批有本领、有情怀，具有国际视野、创新意识，具备对外沟通力、开发创新力、沟通协调力、风险应对力、文化认同力等复合型中国文学版权开发人才。三是建立版权开发专家智库，吸纳国际传播、国别区域研究、版权贸易、影视创作、美工设计等领域的专家，使其共同参与策划中国文学版权开发活动。

二、中国文学国际传播策略创新

传播策略的迭代与创新是中国文学从"走出去"迈向"走进去"的关键。应注重发挥名人的意见领袖带动作用,深挖知名作者影响力,培养复合型版权代理人,构建社交阅读空间,借助非精英文学力量,扩大中国文学的国际影响力和传播力。

(一)传播主体多样化

在全球经贸交流与人文互鉴的大势之下,出版社、版权代理机构、作家本人等多元主体应积极主动参与作品的推广活动,多方互动,合力吸引世界读者对中国文学了解、认知和关注。

1. 发挥名人的意见领袖带动作用

名人的"领袖作用"是图书推广工作中具有特殊意义的优质资源。在人际传播网络中,"意见领袖"能为大众提供信息、观点或建议,在一定范围内产生影响,意见领袖的影响力能让公众广泛接纳某种信息[①];有研究表明,仅0.05%的意见领袖可以吸引并影响到50%用户的注意力[②]。名人群体有着广泛的社会影响力,他们的行为偏好对普通大众形成了号召力,引发大众关注和模仿。如刘慈欣的科幻文学作品《三体》的"名人粉丝团"作为一股具有引领作用的活跃社会力量,提升了该书的社会热度。《冰与火之歌》的作者乔治·马丁、Facebook创始人扎克伯格和美国前总统奥巴马都曾公开表达自己对《三体》的狂热推崇。日本游戏人小岛秀夫为该小说写了封面推荐语,激起了许多日本ACG爱好者对《三体》的热情,《三体》在日本上市发行后迅速登上了日本亚马逊的榜首位置。

---

① 董兰军,彭中云. 意见领袖在图书馆新媒体营销中的应用研究[J]. 图书馆工作与研究,2017(6):105-108.
② 罗晶. 传播学视域下的微博营销[J]. 湖南工业大学学报(社会科学版),2013,18(1):119-123.

因此，出版社一方面应当邀请具有一定阅读素养、思想丰富的社会各界名人参与作品宣推，引导核心读者关注；另一方面应积极寻求"跨界合作"，借力出版目标国的各类名人资源，利用流量明星和素人"网红"的"粉丝"资源，将图书影响力范围从"核心读者圈"扩展到"非核心读者圈"，有效扩大作品的社会热度。

2. 深挖知名作者的影响力

知名作者是文学领域的发展标杆和先进旗帜，依托个人的品牌效应和引领效应能推动该类型文学作品加快前进的步伐。一方面，知名作家是扭转偏见、推动中国文化传播的排头兵。利用知名作家作品的"特殊性"吸引国外读者的注意力，让国外对中国文学反映的时代特征和文化内涵有初步的认识和了解，减少文化折扣，将对某部作品的兴趣扩大到中国文化的兴趣，实现"普遍性"。如中国作家麦家的《解密》一书打破了国外读者对中国悬疑小说的固有偏见，重新塑造了中国悬疑小说的世界形象。另一方面，知名作家是带动中国文学发展的领头羊。有了行业"领头羊"的品牌效应，社会关注度和支持度加大，中国本土相关类型的文学作品发展步伐加快。《三体》斩获多项国际大奖，带动了我国科幻小说的迅速发展，此后郝景芳获"雨果奖"就是最好的例证。

出版社要改变固有观念，将自身定位转化为"作者经纪人"，像包装明星一样去包装作者，充分挖掘作者的各类资源，敏感地捕捉各类热点，从选题策划到作品面世再到版权开发，要始终保持高度的市场敏感性和策划能力。同时，作者要和出版社一起承担品牌塑造的责任，在充分参与作品的传播过程之外，还要持续不断生产出更有价值的文化财富，打造中国独有的"文化名片"。

3. 激发版权代理机构的活力

不同体制的国家，其文化传播途径存在差异。要扩大我国文学的海外市场，就要熟知目标国的出版发行体制和推广习惯，采用他们的操作流程。中国教育图书进出口有限公司在成功代理《三体》后，积累了海外版权代理的经验，即大范围宣传和包装—吸引海外专业出版社—争取目标国的文学奖项。按照这种传播思路，中国教育图书进出口有限公司相继在法国、西班牙等国开展宣传活动,顺利同法国南方出版社、西班牙出版集团等知名出版商签约确立了合作关系①。可见,快速有效地吸引海外读者对中国文学的目光,遵守目标国的出版行业规则是基础,这就强调了培养了解中外文化和图书市场、具有国际视野和人脉的复合型版权代理机构的重要性。

对此,一是要对版权代理机构进行国内图书市场和文化的培训,加深对国内出版市场和出版文化的认识与了解,提高对优秀文学作品的鉴赏能力和定位能力。二是通过参加国际图书展、博览会等方式,提高曝光度,开拓国际化视野,与国外版权代理机构建立联系,精准定位目标国出版市场的读者兴趣点,帮助作者找到作品在国外的闪光点和合适的出版社。三是规范版权代理机构行为,建立版权代理行业协会等自律组织,规范各业务行为,对版权代理机构和版权代理人的资格审核、职责范围、考核标准等做出明确规定,制定行业服务标准,将版权代理机制建设规范化、系统化。

(二)传播对象社交化

中国文学在传播过程中应注重社交平台的影响力,建立与海外读者的联系,并利用读者的"朋友圈"进行文学作品的自发传播。

1. 利用社交媒体平台打造多方位立体化社交阅读空间

在智能化、万物互联时代,读者的阅读方式和兴趣呈现出数字化、移动化和社交化的新特征,读者的参与意识、表达欲望都有所增强。在推动中国文学"出海"过程中,构建适应国外读者阅读习惯和思维方式的新阅读空间是必要的,在跨文化交流的基础上建立海外读者与作品的即时互动,赋予读者更多的话语权和参与感。尤其是国外读者的文化认识与我国存在出入,他们易于从本国文化角度对作品内容进行个性化解读,诞生"二次生产文本",其内容和内涵由生产性读者建构,并享受二次生产内容带来的快感。

因此,可以社交网络平台为基础,打造一种集分享、互动、传播、评价、二次解读、社交为一体的多方位立体化社交阅读空间。以中国作品为纽带,

---

① 宋亚娟. "三体"版权输出按国际标准运作[N]. 中国出版传媒商报,2016-07-15(6).

以弘扬中国文化为目标，破除世界读者之间的文化藩篱，通过互相推荐文学作品、分享阅读感悟、扩充作品细节，提高对中国文学作品理解的准确性和有效性，在正视文化差异的过程中，促进跨文化交流在社交平台互动中持续深入。此外，利用大数据分析技术，分析读者阅读数据，推荐有共同阅读兴趣和标签的读者加入对应的阅读社区，将读者与作品单线交流模式扩展为多线交叉模式，填补地域文化差异的鸿沟，用中国文学的魅力拉近世界读者的心理距离。

2.推动读者群自主传播

面对海外读者的多元化需求，应实现读者与偏好作品的精准匹配。应借力在业界有很高知名度和广泛稳定的读者群的海内外出版商，明确读者定位。一是满足核心读者群需求。利用核心读者群对某类文学作品的热情，推出同类型新作家、新作品，夯实中国文学的海外读者基础。二是满足边缘读者群的需求。这类读者群对各类文学没有比较明确的偏好，容易受到舆论氛围和社交圈层的影响。通过宣传造势引发他们对中国"热点"文学作品的好奇心，扩大读者的覆盖面。

（三）传播渠道立体化

要提高中国文学的影响力和渗透力，就必须把握联动和借力两个关键词，在已有的传播路径上构筑多元化、多维度的立体传播渠道。

1.线上线下联动

线上宣传包括主流媒体和社交媒体宣传造势。通过西方主流报刊媒体、广播电台等发表各种书评和报道，引起广泛的社会讨论。线下宣传包括参加国际书展和书店活动。如早川书房凭借《三体》的热度，在各大书店进行华文科幻·推理作品展卖会，涉及中国科幻作家刘宇昆的短篇杰作集（1—3）和《重生》，陆秋槎的《元年春之祭》，陆景芳的《北京折叠》，陈浩基的《第欧根尼变奏曲》等，将热卖范围由《三体》扩大到华文科幻类作品。

2.借力非精英文学力量

为了推动我国文学"走出去"，政府频繁出台各种鼓励措施和资助政策，但没有取得海外读者的广泛认同和预期的市场效果。究其原因，众多由政府部门、出版机构和学术团体主导的项目都偏重对"精英文化作品"的扶持，注重推介反映我国优秀传统文化的经典作品，对于缺乏中国文化背景的海外读者来说很难产生共鸣和兴趣。反观日本，海外传播最成功的文学作品是"难登大雅之堂"的轻小说。与之类似，我国的网络文学正在成长为一支"走出去"队伍中的新生力量。网络文学因其表达方式轻松、题材与海外读者审美契合度高，进入了读者的日常生活，从东亚、东南亚到欧美，越来越多的海外读者成为中国网络文学的狂热"粉丝"。中国网络文学在国外走红是国外读者自发推广与传播的结果。在现阶段，中国文学"走出去"要扩大海外读者群，将"推动中国文学走出去"变成"国外读者主动要求中国文学走进来"。要充分利用网络文学的海外传播力，培养一批忠实的海外读者，扩大中国文学的海外影响力和吸引力，刺激海外需求，构建海外读者的中国文化背景，引导海外读者将阅读注意力转移到"精英文化作品"中。

出版兼具宣传和商品的双重属性，是一国政治、经济、文化发展到一定阶段的必然产物，是全球范围内文化传播的重要媒介。中国文学"走出去"是"中国文化走出去"重要且关键的一环，是提高我国国际传播能力和文化软实力、讲好中国故事、展示中国形象的有效途径。近年来，中国文学出版紧紧围绕服务党和国家工作大局，致力于塑造国家品牌和形象，向世界传播中国声音，利用国际国内两种资源、两个市场，充分运用版权输出、实物出口、合作出版、本土化运作等多种方式，不断完善政府支持、企业合作、市场运作和社会参与的体制机制，呈现出以点带面、多点开花的新变化。中国文学要利用自身的文化感召力、艺术感染力、文明互通力，着力提升版权开发效能和国际传播实效，在危机中育新机，于变局中开新局，提升中国文化对世界的吸引力和影响力，实现我国建设文化强国、提高综合国力、伟大复兴的美好愿景。

2014 中国电视艺术节目观察与展望[*]

2014年，中国电视艺术发展依旧面临着复杂的政治、经济、社会、文化形势，各种力量相互角逐交织，形成了异常激烈的竞争环境。值得钦佩的是，面对新形势、新任务和新背景，中国电视人努力探索，在电视剧、电视文艺、电视纪录片等节目的内容生产上都有不同程度的创新，从而推出了一个又一个经济效益和社会效益俱佳的节目。

一、电视剧：唱响"中国梦"，弘扬主旋律

2014年，中国依然不愧"世界第一电视剧产量大国"的称号，全年共生产438部、15320集。创作题材广泛、风格多样，其中，古代、近代和现当代的题材比例保持在15%、30%、55%左右。婆媳、育儿题材热度减退，情感与喜剧题材受宠，都市情感剧和婚恋题材剧取代婆媳剧成为新兴力量。古装剧的播出虽受限，但各大电视剧播出机构热情不减，一些古装大剧在制作、效益和影响力上都身居前列。必须注意的是，广电政策的宏观调控对电视剧的生产播出产生重要影响，尤其是下半年，围绕"中国梦"主题，一大批现实主义题材、主旋律题材、历史革命题材的电视剧数量提升，且颇具精品意识。

"中国梦"被提出后，各行业、各地都提出自己的"梦"，电视艺术也不

---

[*] 本文原载于《新闻战线》2015年第3期，与胡智锋合作完成，收入本书时略有改动。

例外。2014年的电视剧无论是政府的政策支持还是具体剧目的内容生产，无不在践行"中国梦"这个伟大的主题。早在2月份，国家新闻出版广电总局就要求7—10月份，各大播出机构播出与"中国梦"题材有关的电视剧；8月份，又要求各家卫视在9—10月期间播出爱国主义与反法西斯题材的电视剧。从全年来看，古装剧数量得到有效控制，魔幻剧、雷人剧、鬼子剧、苦情剧等曾经被人诟病的电视剧数量减少，现实主义题材电视剧和革命历史题材电视剧，无论是数量还是质量都有所提升，同时很好地贯彻了"中国梦"的主题精神，"以人民为中心"，主动关注现实生活，反映时代精神，也因此取得了很好的收视效果，如《离婚律师》《满仓进城》《国家审计》《历史转折中的邓小平》《战长沙》《北平无战事》《红高粱》等。尤其是《历史转折中的邓小平》，播出后好评如潮，与《我是黄土地的儿子》一起得到了政府、业界、学界以及社会各界的好评，可谓艺术性、观赏性和思想性高度统一。

但是，电视剧生产中还是存在一些问题，如同类题材跟风扎堆，版权纠纷不断，演员片酬居高不下，产能过度饱和，续拍翻拍热原创剧目冷，精品剧目数量不足等。

2014年，中国电视剧发展面临着严峻的竞争形势：

一是网络自制剧、网络视频节目的强势追击。互联网企业借助其雄厚的资本优势、平台播出优势，充分利用其在电视剧题材、内容尺度、风格形式方面的相对自由度，加大网络自制剧的投入力度，因此无论是在产量还是在质量上，网络自制剧都有很大的提升，有人甚至将2014年称为"网络自制剧元年"。

二是美剧、英剧等国外优秀剧目网络播出的强势竞争。尽管美剧、英剧先审查后播出的制度被炒得沸沸扬扬，最后也没有一个定论，但是不管审查与否，美剧、英剧等国外的优秀剧目对国产电视剧的这种收视压力都将存在。

三是"中国电视院线播出联盟"①的强势来袭。这种结盟是电视对电影市场的进军，是中国电视在国家的媒体融合政策支持下的一种自觉和自省，对提高电视机的开机率，将一部分流失的观众重新拉回到电视机前有很大帮助，但是这对电视剧来讲，或许是另一种"灾难"，观众在价格便宜、很方便就可以欣赏到电影的情况下，会不会更少地收看电视剧，拭目以待。在这种情形下，如果没有更加良性的生产机制、播出机制、市场机制，产出更多优秀作品的话，中国电视剧将不得不面临观众大量流失的危险。

值得期待的是，2015年"一剧两星"②政策出台，有望对电视剧市场的健康发展起到一个很好的调节作用。与此同时，一批电影明星回归电视剧创作，有望催生出更多的电视剧精品。不管是处于什么样的社会环境、艺术环境及媒体环境，电视剧质量永远都是制胜的法宝。

二、电视文艺："浓妆淡抹"总相宜

2014年的电视文艺节目有"浓妆"，也有"淡抹"，二者共荣共生，正所谓萝卜青菜各有所爱，这种多元的发展格局和趋势，比之于曾经被斥为"娱乐至死"的电视综艺，应该是一种调整、探索和创新。所谓"浓妆"指的是那些热热闹闹的综艺娱乐节目以及超大阵容、超豪华演播环境的晚会节目，所谓"淡抹"指的是电视文艺在内容形式上与热闹喧嚣相比更趋安静，与花里胡哨相比更趋淡雅。

据初步统计，2014年各大电视台（包括视频网站）播出的与海外版权合作的节目共有63档，其中32档为2014年新引进的节目，31档为延续播出的节目，由此可见，合作模式的电视综艺节目依然是中国电视荧屏的重要力量。这一年，受《关于做好2014年电视上星综合频道节目编排和备案工作的通知》等广电政策的影响，中国电视综艺节目不再是喧嚣热闹一边倒，而是呈

---

① 张璐.中国电视院线联盟成立 全家花5元可在客厅看电影[EB/OL].(2014-12-24)[2024-05-10]. https://www.chinanews.com/sh/2014/12-24/6906791.
② 李蕾，李采月.一剧只能两星播[N].光明日报，2014-04-16（7）.

现出"闹中有静、动静结合"的局面，最为明显的就是歌唱类、才艺类、竞技类节目数量有所减少，亲子类、文化益智类、美食类真人秀节目相对增加。电视文艺晚会也是如此，不再是"挑肥拣瘦"，追求高大上的明星阵容、演播环境，而是在节俭"瘦身"的理念下"荤素搭配"。

一方面，歌唱类、才艺类、竞技类、喜剧类等真人秀节目，热闹非凡，欢声与泪水不断，无论是节目现场气氛还是观众观赏状态，都较为亢奋，这些共同构成了观众娱乐生活的重要内容。如《中国好声音》《中国好歌曲》《最美和声》《红歌会》《我是歌手》等歌唱类真人秀节目；《中国梦想秀》《中国达人秀》《出彩中国人》《私人订制》等才艺类真人秀节目；《偶像明星运动会》《爱要说出来》《勇者无敌》《中国少年派》等竞技类真人秀节目；如《跨界喜剧王》《中国喜剧星》《喜乐街》《笑傲江湖》《谢天谢地，你来啦》等喜剧类真人秀节目。无论是音乐、舞蹈等的才艺比拼，杂耍、竞技等的技艺斗法，还是演员的插科打诨，无论是明星们的倾情演出还是普通百姓的励志献艺，都在尽可能地娱乐观众，为观众带来欢乐。

另一方面，亲子类、文化益智类、美食类节目，与以上节目相比，就要"安静"许多，它们大打感情牌、趣味牌、生活服务牌，同样大行其道，深受好评。如《爸爸去哪儿》《宝宝来啦》《辣妈学院》《爸爸请回答》《星星知我心》等亲子类节目，如《汉字听写大会》《开讲啦》《最强大脑》《中国成语大会》等文化益智类节目，如《十二道锋味》《美食俏侦探》《幸福最美味》《料理铁厨》等美食类节目。如果说歌唱类、才艺类、竞技类、喜剧类等真人秀节目在内容上更多偏向娱乐消遣，这些则更倾向情感体验、生活体验；如果说歌唱类、才艺类、竞技类、喜剧类等真人秀节目在收视效果上更强调观众的情绪调动，这些节目则更倾向理智回归、冷静思考。

同样，2013年的电视文艺晚会与以往的"花红柳绿"相比，整体处于"瘦身"状态：一方面，电视文艺晚会的数量大大减少，最典型的就是跨年晚会的数量得到了很好地控制；另一方面，从央视春节联欢晚会到节庆晚会再到行业庆典晚会等，都大大压缩了制作成本。值得庆幸的是，"瘦身"并没有导致电视文艺晚会的质量下降，相反，电视播出机构不再将主要精力放在晚会豪华的舞台布景、炫目的灯光舞美、强大的明星阵容的比拼上，而是积极创新节目内容与表达形式，深入挖掘节目内涵，激活已有的明星资源、场地资源、智力资源，杜绝浪费，人尽其才，物尽其用。

此外，值得关注的是，2014年的综艺娱乐节目在形式探索上颇有创意，出现了如明星跨界时尚真人秀《女神的新衣》，军旅真人秀《超级女兵》《烈火雄心》等。这些节目虽不及一些引进节目在收视上那么火爆，但是这种探索、创新的意识是需要肯定和鼓励的。

但是，2014年的电视文艺节目仍然存在着一些问题，如电视综艺节目存在着原创比例不足、创新能力不强、同质化严重等问题；电视文艺晚会则依旧存在品牌塑造能力弱的问题。

值得期待的是，随着制播分离制度的推行和完善，这种灵活的机制在电视综艺节目生产上已经释放了活力，盘活了资源，解放了生产力。这种成功的案例很多，例如灿星制作与浙江卫视合作的《中国好声音》，与央视合作的《出彩中国人》《中国好歌曲》；唯众传媒与央视合作的《开讲啦》《青年中国说》；北京能量影视与安徽卫视合作的《超级演说家》；华谊兄弟与北京卫视合作的《私人订制》；蓝色火焰与北京卫视合作的《最美和声》等。在激烈的市场竞争机制下，资源、资本、人才相对自由流通，尤其是优秀电视节目主持人、优秀节目制片人及其团队频频跳槽，传统电视机构不可能全部依靠自制节目，如何利用平台，发挥体制机制的激励作用，与民营企业、视频网站乃至其他企业合作，实现共赢和利益最大化，是每个电视台下一步必须思索的重点问题。

三、纪录片："革命尚未成功"

2014年，是政府扶持纪录片发展力度较大的一年，主要体现在以下几方面。

第一，在播出上，按照国家新闻出版广电总局要求，各大卫视每天必须播放30分钟纪录片。据统计，2014年央视较去年同期增长69%的播出时长，省级卫视则大幅增长104%。纪录片的播出时间明显增长，央视纪录片频道日均播出超过21小时。31家省级卫视频道则兼顾综艺娱乐和文化审美，保持纪录片较高的播出量，其中四川卫视、黑龙江卫视、云南卫视日均播出时长接近4小时，超过半数以上的卫视播出国产纪录片时长超过60分钟。[①]这一政策不仅大大满足了广大观众收看纪录片的需求，而且为中国纪录片生产提出了一个刚性需求，极大地刺激了纪录片产业发展。

第二，在资金上，2014年年初，国家新闻出版广电总局协调调拨了1800多万元专项资金投入"中国梦"等纪录片创作项目的拍摄中，一批反映我国普通人坚守梦想、不懈努力的优秀纪录片涌现。如《我的梦·中国梦》《最后的女乡村邮递员》《台球卡卡》等，赢得了良好的观众口碑和官方认可，成为弘扬"中国梦"的一个重要窗口。

第三，在行业评价上，纪录片第一次被列入中宣部"五个一工程"。《习仲勋》《舌尖上的中国》《走进和田》等9部纪录片首次获得"五个一工程"奖，此举为提升纪录片的政治影响力、行业影响力和社会影响力奠定了基础。以上这些举措的作用力不可小觑，而且随着时间的推移，这些政策对纪录片生产、播出、消费带来的影响将显现。可喜的是，2014年，一批"现象级"纪录片诞生，如《舌尖上的中国2》《互联网》《楚国八百年》《瓷路》等。

此外，国际联合制作的纪录片大量涌现。如与美方合拍的《中国面临的挑战2》、与BBC合拍的《中国艺术》、与韩方合拍的《万历朝鲜战争》和《气候的反击》等，这为中国纪录片培养具有国际经验的管理与制作人才、提升国际品牌影响力提供了一条路径。

但是，中国电视纪录片发展不能完全寄托在政府的扶持上，最终还需要本行业"自奋蹄"。目前来看，依然面临着诸多困难，例如，专业人才尤其是高级人才匮乏，包括制作人才、经营人才、管理人才等；品牌内容及品牌播出平台不足；纪录片产业研发以及产业链开发能力不足等，这些都将导致纪

---

① 张同道. 2014年中国纪录片发展研究报告[EB/OL].（20184-02-27）[2024-05-10]. https://m.163.com/ent/article/9MGASAS000031GVS.

录片的生产能力与精品数量。

值得期待的是，随着纪录片专业化、市场化、国际化的大踏步迈进，播出平台将更多，制作团队将更强大，观众的忠诚度将更高；纪录片在中国电视艺术中的地位将更高，对中国文化国际传播的贡献也将更大。

2014年，中国电视艺术不断尝试、探索和创新，因此而催生出的优秀节目，是电视观众的精神享受，也是中国电视人宝贵的经验积累。中央文艺座谈会召开，传媒融合发展国家方略提出，一系列利好政策和举措出台，都为中国电视艺术未来发展指明了方向、明晰了思路、提供了保障。中国电视艺术如何抓住这一重大机遇，顺势而为，扬帆起航，是每一个电视人应该思考的问题。

刹住影视创作的不正之风*

自 2015 年以来，我国影视艺术创作取得了丰硕的成果，尤其是在多屏互动时代，一大批作品亮相银幕、荧屏和网络，为百姓提供了丰富的精神食粮。但是，我们必须正视的是，影视创作中也出现了一些随心所欲、胡乱混搭，甚至恶意消解的创作现象。

一些"抗日神剧""虐心剧"屡屡上演匪夷所思、违反常理、违背人性的情节。如《抗日奇侠》《女子炸弹部队》《一起打鬼子》等被戏称为"抗日神剧"的作品中，出现了手撕鬼子、石头炸飞机、裤裆藏雷、自行车当飞机、解救莎拉波娃等雷人场景；而《回家的诱惑》《贤妻》《盛夏晚晴天》《樱桃红》等被戏称为"虐心剧"的作品中，则出现了夫妻间、婆媳间以及亲子间的"虐心戏码"。与此同时，一些电影不惜将钱砸在特技、大明星、大场面上，全然不顾剧本、影像、表演等基础工作的打磨，导致"伪大片"扎堆。而一些网络剧、微电影更是利用网络媒体的传播优势，肆意搞笑、搞恶，以博取眼球，导致"三俗"泛滥……这些形成了影视创作中的歪风邪气。不正之风散发着铜臭气，传播着负能量，误导着广大受众尤其是年轻一代的价值观、世界观和历史观，这在当前文艺领域，乃至政治、社会等其他领域产生了恶劣影响。

造成这种现象的原因很多。首先，影视评判标准过于倾向经济指标。在

---

* 本文原载于《光明日报》2015 年 7 月 27 日第 14 版，与胡智锋合作完成，收入本书时略有改动。

市场化、产业化的背景下，影视作品的价值评判几乎唯票房和收视率马首是瞻，艺术价值、社会责任等标准受到严重削弱。与此同时，一些影视从业者品行低下，令人担忧。在影视娱乐圈中，导演和明星吸毒、嫖娼等如定时炸弹般时常被媒体爆出，一部分影视从业人员的思想道德、言行举止、生活作风败坏……在这种情况下其创作水平、创作质量等很难不受到影响。

其次，影视创新乏力，从而造成影视同质化现象严重。在电影创作中，如《何以笙箫默》《小时代》等 IP 电影过度开发，造成了市场的饱和;《万物生长》《匆匆那年》等青春电影扎堆出现，不仅让观众产生审美疲劳，还出现了文化产品过度消费等问题。

最后，在舆论环境上，严肃批评失语，也是造成影视艺术创作不正之风的原因。影视批评理应对影视创作产生正向的引领与推动，但现状是严肃的影视批评力量式微，对现实的影视创作近乎失语。要么理念和话语方式老套落伍；要么碍于人情、面子，说些隔靴搔痒之语，更多时候是被网络上的刻意炒作淹没。

对于影视创作的这些不正之风，我们认为必须要有积极的举措予以应对。应当奖罚分明，净化影视文化生态，强化主流评价标准，加大奖罚力度，对弘扬社会主义核心价值观的作品，自觉担当社会责任的影视艺术创作者加大表彰力度；对影视创作中的不正之风，应该及时制止并公开批评，严肃处理。20 世纪 60 年代我们推出了我国 22 大电影明星，以此极大激发了电影艺术家的社会责任感与进取心。尽管专业和市场化的评价逐渐增多，但高规格的国家荣誉始终未能确立，设立国家荣誉，可以鼓励影视艺术创作者做出表率，以此遏制不良习气在影视圈的蔓延。

从创作的角度，必须加强对优秀民族传统文化资源的挖掘和再造，激励影视行业勇于创新。影视创作者应树立文化自信、文化自觉，科学与理性看待国外影视作品、发展模式。虽然某些国外电视节目值得我们学习借鉴，但如果因此自我矮化、自我贬损，就无异于自掘坟墓。在百年中国电影和半个多世纪中国电视的历史上，真正载入史册并为世人所敬重的作品，往往是彰显着大国风范、蕴藏着家国情怀、体现着民族精神的"中国制造"。只有自主创新，营造更加浓郁的自由创作氛围，探求保障创新的体制机制，才能形成影视艺术创作的大好局面。

对影视艺术的评价也会对创作产生影响，所以提高影视批评的专业性和影响力，也是刹住影视艺术创作不正之风的方法。随着新媒体的影响越来越大，影视批评出现"众声喧哗"的局面。这让更多观众有机会表达自己，但也会出现鱼龙混杂、良莠不分的情况，真正有思想、有分量的严肃的影视批评反而淹没其中，让影视艺术创作者摸不着头脑。我们需要在政策、平台与人才凝聚上下更大功夫，让严肃的、专业性强的影视批评发挥出足够的正能量。

影视发展潮起潮落，出现一些"逆流"不足为奇。对于出现的这些不正之风，亦当如是观。只要找到症结，并采取有针对性的举措，依靠我们多年积累的经验与智慧，一定能够创造出令人期待的中国影视新局面、新景观。

如何看待电视节目主持人"跳槽"?[*]

电视节目主持人"跳槽"是最近两年社会舆论比较关注的一个话题。我们的第一个疑问是,当前电视行业的"跳槽"现象已经司空见惯,但为什么编导、记者、制片人、摄影师等"跳槽"大家漠不关心,而电视节目主持人"跳槽"就备受社会热议呢?第二个疑问是,在市场经济环境下,"跳槽"应该是一个正常的职业规划与选择,为什么对其他行业、其他领域的"跳槽"大家不置一词,而对电视节目主持人的"跳槽"就议论纷纷呢?这两个疑问都涉及一个问题,那就是电视节目主持人的角色问题,理解了其角色就解答了这两个问题。

电视节目主持人的角色到底有什么特殊性呢?不同于普通人,其是集个人角色、媒介角色与社会角色于一体的特殊角色,是最具社会影响力的人群之一。因此讲,电视节目主持人不是简单的个体,而是媒体的重要标识和符号,是重要的社会舆论领袖。这是他们的影响力所在,也是他们的社会责任和义务所在。他们的"跳槽"已经不仅仅是其个人简单的岗位、薪酬、平台、环境的变化;对于相关媒体来讲,其"跳槽"有可能影响到一个节目、栏目的存亡,甚至是一个频道的兴衰;更有甚者,其"跳槽"可能会成为一个社会事件。

电视节目主持人"跳槽"是由多种原因造成的。首先,电视节目主持人往往一专多能,能够驾驭不同类型、不同风格的节目,可以适应不同栏目、

---

[*] 本文原载于《新闻战线》2014年第3期,与刘桑妮合作完成,收入本书时略有改动。

频道,甚至是不同区域的观众欣赏习惯和要求,这是他们"跳槽"的前提条件。其次,从电视节目主持人自身角度分析,任何一个节目主持人都有其一定的职业生命周期,求变求新是其发展到一定阶段的必然要求,换一档节目,换一个平台,不一定能获职业"第二春",但转型流动至少为他们突破"瓶颈"和再提高提供可能。再次,从电视节目角度分析,与节目主持人的职业生命周期一样,任何一个节目也有它的高峰低谷,近些年大量的品牌节目不停地改版创新也佐证了这一点,而更换节目主持人是节目"换新颜"的主要方式之一,但是一个节目主持人的培养不是一朝一夕一蹴而就的,因此对于媒体来讲,邀请一个成熟的知名的节目主持人加盟无疑是收效最快也是最经济的办法。最后,在电视内容生产以"产品"为主导的阶段,中国电视整体驶入了市场化的快车道。电视节目主持人也相对应地进入了市场化阶段,成为推动中国电视产业化的标志性符号。尤其在民生新闻、综艺节目、谈话节目和各类专栏节目中,一批深受观众喜爱的主持人同时成为极具市场号召力的主持人。在激烈的媒体竞争中,他们成为媒体和社会竞相争夺的稀缺资源。

对于电视节目主持人来讲,不管"跳槽"前还是"跳槽"后,都需要付出更多的时间、精力和智慧去恰如其分地诠释好自己的角色,承担起更多责任,尤其是媒体责任、社会责任。对于社会大众而言,在众声喧哗的背后我们应该客观对待,电视节目主持人是一个光鲜的职业,但光鲜背后是非同寻常的压力和付出,尽管他们有很多种选择,也有选择的自由,但最终做出什么样的选择总是会面临着各种挑战,绝对不是一件容易的事情。作为观众和旁观者,我们无须以成败论英雄,更是大可不必横加指责,对其进行道德审判,因为他们有选择的权利和自由,最大程度地去理解和宽容或许是我们最好的态度。

中国电视受众角色嬗变及新时期电视受众收视需求分析[*]

50多年历史的中国电视,从内容生产角度,大概可以分为以"宣传品"为主导的阶段、以"作品"为主导的阶段和以"产品"为主导的阶段。[①] 作为内容生产过程中重要的因素,电视受众在这三个不同的历史阶段收视条件、收视需求、收视心理不同,所扮演的角色也各不相同。本文试图分析中国电视受众角色的嬗变历程,结合当前的社会语境进一步分析现阶段电视受众的角色、收视需求和收视心理。

一、中国电视受众的角色变迁

1. 受教育者

在以"宣传品"为主导的阶段,电视机少,电视节目少,生产、制作、播出的机构和技术人员都少,电视资源是一个稀缺资源,因此,电视受众与生产传播者是"你播我看"的关系,受众完全处于被动接受的地位。在这个阶段,电视受众的收视需求很简单,主要是能够收看到电视,无论收视时间多长,也不论收看到什么节目内容。从心理上讲,电视受众收看电视的主要

---

[*] 本文原载于《现代传播》2010 年第 6 期,收入本书时略有改动。
[①] 胡智锋,周建新. 从"宣传品"、"作品"到"产品"——中国电视 50 年节目创新的三个发展阶段 [J]. 现代传播(中国传媒大学学报),2008(4):1-6.

目的就是满足对新生事物的新鲜感、好奇感和神秘感,甚至是一定程度的崇拜感。正是因为电视受众对电视有这种渴求感,又由于"建立在社会主义政治体制背景下的中国电视,从一开始就(作为)党和政府的喉舌和宣传工具,"① 因此,电视受众对电视是"播什么看什么""播什么信什么",完全是一个"受教育者"的角色。

2. 观赏者

在以"作品"为主导的阶段,电视机、电视播出机构数量、电视工作人员在增加,电视节目生产能力在增强,电视节目类型在丰富,电视信号的传播技术和手段也在改进和丰富……电视受众的收视环境、收视条件进一步得到改善,收看电视逐渐成为大众的、普通的、正常的行为。在本阶段,电视管理者、从业者、研究者在对电视本体、电视内容生产规律的认识和研究上有很大进步,电视职业化、专业化追求得到了极大地尊重和肯定。经过全体电视人的共同努力,逐渐探索出具有电视独特传媒特征、艺术特征的新形式和新观念,如电视连续剧、电视专题片、春节联欢晚会等,一大批优秀的导演、编导、主持人、演员出现,创作出大量充满着个性、原创性和独特性的电视"作品"。② 在这种环境下,电视受众不再满足于收看到电视,还要求能够更好、更舒适地收看到数量更多、类型更丰富、质量更高的电视。电视受众收看电视不再是"为看而看"那么简单,获得什么样的信息、收看哪些有趣的节目,都有很强的目的性、选择性。在心理上电视受众也不再总是保持着迫不及待、急不可耐的神秘好奇之感。因此,电视受众的角色由被动的"沉默的羔羊"转变为积极的、主动的观赏者。

3. 消费者

在以"产品"为主导的阶段,电视受众需求不断提高,变得多样复杂,电视市场逐渐形成并成规模;电视广告、电视衍生产品带来很大的利润空间,电视商业属性被高度重视,电视产业化的进程逐渐加快;再加上网络技术、

---

① 刘习良. 中国电视史 [M]. 北京:中国广播影视出版社,2007:30.

信息技术、生物技术等相关科学技术的发展日益迅速，电视生产力被极大释放，电视产品极大丰富。电视受众已经不再只是满足于收看到和收看好电视，而是"用"好电视、"玩"好电视，对收视行为的意义、价值有重新的考量，对节目内容的创新性有更多的要求，对电视的先进性、实用性有更全、更高、更强的需求。电视受众由受教育者、观赏者的角色转变为更加自觉、"自我"的消费者角色。

二、中国电视受众收视需求的五大关键词

"当今世界正在发生前所未有的历史性变革"。① 国际关系、国际格局、国际秩序处在新的调整期，经济格局、经济结构、经济发展方式悄然发生变化，科技迅猛发展，文化相互认同、多元发展，人类的生产生活方式因此而发生巨大变化。处在这个特定时代和特定社会关系中的中国电视受众，其收视需求也因此与以往有所不同，他们在精神层面、意义层面、价值层面、文化层面、科技层面等有更多更高的要求，具体来讲主要是想通过电视消费，体会电视影响力带来的自豪感，追求电视注意力带来的亲切感，寻求电视价值力带来的认同感，品味电视创新力带来的新鲜感，体验电视科技力带来的舒适感。

1. 影响力·自豪感

自 21 世纪以来，尤其是近几年，国际关系不断发生新的变化，国际局势变得日益复杂，发达国家之间、发达国家与发展中国家之间、发展中国家之间因为资源、能源等利益问题，宗教、文化、意识形态冲突等问题导致世界局势紧张，局部冲突不断。改革开放几十年的成就无疑使中国逐渐从一个世界大国向世界强国大踏步迈进。但是，与我国的经济实力相比，我国的电视传媒影响力还不够，"亚洲在国际舆论中的声音，并不符合亚洲人民的期望。"② 电视受众迫切需要听见我们在世界政治舞台上的声音，知晓我们在世界

---

① 胡锦涛. 胡锦涛时代观五大主张［J］. 瞭望新闻周刊，2009（47）：1.
② 王晨. 亚洲新闻联盟 2010 年年会上的讲话［EB/OL］.（2010-04-09）［2024-05-10］. https://www.chinadaily.com.cn/hqgj/2010ann/2010-04/09/content_9709724.

发展中秉持着怎样的世界观、发展观、和平观,清楚我们在国际重大问题上坚持着怎样的立场、态度。从这个层面讲,电视受众希望的是从收视行为中获得一种自豪感,领略一个负责任的大国处理国际问题的能力、手段和智慧。

2. 注意力·亲切感

中国社会快速发展的同时也产生了诸多问题,其中,经济发展不平衡是最引人关注的。无论是区域之间还是各阶层之间,在利益分配、权力分享、机遇供给等诸多方面都存在着严重的差异性,如何让利于民,让全民共同享有发展成果,获得平等的发展机遇,是关系到社会和谐的重大问题。在这种背景下,电视受众需要通过电视媒体知晓政府是否了解民情,如何表达民意,关注民生,维系民权。从这个层面讲,电视受众选择消费的理由之一就是看电视节目内容是否有贴近性、关联性、真实性、可信性,从而获得一种亲切感。

3. 价值力·认同感

在当前开放、多元的文化生态中,多层、多样的文化交流融合,共存发展,例如,外来文化与本土文化,传统文化与现代文化,雅文化与俗文化,主流文化与大众文化,等等。电视媒体的重要属性之一就是其包容性、融合性,它能够以不同的节目形态,开放的话语空间,自由的表达方式,将不同的文化类型、文化样态全部呈现出来,满足不同年龄、不同性别、不同阶层、不同学识、不同地域观众的需要。让广大电视受众都能够"各美其美""各乐其乐",找到符合自己价值观、审美观、利益观的艺术形象、体验方式、生活方式、娱乐方式等。从这个层面讲,电视受众消费的目的就是在多元文化中获得更高一级的精神享受,找到审美情趣和文化归属,从而获得文化认同感。

4. 创新力·新鲜感

在资源、环境等条件和因素的制约下,在金融危机的冲击下,中国产业结构和经济增长方式急需重新调整、转型和升级,这"更加凸显了文化产业的独特优势,为加快文化产业的发展提供了新的契机,"[①] 环保、低碳、高效、

[①] 中华人民共和国中央人民政府.全国文化厅局长会议:改革和发展并重 开创新局面[EB/OL].(2010-01-06)[2024-05-10]. https://www.gov.cn/gzdt/2010-01/06/content_1504619.

高附加值的文化产业由此迎来了发展的战略机遇期。在这种背景下，电视媒体长期被忽略甚至是压制的商品属性、产业属性被重新认知、发掘和重视，将在如下一些条件下迅速发展：一是十几亿人口的巨大市场需求能力；二是大量电视传媒机构、传媒企业、传媒人才形成庞大的电视生产能力；三是悠久灿烂的历史文化资源、兼容并蓄的传统文化特性和当前开放活跃的文化生态，成为电视产业发展的取之不尽的资源最为关键的是，利用这些文化资源和强大的生产能力，生产制作出符合我们受众需求的产品。"文化是最需要创意的领域，创新是文化的本质特征，也是文化发展的根本动力"[①]，"影视文化产业生产出来的精神产品与物质产品的最大不同就在于'以创意为源头，以内容为核心'"[②]。从这个层面讲，电视受众愿意消费的不仅仅是我们丰富的文化，而是基于此的源源不断的创意带来的无穷无尽的新鲜感和愉悦感。

5. 科技力·舒适感

屏幕从黑白到彩色，信号从模拟到数字，传输手段从无线到有线再到卫星传播，电视每一次大的发展变革都与科技力量的推动密切相关。随着信息技术、通信技术的飞速发展，一轮又一轮的科技革新不断涌现，依托新技术的网络电视、手机电视等新媒体脱颖而出，冲击了传统的媒体格局，也改变了电视受众的收视习惯。目前，三网融合已经有明确的路线图和时间表。在三网融合背景下，电视可以发展网络和电信业务，这意味着电视机将是一个集合多种功能的终端，电视受众不仅可以收看电视节目，也可以"用电视"，开展相关业务，如通信、金融、购物等其他消费活动；还可以"玩电视"，进行多种多样的娱乐活动，如游戏、网络、交流等。从这个层面讲，电视受众主要消费的是因科技力产生的全面的、便捷的、实用的强大功能，从而体验现代生活的舒适感。

不得不承认的是，中国电视经过几十年的发展，已经取得了巨大的成就，

---

① 唐建军. 创新文化发展理念，推动文化大发展大繁荣[N]. 光明日报，2010-01-05（9）.
② 李冬阳. 第七届特色文化产业高峰论坛暨第十五届新媒体节特色文化产业年会召开[EB/OL].（2022-12-26）[2024-04-10]. http://bgimg.ce.cn/culture/gd/202212/26/t20221226_38308866.

但是处在新的历史阶段,如何面对电视受众存在更新、更难、更复杂的消费需求,改变中国电视影响力不大、注意力不够、价值力不明、创新力不足、科技力不强的现状,还需要付出更多的努力。解决这些问题对推进中国电视体制改革创新,科学引导中国电视内容生产,促进中国电视产业更好更快发展也有一定的现实意义和理论价值。

关于当前我国电视综艺发展问题的观察与思考*

电视综艺是电视艺术的重要组成部分,也是电视荧屏上最璀璨的内容之一,还是电视媒体塑造传媒品牌的重要力量。多年以来,丰富多彩的电视综艺节目构成了电视受众精神文化生活的重要内容,备受关注和肯定,当然,也存在着一些被人诟病的问题。群众艺术是一定历史时期的产物,它是以群众为主体,以文化艺术创作为基础的,有组织、非专业、非营利的文化艺术样态。关于电视综艺的研究成果很多,本文以群众艺术这一新的视角,来认知、理解和思考当前我国电视综艺发展存在的问题,以期对电视综艺研究和艺术实践有新的启发。

一、选择群众艺术这一视角的原因

从某种意义上讲,电视综艺属于群众艺术的外延范畴。二者看似很不相关,但其实在价值观、艺术特征等方面有很强的一致性、相似性。在价值观方面,二者在根本上都是为群众的精神文化生活服务;而在艺术表现方面,都有极强的群体性、娱乐性、表演性和参与性。这为二者的比较研究奠定了基础,提供了前提,也说明了用群众艺术的视角来研究电视综艺具有理论上的可行性。

在艺术实践当中,二者又有着紧密联系。电视综艺可以为群众艺术活动

---

* 本文原载于《现代传播》2015 年第 9 期,收入本书时略有改动。

的开展提供良好的艺术传播平台、人才成长平台和资源整合平台，而群众艺术又为电视综艺提供丰富的文化土壤、内容素材和人才资源。二者关系处理得好，就可以互惠互利，在发展中实现共赢。以电视综艺晚会为例，每年一度的中央电视台春节联欢晚会在某种程度上就是借助电视媒介进行传播的一场盛大的群众艺术活动。群众艺术为其打下了有力的受众基础、营造了文化氛围，提供了内容支撑，与此同时，春节联欢晚会也为群众艺术的拓展和普及作出了重要贡献。

综上，用群众艺术视角来研究电视综艺有其新颖性、实用性。所谓新颖指的是理论创新的可能性，以群众艺术的视角来研究电视综艺节目发展，意味着以一种新的价值评判标准和观测点来考察电视综艺发展的历史与现状，梳理其发展脉络与规律，发现其发展问题与趋势；所谓实用指的二者的对比研究，是一种"动机—效果"的互动研究，具有很强的实践意义和应用价值。

二、群众艺术视角下我国电视综艺发展存在的问题

群众艺术发展离不开"群众""文化""政府""活动"四大关键要素，四者紧密联系、相互作用、缺一不可。其中，"群众"是参与者、体验者，层次丰富、人员广泛；"文化"是内容载体，包括一切文化艺术样式；"政府"是主导者、管理者、服务者，起引导、管理、服务的作用；"活动"是具体的展现形式，因为政府的要求不同、群众的情况不同、文化发展的程度不同等呈现不同的面貌。与此相关，当前我国群众艺术发展存在的问题：一是群众艺术发展得不到足够的政策、经费和人力支持，群众参与的积极性、创造性和主动性还不够；二是群众艺术与专业的精英艺术之间存在明显的断裂，专业化的文化艺术创作也越来越贵族化，越来越脱离"草根"大众；三是政府自上而下的内容提供与群众自下而上的实际需求之间存在错位，群众诉求得不到很好地满足；四是群众艺术活动组织保障乏力，群众艺术文化创新评价尺度和体系缺乏。

同样，我们也可以从以上四个角度去考察当前我国电视综艺发展存在的问题：首先是电视综艺的"群众"问题，突出表现在受众和人才资源上，如高品质主持人、制作人、嘉宾、选手稀缺与人才培养体系之间的矛盾；其次是电视综艺的"文化"问题，突出表现在电视综艺发展模式、文化底蕴、文化气质、文化风格等方面，尤其是如何处理好电视综艺的本土原创与洋版本引进之间的矛盾，以及如何在节目的外在表现和内在精神上吸收和弘扬优秀的民族传统文化；再次是电视综艺"监管"问题，即电视综艺市场治理问题，尤其是在充分发挥市场基础性作用的前提下，如何做好电视综艺节目宏观管理、调控与规划，做好版权保护，制定完善的市场机制；最后是电视综艺的"活动"问题，突出表现在电视综艺的内容供给方面，尤其是如何处理好电视综艺节目总量丰富与同质化严重之间的矛盾，难题是如何做到节目内容既能被业界学界叫好，又能在广大观众里叫座。

三、关于电视综艺发展的思考

在媒介融合加速，文化全球化，审美生活日常化，"互联网+""传媒+"等传媒、艺术、文化日益交织发展的背景下，电视艺术与群众艺术将有更多的交集与互动，这种互动主要集中在人才培养、内容生产、体制机制完善等方面。因此，着眼未来发展趋势，根据以上现实问题，电视综艺应该加强与群众艺术之间的互动，并在互动中寻求更好的发展思路和策略。

1. 保持人才流通渠道的畅通

群众艺术为电视综艺培养了多样化的艺术人才，这些人才在电视综艺这个舞台上得到了锻炼与提升，由"小我"成长为"大我"，最终，由"大我"到"大家"，他们又借助自己的知名度反哺相关的艺术领域，为群众艺术更好地发展，为更多的受众享受到群众艺术的快乐，提供了强有力的支持。近年来，传媒界不断推出娱乐选秀节目，这些节目吸引了群众艺术活动中的佼佼者，以《星光大道》为例，自节目开播以来，阿宝、凤凰传奇、阿尔法、额尔古纳乐队、茸芭莘那、郝歌、风云组合、旭日阳刚……在登上这个舞台之前其实是普通群众中的一员，只是在日常生活中对艺术表演有着疯狂的喜好，因为这个舞台而一战成名，最后成为全民偶像，这在一定程度上刺激了西北民歌、云南深山民歌、雪域高原民歌、桑植民歌等有着浓厚地域特色的音乐文化的发展。因此，电视综艺对于群众艺术发展来说，其最重要的意义不在于培育了多少明星，而在于提供了一个艺术人才自由流通、上升的渠道，这对艺术人才的成长十分重要，对一些小众的、地域性很强的艺术样态而言，更是意义非凡。

2. 保持艺术与生活的良性互动

从群众艺术到电视综艺，艺术表现及体验的时空由户外移到了室内；从电视综艺到群众艺术，艺术表现及体验的时空又由虚拟的荧屏回归到现实的群众生活。因此，一个完整的艺术生产过程，即艺术源于生活，又回归生活，在二者的互动中得到了充分的体现。一方面，群众艺术为电视综艺提供了众多的艺术素材、艺术氛围和受众，众多零散的、非专业的群众艺术在电视综艺的大舞台中得到了诗意的提升；另一方面，电视综艺又把广大电视观众由室内吸引到户外，由欣赏者变为体验者、参与者甚至是创作者。

3. 保持市场与政府的良性互动

群众艺术更多属于公共文化服务体系，由于其基础性、公益性、非营利性特征突出，其在发展过程中很少受市场青睐；相反，电视综艺因为其市场价值所在以及电视产业化的迈进，在市场中获得更多的资源和资金支持。问题的关键在于，不管是群众艺术还是电视综艺都需要在市场与政府之间找到一个平衡点，或者说作为行业的主管部门，在体制机制的建立和完善上，应该考虑到市场与政府力量的均衡和谐配比。偏向一方过多或过少，都对电视综艺发展极其不利。

曾几何时，以电视为代表的大众传媒迅速崛起，对群众艺术发展造成了相当大的负面影响，改变了传统群众艺术文化活动的方式与内容，让很多习惯于在户外、广场及场馆活动的人们足不出户，使群众艺术从根本上失去了它的活动主体——群众，这无异于饮鸩止渴。在人民群众物质生活水平普遍提高的今天，人们对精神生活的需求越来越高，参与式、体验式、互动式、开放式的艺术样态尤其受欢迎。因此，无论是理论研究还是具体实践，将电视艺术与群众艺术比较研究都很有必要性，在二者的比较中寻求艺术实践现实问题的解决之道不失为一种很好的选择。

以军营的热血青春诠释成长主题*

央视热播的军旅剧《热血尖兵》突破俗套，全新诠释了热血军魂，结合新时代背景，走进"90后"的心灵世界，用新艺术手法创新解析了新生代军人的成长轨迹与军营青春。

铁打的营盘，流水的兵。每一代军人都有各自的时代特点与风采。《热血尖兵》是一部聚焦"90后"军人的现实主义题材作品。该剧回归青春，聚焦新生代，以陆飞、司马战歌、张小武三个迥异年轻人的成长为主线，展示了他们的军旅生活和热血青春。剧中，陆飞、司马战歌、张小武参军前分别是攀岩高手、不得志的摇滚青年和胆小爱哭甚至要抱玩具熊睡觉的电脑奇才。他们参军入营，加入飞虎师后，只有一个共同的名字——中国军人。所有的荣耀、地位都成为记忆，他们在军队这个大熔炉里被重新锻造。正如当下很多迷茫的年轻人一样，他们可能不清楚自己是谁，但《热血尖兵》只想让你明确一件事——你要成为谁？殊途同归的陆飞、司马战歌、张小武就是要做兵中的尖兵、兵中的兵王。

追逐梦想，百炼成钢。《热血尖兵》的"尖兵养成之路"在陆飞、司马战歌、张小武这三个"90后"身上，呈现出从对抗到理解再到信任、患难与共的戏剧性转变轨迹，生动折射出新生代军人在自我人格与团队精神上的"破"与"立"。他们初入军营时，带着各自的锋芒横冲直撞，与严肃的军队生活格格不入。打架、逃跑、训练不合格、实施"反麻计划"、闯祸不断……三个年

---

* 本文原载于《光明日报》2017年4月17日第12版。

轻人用另类举动证明自己的存在，却适得其反。他们成了老兵眼里的闯祸精，成了别的连队都不想要的"孬兵"。他们该如何存在？唯有打破自己，再立一个新我。《热血尖兵》提出了一个关于青春价值与活法的深刻命题。于是，在班长麻人杰的安排及自我激励下，"死对头"陆飞和司马战歌在各个科目训练中竞争比拼。他们在互相"折腾"中成就彼此，用过硬实力证明了自己也能成为超级尖兵，而张小武也通过战友的帮助和自己的努力，克服缺陷、发挥专长，成长为特种部队中的科技尖兵。

三个"90后"士兵的蜕变是由内而外的蜕变。《热血尖兵》将这种历经阵痛和风雨的青春蜕变完整展现。军营里的一切对于三个主人公而言是新鲜而深刻的，刷新了他们的认知、重建了他们的信念。他们说："作为军人可以被敌人打倒，也可以被敌人杀死，但绝对不允许跪地求饶。"他们喊："只争第一，不要第二！"这些让人热血沸腾的铿锵话语刻在这些年轻人心中，推动他们一步步走上"兵王"之路。

军营可以给人血性、灵魂、本事和担当。《热血尖兵》中的热血军队生活让这些个性十足的"刺头兵"懂得了战友的真正含义是在战场上可以把后背留给对方，是完全可以信任的人。昔日见面就斗的陆飞、司马战歌能从"敌人"化为战友，并肩作战。三个来自不同家庭、有着不同人生轨迹的"90后"也能在军营中拧成一股绳，成为日后人生中最好的铁血兄弟。这何尝不是新生代军人的一种进步与成长？

青春是阳光多彩的，新生代军人也是人。《热血尖兵》虽然是热血军旅剧，却回归人性，保留青春本色，拍出了"90后"军人的活力生活与情感世界。攀岩、摇滚乐、电脑游戏等展现了当下年轻军人不同的爱好；"反麻联盟"斗班长，司马战歌借纠正军姿"折磨"陆飞，陆飞被淘汰当炊事员后，苦练"包菜猪肉拳"等充满戏剧性的生活桥段既洋溢着青春气息，又诙谐十足，令人捧腹。《热血尖兵》除了热血，还有浓浓的"情"。麻班长和新兵们的师徒情、战友情，司马爸爸捡垃圾给儿子送钱，在灯下为儿子修补吉他的父子情等无不令人动容。在这点上，相比传统军旅剧，《热血尖兵》多了与时代共振的生活气息，更多了一些关于青春的人味儿和情味儿。

绿色军营，奉献青春。在《热血尖兵》中，陆飞、司马战歌、张小武等"90后"士兵是当下新生代士兵的缩影。他们打破自我，一步步理解、感知军人使命，脱胎换骨，回答了"我是谁""我要成为谁""我该如何存在"这三个重要人生问题。《热血尖兵》为军旅题材剧创作打开了一条新思路，用热血阳刚男儿打破了荧屏"颜值化"审美格局，也用"90后兵王成长史"为年轻一代的青春成长话题进行了新的解析与注解。

电视艺术理论探究与实践创新

电视艺术需求—认同的对位模式研究[*]

在艺术审美认同活动中，不管是从生产消费角度，还是创作主体角度抑或接受活动角度分析，主体需求是一种天然的存在，与认同相伴相随，是认同发生的内在动力，这是"需求—认同"命题提出的实践依据。电视艺术作为当前社会最为活跃的文化艺术样式之一，同样存在需求—认同的问题。电视艺术需求—认同贯穿于电视艺术内容生产、传播与接受的全过程全要素中①，直接影响着电视艺术审美认同效果。那么，电视艺术需求—认同究竟是一个什么样的存在，需求与认同的互动有没有规律可循，认同主体扮演着何种角色，这是需要重点分析的问题。

一、电视艺术需求—认同

20世纪60年代，德国"康士坦茨学派"（伊瑟尔、福尔曼、姚斯、普莱森丹茨和施特利德）提出了接受美学理论，强调文本的开放性以及读者在文本阅读中的主动性、积极性和建构性。他们认为，读者在文学文本中是一个潜在的、隐性的存在，这是由文学文本的艺术属性决定的②。那么，读者无论是以什么样的角色存在，其目的是什么？丹纳认为，"艺术是以保存个人为目

---

* 本文原载于《东岳丛论》2021年第4期，收入本书时略有改动。
① 周建新. 需求与认同的逻辑：论电视艺术审美认同的发生机制 [J]. 现代传播（中国传媒大学学报），2020，42（10）：107-112.
② 章国锋. 国外一种新兴的文学理论——接受美学 [J]. 文艺研究，1985（4）：71-79.

标的自私行动,是以保存团体与种族为目标的社会行动,是以观察原因与要素为目标的无功利行动。""艺术家的创造和群众的同情都是自发的、自由的,表面上和一阵风一样,变幻莫测,虽然如此,艺术的制作与欣赏也有其确切的条件和固定的规律。"他将这种规律称为"有益性",即"帮助个体与集体生存发展的特征",而与此对应的艺术作品的价值就是"有益程度"①,不管是精神有益还是物质有益,都是一种审美需求驱动。因此,在艺术审美活动中,需求—认同是一种客观存在。将需求与认同作为一个有机结合的整体来研究,便于对认同进行过程性、动态性、系统性的观察和分析,从而避免认同研究的空洞化、口号化和泛化。

考察电视艺术审美认同的发生过程,我们发现,影响认同的关键点是传受双方(主客体)关系,而传受双方关系的核心点是内容的需求与供给关系。只有符号识别才有认知发生,只有深度共鸣才有情感同化,只有价值接受才有思想内化,而这些都满足后才有可能外化于行,实现最终的认同。所以,认同不仅要内化于心还要外化于行,要将内心的价值认同转化为实际的行为规范,这才是认同过程的全部实现与完成。所谓电视艺术认同,指主体出于某种需求,通过认知、同化、内化等心理过程,对电视节目产生一种情感触动和价值信赖,最终影响自身外在行为的过程。影响电视认同发生的关键因素是主体需求满足的状况或主体对电视内容的认同程度,包括需求的符号识别度、情感深度和价值高度。在电视艺术审美认同活动中,需求—认同作为一种客观存在和动力源泉,贯穿电视艺术的创作生产、文本构成、传播与接受的全流程全要素中,在生产端主要体现的是,创作主体的"议程设置"要求;在文本构成中主要体现的是,文本中的"期待视野"与"潜在受众";在传播与接受端主要体现的是,传播动机的内在动力、"使用与满足"功能的实现和受众"解码"的心路历程。因此,媒介信息传播过程中理想的主体认同效果与实际情况是有落差的,信息传播者不能脱离主体的"认同性需求"而要求达到某一认同目标或者效果,只有提供的信息内容满足了主体的"认同

---

① 丹纳.艺术哲学[M].傅雷,译.南京:江苏文艺出版社,2012:36,367.

性需求"时，才能达到相应的认同效果。同理，认同主体理想中的认同目标也总是与现实中的需求供给有很大的落差。这些落差造成了需求—认同存在复杂的对应关系，那么，这种对应关系的变化模型和机制有没有规律可循？

二、电视艺术需求—认同的对应关系

需求与认同是否遵循逻辑同一律，即满足了谁的需求就会得到谁的认同，提供了怎样的内容需求就会得到相应的认同效果呢？在具体的电视艺术实践活动中，情况相对复杂很多。电视艺术创作、传播与接受过程就是一个信息符号的传递过程，媒介信息传递到主体之后，有一个接受的"选择性"，这就是选择性差异，选择什么不选择什么，选择多或少，媒介信息的传播者很难控制。

（一）信息接受的选择性与不对称性

在电视艺术生产与接受过程中，主体需求—认同的过程最终都要落实到具体的电视节目这个"中介资源"上，因此，从主体需求到节目化呈现，再到内容的文本生产，以及节目的传播与接受，中间经历的环节越多，信息传播与接受之间的"误差"也就越大，难免会出现信息传播的"不对称"现象。再加上，信息传播与接受是主体行为受主观因素制约，难免会对信息接受有"选择性"。

1. 信息接受的"选择性"。有学者认为，主体在媒介接触中有主动性和自觉性，绝对不是被动地接受媒介传播的信息，这种行为被称为"受众选择性因素（selectivity factors）"。克拉珀认为，"受众选择性因素"由三个方面组成，即"选择性注意""选择性理解"和"选择性记忆"。"选择性注意"指的是，"面对着众多的媒介信息内容，受众会根据自己的需求，如喜好、习惯、习俗、情景、心情等，有选择地使用"；"选择性理解"指的是，"受众对已经被注意或感知的大众传播的信息所给予的意义、观点、思想等，会根据自己的经历、文化素质、媒介动机，持有自己对事件、人物、行为的看法和态度";"选择性记忆"指的是,"受众会根据自身的需求,将部分对自己有价值的信息长久地印入脑海中,而其他无相关的、不重要的媒介信息则被从记忆中排除"①。在电视艺术实践活动中,从"选择性注意"到"选择性理解",再到"选择性记忆",主体的信息接受是有层次构成的,也就是说,信息传播不等于信息达到,信息到达不等于信息接受,这也是传播有效性的问题。当一个电视节目无法引起主体注意时,认同无法产生,因为连最起码的认知阶段都没有,即便是到了"选择性注意""选择性理解"和"选择性记忆"的阶段,主体的认同也是有"选择性"的。

2. 信息接受的"不对称性"。霍尔认为,人因为社会环境、知识储备、性别、年龄等因素不同,在接受信息时会有各自不同的解读,因此会出现信息接受的"不对称性"现象,究其原因或表现,霍尔认为有四种:编码和解码的符号信息不对称,编码者和解码者所处的位置不对称,传播者与受众地位不对称,信息来源和接受者符号之间的不对称。这些"不对称"归根结底是信息传播者和主体之间的文化关系、社会关系和权力结构差异,导致符号传播与接受之间缺乏"相宜性",即传播过程中,信息被"曲解"和"误解",造成信息接受的"多义性"和"多声部"。对电视艺术而言,传播者总是希望有"完全清晰的传播"的结果,但是不得不面对"系统地被扭曲的传播"的现实。为此,霍尔提出"三个立场说",来描述信息传递过程中的"编码与解码",即主导霸权立场、协商式立场、抵制式或对抗式立场。"不同的立场形成了不同的主体位置,受众就在这样的位置之间不断地滑动。因此他们是未知性的,而不是社会的实体。"②

总之,在电视艺术传播活动中,无论是信息接受的"选择性"还是"不对称性",最终导致的结果都是电视节目信息传播与接受之间的"不对称性",这是信息传播与接受复杂过程中的表象。其实,单就主体信息接受这一活动来看,认同主体从信息需求到认同同样是"不对称"的,这实质上是由信息

---

① 周庆山.传播学概论[M].北京:北京大学出版社,2004:177-178.
② 邹威华.斯图亚特·霍尔的文化理论研究[M].北京:中国社会科学出版社,2014.

接受的主观属性决定的，也是由认同主体本身的复杂认知、心理结构决定的。

（二）艺术与物质世界中的对位现象

对位，顾名思义是位置对应关系，指的是互为对应关系的双方或相对应元素之间的组合可能性，如化学分子结构对位、音乐旋律对位以及影视声画对位等。

1. 化学分子结构中的对位现象。在化学分子结构组成中，对位现象指的是分子的结构变化与组成，有对位必有"原位"，但在实际的化学物质构成当中，"原位"与对位并非一一对应，对位有可能偏离"原位"本该对应的位置，而出现在邻边甚至是更远的位置，如果出现在邻边我们称之为"邻位"，如果出现在更远的位置我们称之为"间位"，在化学分子构成中，"邻位"和"间位"所带来的空间变化都会形成不同的分子结构，产生新的物质[①]。

2. 音乐旋律中的对位现象。音乐中的"对位法"指的是"在音乐创作中使两条或者更多条相互独立的旋律线同时发声并且彼此融洽的技术"，这是音乐史上较古老的创作技巧之一，也是复调音乐的主要写作技术[②]。在实际的音乐创作中，旋律对位分为单对位和复对位，复对位又分为上下对位、横向对位和纵向对位。因此，音乐旋律组合构成也不是只有一对一简单的对应方式，这种复杂性造就了多种旋律和丰富的音乐作品，这正是音乐艺术的奇妙之处，反过来讲，如果音乐世界真的只有简单的一对一旋律对应法则，那将失去很多美妙的音乐。

3. 影视声画中的对位现象。在影视创作中，镜头的画面语言与声音语言，相互独立又相互作用，二者按照各自的生产规律用不同手法创作并表达不同的内容，又根据不同的方式结合起来，相互作用。常见的对位方式有声画同步、声画分离和声画错位等，声画同步重点在于强调叙述语言的真实性，声

---

① 邻位效应指苯环内相邻取代基之间的相互作用，使基团的活性和分子的物理化学性能发生显著变化的一种效应；场效应是一种长距离的极性相互作用，是作用距离超过两个C—C键长时的极性效应。

② 杨勇. 对位法（第二册）·自由对位法［M］. 长沙：湖南文艺出版社，2013：3.

画分离有时是出于隐喻、反讽、回忆等形式的需要，声画错位分为超前错位和滞后错位，都是对创作者主观情绪的一种表达[①]。声画不同的对位关系组合大大扩大了影视叙事的容量，打破了画面的时空局限。

由此可见，不管是音乐艺术、影视艺术中的艺术创作，还是化学中的物质构成，元素之间都不是简单的一一对应关系，而是呈现一种复杂的对应关系，这是艺术世界和物质世界丰富多彩的原因，对我们理解电视艺术需求与认同的对应关系也很有启发。

（三）文本中的对位阅读

萨义德在其后殖民理论的经典著作《文化与帝国主义》中借用音乐学中的对位现象，提出了著名的"对位阅读"（contrapuntal reading）理论，即"通过现在解读过去""回溯性地和多调演奏性地"进行一种文学阅读。这不仅是一种新的阅读视角，更是新的文化批评观念和批评方法。这种"多调演奏"从本质上说，是对文化霸权的回应与批判，即主张多元互动的混杂文化模式。

萨义德提出"对位阅读"理论是基于其"东方主义"的文化逻辑，他发现很多"帝国主义"时代创作的小说在叙事中忽略了帝国主义的侵略历史，淹没了对非洲和东方殖民的事实，这不一定是作家要美化战争和殖民，很可能是作家的"集体无意识"，因为他们的创作也是出于历史经验，在无形中，作家的小说创作充当了殖民的文化工具，维护了殖民的正当性与合法性[②]。

简单理解，文本的"对位阅读"就是要透过文本中的"现在"，"回溯"那些被"淹没的历史"，对于殖民主义文学而言，就是要透过帝国主义文化"回溯"那些殖民地文化，如此，才能还原历史真实和文学真实。因此，在萨义德看来，帝国主义与殖民主义是一对孪生兄弟，殖民地当前的现实是被帝国主义殖民的结果，二者是紧密联系的，绝不应该是看起来毫无关联或者很

---

① 李稚田.影视语言教程[M].北京：北京师范大学出版社，2004：274.
② 萨义德.文化与帝国主义[M].李琨，译.北京：生活·读书·新知三联书店，2016：41-42.

少关联的"邻位"和"间位"关系，如果说"现在"是"对位"的话，那么其"原位"就是"历史"；如果说帝国主义是对位的话，那么殖民主义就是其"原位"（如图 1 所示）。

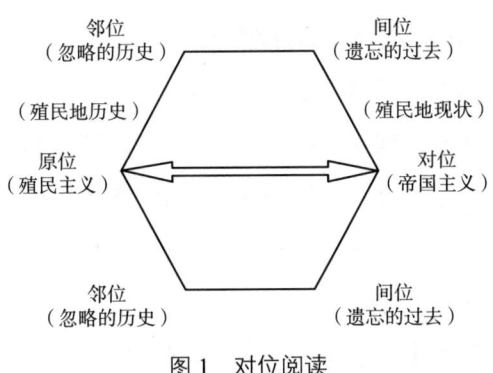

图 1　对位阅读

综上，电视艺术是一种信息传播艺术，它有复杂的信息传播规律，也遵循基本的艺术创造规律，同时，主体对节目文本的解读与阐释，也有其特殊的机制，但是归纳起来看，主体需求与认同存在对应关系，但不是简单的一对一关系，正是因为复杂的对位关系产生了多样的模型和丰富的效果。

三、电视艺术需求—认同的对位效果

在电视艺术创作生产、文本构成、传播与接受的过程中，当我们把握住主体需求的存在，并很好地予以节目化和传播艺术化时，就会实现主体认同效果的最大化或者说达到理想化的认同效果；当我们把握住主体需求的存在但不能很好地予以节目化或传播艺术化时，或者是当我们只是意识到主体需求的存在，但不能精准地把握它的时候，主体的认同效果都会打折扣，只能收到普通的认同效果；当我们意识到主体需求的存在，但在节目化和传播艺术化过程中却将其置于隐性位置时，主体认同的效果更加不明晰；当我们无视主体需求的存在、自说自话的时候，主体认同的效果也就无从谈起。我们可以将以上需求—认同的对位模式分为两大类，前两种情况为一类，即需

求—认同的"到位"效果；后两种情况为一类，即需求—认同的"错位"效果。这四种情况又可以细分为四种对位模式，分别是"需求强认同""需求认同""需求弱认同"和"需求不认同"。

（一）电视艺术需求—认同的对位模式

与化学物质世界中的对位原则相似，有"对位"，必然有"原位"，如果说认同是"对位"的话，那么，需求就是其"原位"。"原位"和"到位"并非直接联系，它们需要中介"认同资源"。因为主体的认同资源是由"他者"来提供的，要实现需求—认同的"到位"有相当大的难度。因此，"不到位"的情形常常出现，我们将其称为需求—认同"错位"。

因此，根据实际效果，当需求—认同"到位"时，认同效果好，需求—认同效率高，二者呈正相关关系，也许不需要太多的需求满足就能收到很好的认同效果；当需求—认同"错位"时，认同效果不好，需求—认同效率低，二者呈负相关关系，需求付出的成本越高，反而不能收到更好的认同效果，甚至会适得其反。但是现实实践中，主体需求是多元的、多层次的，而且需求—认同二者之间的关系并非单向度的因与果，认同的情况反过来又可能刺激不同的需求或减弱一定的需求，随着需求层次的变化，认同的程度也千差万别（如图2所示）。

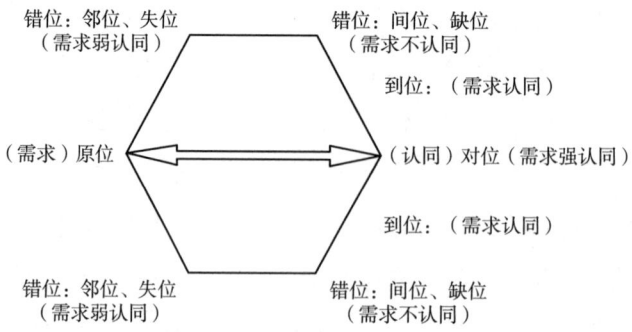

图2　电视艺术需求与认同对位图

（二）电视艺术需求—认同的到位效果

所谓电视需求—认同的"到位"，即主体在电视节目的欣赏体验中，其认同需求点能够通过欣赏体验得到认同心理的回应，也就是进入了认同发生的"认知阶段"和"同化阶段"，主体对电视节目是接受的、喜欢的，也是充满情感的，双方是可以互动的，但是能否到达认同的"内化"甚至是"外化"阶段还不一定，因为后两个阶段的发生因人而异、因景而异、因情而异。所谓因人而异指的是认同主体自身的客观条件影响认同的效果，如性别、职业、年龄、受教育程度等；所谓因景而异指的是认同情景影响认同的效果，这里的情景有宏观的社会文化氛围，也有微观的接受情景，如个人当时所处的空间、时间、环境情况等；所谓因情而异指的是认同主体自身的情绪状态影响认同的效果，如同一个人在喜怒哀乐不同的状态下对同一个电视节目的欣赏所达到的认同程度也不尽相同。

1.需求强认同对位模式。此种模式尽管实现起来难度很大，但是需求—认同的理想对位是存在的，也就是说主体的所有需求点在电视文本当中都得到了完全的体现，此时，主体的心理类似于拉康在"认同三阶段"提到的婴幼儿阶段，即需求得到了"圆满具足"，主体的"需求期待"与"认同目标"无缝对接，实现了"同一性"；也类似于霍尔信息接受论中的"主导霸权模式"，即"受众在主导符号的范围内进行解码，其对信息解码方式和过程与传播者编码的程序和期望相一致"，属于"完全清晰的传播"[1]。那么，理所当然，此时的认同效果是最大化的，认同主体对电视文本的接受心理表现出的是一种痴狂状态。电视节目中的"现象级"节目，或者"粉丝"狂热追一个节目就属于这类心理情形。我们称这种需求—认同的对位模式为理想模式，即"需求强认同"模式。必须解释的是，需求强认同对位模式强调主体认同效果的强烈程度对比，因此这种强弱也是相对而言的，它是一个定性描述而非绝

---

[1] 邹威华.斯图亚特·霍尔的文化理论研究[M].北京：中国社会科学出版社，2014：141-157.

对的定量描述。之所以说一些"现象级节目"属于此类,就是因为主体对节目的炽热状态使其在一定时期和范围内对比起来效果是空前的。例如央视春晚,其影响力、传播力、主体范围在同期同类节目的比较中肯定属于需求强认同的对位模式。再如婚恋交友节目中的《非诚勿扰》、音乐真人秀节目中的《超级女声》《中国好声音》、亲子节目中的《爸爸去哪儿》等也是如此。

2. 需求认同对位模式。很显然,电视是一种日常生活艺术,对个人而言,它只是一种伴随性"阅读",日常性体验,生活性消费,主体不大可能总是对其有"强需求",为其长期处于癫狂状态。对一个电视节目而言,要实现"需求强认同"的效果是需要"天时地利人和"等多种因素累加而成的,首先,它必须是符合广大观众文化需求的,其次,在创作生产的时候需要达到高超的艺术水准,最后,还要有科学合理的传播艺术技巧,掌握好传播时机,甚至是时代、时段、时效、时尚等各种传播要素一应俱全。因此,在中国电视发展的大部分时期,对于大部分节目而言,达到最多的认同效果就是一般认同,即到达认同的"认知"和"同化"阶段,因为这种认同模式属于常态,所以我们称之为"需求认同"模式。必须解释的是,一个节目处于需求认同模式并非就意味着这个节目失败,其只是在"认同性需求"的满足上还有所欠缺,至于是艺术水准、传播技巧的原因,还是主体本身的原因,有待具体问题具体分析。此外,需求强认同和需求认同对位模式中认同效果的强弱是针对主体而言的,前面已经分析,因为主体结构本身太过复杂,即便是同一主体也会因为条件、环境的变化而对节目的接受状态发生变化,因此,不应该将需求强认同与需求认同绝然对立,更不能以此来对节目进行"阶级划分"。

(三)电视艺术需求—认同的错位效果

电视艺术需求—认同的"错位"效果分两种状况:一种是需求—认同的"失位",另一种是需求—认同的"缺位"。

1. 需求弱认同对位模式。所谓"失位",即传播主体提供的电视文本内容超出了或不足以满足主体的"内在需求",导致其情感上难以接受,或者价值观上难以认可，但是鉴于一些外在情景，或者由于权力问题，或者由于社会压力、情景所致、客观条件所限等，主体又不得不暂时与传播内容达成"妥协"，这类似于霍尔信息接受立场中的"包容妥协立场"模式，即"媒介霸权"和"解码扭曲"同时存在。主体勉为其难收看，但是情感上和价值上难以认同，所以，很难进入认同的高级阶段，即情感同化和价值内化的阶段，更别说"行动外化"了。由此可见，需求内容供给并非越多越好，但也不能"偷工减料"，需要掌握一个度。当需求—认同"越位"或"失位"长期得不到调适时，主体就会出现认同疲劳，认同效果自然就偏弱，因此，我们称之为"需求弱认同"模式。

2. 需求不认同对位模式。所谓"缺位"，简单讲就是电视节目供给与主体需求的严重不平衡，甚至是没有供给，或者是提供的需求与主体的期望大相径庭，以致主体在认知上难以理解，在主观上不愿去接触，产生排斥情绪、逆反心理，甚至是斥责和反对。这类似于霍尔信息接受立场中的"对抗式立场"，即主体在信息传播的过程中，选择逃避或抵抗。常见的情形是提供的内容无视认同主体的真实需求，或者严重偏离了主体的真实需求，或者传播的"效率"十分低下，在时间上不及时、在数量上不充足、在质量上不达标等。当需求长期得不到满足的时候，主体就会出现"认同转移"，即主体会寻求别的内容来予以满足或替代，认同就无从谈起，因此，我们称之为"需求不认同"模式。

必须说明的是，"需求强认同""需求认同""需求弱认同"和"需求不认同"四种模式的界限不是绝对的区隔，从中国电视艺术发展史来看，"需求强认同"的时期并非长久存在，这是艺术创作的基本规律，因为一旦需求旺盛，就必然刺激生产规模扩大，为满足主体需求，大量艺术作品出现，需求自然就处于一种平衡期。对具体的电视作品而言，也是同样道理，任何一个节目都不可能一直占据"需求强认同"位置，因为有大量的竞争者、模仿者，还有其他的艺术样式来填补这种需求，因此，对任何一个电视节目而言，要保持好的认同效果，就需要持续不断地创新。对不同的主体而言，道理相似，所谓"萝卜青菜各有所爱"在这里体现得很明显，简单举例，对年轻受众而

言，娱乐选秀节目产生的也许就是一种"需求强认同"的接受效果，但是老龄观众却不以为然，他们也许更喜欢养生类节目，因此，娱乐选秀节目可能在老龄观众这里产生的就是一种"需求认同"的传播效果。我们常常发现电视艺术发展潮流与趋势，总是几家欢喜几家愁，各领风骚几年甚至几个月，从根本上讲这是观众需求的变化所致。

四、电视艺术需求—认同对位中的主体角色

主体在认同过程中是充满选择性、自觉性和主动性的，因此，在这个过程当中其也并非扮演单一的角色，而是经常随着需求的变化、认同效果的变化出现不同的角色类型。克拉珀认为，"选择性因素"由三个方面组成，一是认知连贯论解释，二是认知实用论解释，三是可获得性论解释。"认知连贯理论"认为，"受众的选择性因素是帮助受众避开与自己固有观念不和谐的信息的骚扰，从而保持心理平衡和认知一贯性的机制"。也就是说，主体在信息选择过程中，常常会"有意识地选择那些与自己的立场、观点、信仰一致的内容，而对那些与自己立场、观点、信仰不一致的内容，则不予注意、回避或不接触，并通过选择性理解和解释，减少对自己固有观念的冲突"。"认知实用论"认为，主体"往往接触、理解并记住那些能够满足自己需要或兴趣的信息，这些信息可能与他们原有的观点相一致，也可能不一致"，但是只要具有某种"合目的性"就会被选择。"认知可获得性论"认为，"受众常常选择那些最易获得、最易吸收的产品内容，选择这些信息并没有什么特殊理由，只是容易记住而已"①。不管是出于什么目的、什么理由，或者是什么形式，主体信息接受行为总是主观的、能动的。

有学者认为，认同过程中主体的行为角色分为四种：不接受不追随的"反对者"，接受但不追随的"旁观者"，不接受但追随的"伪装者"，接受且

---

① 周庆山.传播学概论[M].北京：北京大学出版社，2004：177-178.

追随的"认同者"[①]。受以上观点启发,笔者认为,电视艺术需求—认同发生过程中的主体也存在四种不同的角色。在"需求强认同"模式中,主体内心处于亢奋和着迷状态,此时的主体就类似于"粉丝",其角色可以称为"追随者",即对节目是接受又追随的态度,因此,各种追剧联盟、各种所谓的"粉丝脑残"节目就属于此。因为收看电视节目是主体日常生活的一部分,具有伴随性、随意性和日常性。理性来看,主体对收看电视节目的角色常态是"伴随者",即接受但不追随的态度,对大多数节目而言,认同效果都是"需求认同",主体角色也多是"伴随者"。在"需求弱认同"模式中,因为节目的内容难以引起观众兴趣,是未获得情感认同和价值认同,主体心不在焉、心猿意马,尽管电视机开着,节目播着,但基本上是一个"背景音乐"的存在,只是因为家人在看,或者没有别的可看,或者因为别的原因不得不"假装"在看,这样的主体角色可以称为"伪装者",即对节目是不接受但追随的态度。在"需求不认同"模式中,主体对文本处于不接受状态,持批评态度,认同度很低甚至没有,即将视线和注意力转向其他电视节目或者文艺活动,这时的主体角色可以称为"反对者",即对节目是不接受不追随的态度(如图3所示)。

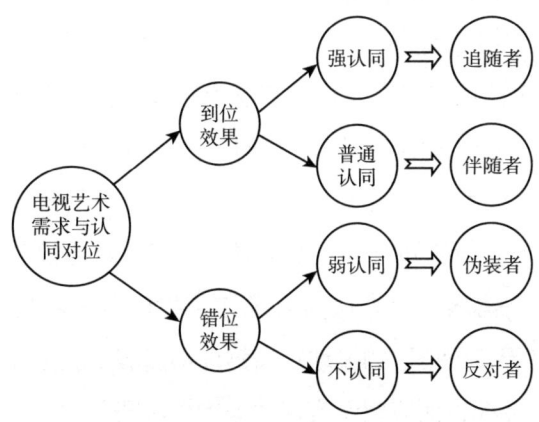

图3 电视艺术需求—认同对位效果图

---

① 刘辉.认同理论[M].北京:知识产权出版社,2017:28-30.

对电视艺术研究和实践而言，我们要理性看待电视艺术需求—认同效果问题，追求"需求强认同"的理想是可以的，这甚至是每一个电视节目创作者的目标和追求，但必须警惕"需求弱认同"和"需求不认同"的"错位"效果，因为本质上三者之间的差异不是很大，稍微不留神就会由"需求强认同"变为"需求弱认同"或者"需求不认同"。毕竟主体"需求认同"才是常态。在电视艺术需求—认同的平衡关系处理上，把握好"度"，寻求"需求—认同"的合理对位是每一个电视艺术创作者、传播者、研究者和观众的理性态度。

作为兼具文化艺术属性和媒介传播属性的电视艺术，具有极其明显的意识形态属性、地域属性和时代属性。不同于西方的市场逻辑，中国电视行业要承载大量的公共文化服务职能。电视公共服务是公共文化服务的重要组成部分，是全面建成小康社会的重要内容，是中国特色社会主义国家体制的必然要求，是社会主义优越性的重要体现。另外，基本公共服务标准化、均等化等要求对我国电视产业和事业发展提出了新的要求。任何电视艺术创作都是在创作主体认同的前提下进行并实现的，任何作品的创作完成也都希望得到受众主体的认同，但主体为何要认同，认同的过程如何发生，认同的效果如何评估，这是一个复杂的、体系性的问题，背后有很深刻的文化学、社会学意义。它既有人类社会所有艺术创作与接受过程的一般规律，也具有鲜明的中国特色、时代特色和传媒特色。它既指向过往，也指向当下，还将存在于未来预设之中。主体的需求因人、因时、因地都会有不同的变化，要满足怎样的需求内容，或者如何抓住主体需求，才有更好的认同效果呢？这个问题必须从人们的需求与认同对位互动中寻找答案，对电视艺术实践而言，实现主体的民族认同需求、社会认同需求和自我认同需求是重中之重，否则"需求"将永远陷于"三俗"的境地；当然也不能够不顾主体内在需求而提出"无需求的认同"目标，而应朝着实现"需求性认同"的方向努力，例如满足主体生理需求认同、社交需求认同和精神需求认同等多层次需求，否则"认同"将永远流于空洞的口号。

需求与认同的逻辑：论电视艺术审美认同的发生机制[*]

一、引言：审美认同与需求

认同在汉语当中的简单释义是，个人对他人、事物或行为等的认可与接受，近义词是同意、信任，指的是一种态度表达。"在英文里，认同与'身份''同一性'是同一个词语，即 identity。"[①] 因为太过常见，以致我们对认同有种熟悉的陌生感，很难说清楚到底什么是认同，"就像很多美好的事物一样，平常我们可能感觉不到它的存在"[②]。当我们面对一个审美对象时，认同究竟和哪些内容发生联系？审美认同活动作为主体能动行为，不会无缘无故发生、无缘无故消失，它是主体内在审美需求的驱动和投射。

（一）认同的内涵与审美认同

从心理学角度看，从弗洛伊德的"自居作用"到埃里克森的"认同危机"，再到拉康的"镜像阶段"和戈夫曼的"拟剧论"，以及后来的心理学研究，认同研究已经在心理学（精神分析）领域获得了极大发展。但是心理学

---

[*] 本文原载于《现代传播》2020 年第 10 期，收入本书时略有改动。
① 阎嘉. 文学研究中的文化身份与文化认同问题［J］. 江西社会科学, 2006（9）: 62-66.
② 刘辉. 认同理论［M］. 北京：知识产权出版社, 2017: 3.

中的认同,总体上更侧重于个体的一种情感态度或认识的深化过程,更关注自我信念与人格,更偏重于认同的心理活动和机制。①从文化学角度看,认同更多的指向未来性、主体性、符号性、现代性和生活性,不再聚焦于认同的本源问题,而是转移到未来的变化上,凸显主体观念的转变和话语表达的"语言学转向"②,在内容上关注人类生活方式变革、人类日常生活环境等现实问题。从社会学角度看,认同主要是将个人(群体)的"意愿、目标、情感、价值、观点、思想等内化于个人(群体)的思想和行为之中的社会心理过程",更强调社会角色的"同一性"及其归属,偏重于认同对象和内容的研究。③社会学对认同功能进行积极肯定的同时,也注意到其负面功能,如群体偏见、群体隔膜与群体冲突等"认同危机"。

由此可见,认同是一种普遍存在的社会现象,"本我"也罢,"自我"也罢,抑或"超我";个人也罢,群体也罢,抑或民族、国家乃至人类社会;政治领域也罢,文化领域也罢,社会领域也罢,经济领域也罢,抑或军事领域;过去也罢,现在也罢,抑或未来;私人空间也罢,公共空间也罢,物理空间也罢,虚拟空间也罢;心理活动也罢,生理活动也罢,抑或情感活动都有认同的身影。

关于认同的分类也有很多种观点。有学者认为认同应该分为国家认同、社会认同和文化认同,并认为文化认同是更基础的认同,一切问题最终都可以归结为文化认同。④也有学者认为,文化认同分为个人认同、集体认同、社会认同和自我认同,其中个人与集体认同又属于社会认同,也就是说,文化认同分为自我认同与社会认同。⑤其实,国家认同、民族认同、社会认同、集体认同、文化认同之间存在大量的交叉部分,要彻底厘清它们之间的界限难

---

① 郭维平. 社会主义核心价值观生成与认同研究[M]. 北京:学习出版社,2016:221.
② 周宪. 文学与认同[J]. 文学评论,2006(6):5-13.
③ 吉登斯,萨顿. 社会学(第七版)[M]. 赵旭东,等,译. 北京:北京大学出版社,2015:322.
④ 郑晓云. 文化认同论[M]. 北京:中国社会科学出版社,2008:1-3.
⑤ 陶家俊. 认同的边界:论文化认同与文化转化[M]. 北京:外语教学与研究出版社,2013:6.

度太大。此处探讨的审美认同，指的是主体出于某种审美需求，通过认知、同化、内化等审美心理过程，对审美对象产生一种情感触动和价值信赖，最终影响自身外在行为的审美过程。尽管不同于心理学、社会学和文化学等视角下的认同内涵，但作为一种艺术实践活动，审美认同离不开心理认同、社会认同和文化认同理论的启示。

（二）审美认同与需求相伴相随

认同是一种客观存在，那么，人为什么要认同？认同对个人的生存发展意义为何，对集体的形成价值何在？其必要性在哪儿？心理学将"本我"追寻作为认同的主要动机；社会学认为认同是个人、集体和社会的有机存在，是化冲突为和谐、相互依存的重要力量；文化学将认同作为人类面临新的发展环境在生存、生产与生活方面的"生命条件"；传播学将认同作为人对信息需求的内在动力；对艺术而言，认同的发生同样是带有很强"目的性"和"功利性"的，或者是主体自觉意识的。不管是出于自我身份确认还是社会集体融入，不管是对生命的叩问还是对审美和信息的内在需求，认同都是有目的的主观行为，那么，认同的发生过程是什么样的？又有什么样的阶段特征呢？

米德认为，"自我（认同）意识"形成有三个阶段，分别是"预备阶段""游戏阶段"和"博弈阶段"。[①] 阿皮亚认为，认同发生需要三个要素（过程），即"标签识别""身份确认"和"行为对待"。[②] "标签识别"是认同的开端、前提和基础，是对其归属的利害关系以及善与美的初步评估过程。"身份确认"即对认同对象产生"信任"的过程，尤其是对价值观、行为规范的接受过程。"行为对待"不仅包括我如何对待"自我"，完成自我实现，还包括我如何对待"他人"（包括集体、民族、国家），这是组织认同、社会认同、

---

① 谢弗.社会学与生活（第11版）[M].赵旭东,等,译.北京：世界图书出版公司,2014：117；吉登斯,萨顿.社会学（第七版）[M].赵旭东,等,译.北京：北京大学出版社,2015：321.

② 阿皮亚.认同伦理学[M].张容南,译.南京：译林出版社,2013：96-99.

民族认同、国家认同的过程。笔者在考察分析认同行为、认同情感、认同感知、认同心理发生过程的基础上,将审美认同的发生过程分为四个阶段:第一个阶段是"认知",即通过语言"符号"对他者行为、情感和价值的一种认识和理解,这是前提,如果不熟悉、不了解、不理解认同对象,那么审美认同将无法进行。第二个阶段是"同化",即对他人(者)的行为或态度的一种信赖、模仿、遵从,不仅在情感上对"他者"接受,还对客体对象的接受有一种基本的价值判断,即是否可以满足某种"利益需求",但是不一定能被自己的价值体系所接受和吸纳。第三个阶段是"内化",即完全接受"他者"的价值、原则或者规则,并在内心上化作自己的认知态度和价值原则,也就是融为一体,以作为"自我"的一种特性来与"他人"进行区分。第四个阶段是"外化",在多数的审美认同研究当中,只是将认同作为一个心理过程,认为认同心理实现就完成了认同的过程,其实不然,这显然忽略了认同的行为表现。笔者认为,认同不仅要"内化于心",还要"外化于行",要将内心的价值认同转化为实际的行为规范,这才是审美认同过程的全部实现与完成。

由此可见,从审美认同发生的最开始阶段,即"标签识别"阶段或"预备"阶段,就已经有了明显的"审美需求",如善与恶、丑与美、好与坏的判断,等等。所以说,从审美认同动机和过程分析,在审美认同复杂的、艰难的过程当中,始终有某种功利性的"需求"伴随左右。同样的道理,从个人成长的生理需求和社会诉求来看,从符号沟通到半语言沟通,再到规则的掌握与利用,认同的产生过程是一个人社会化的必然过程,无论在哪一个阶段,都有社会化角色的需求在推动着认同不断深化。而个人认知能力的进化或者进步,最终都指向更加抽象的思维方式,其目的还是摆脱"自我",早日融入社会,成为社会认可的"他我"。也就是说,思维习惯、心理成熟的需求向往,对"他我"的实现,成为审美认同持续发生的动力。

综上,审美认同是基于审美需求的认同,审美需求是为了审美认同的需求,二者统一于主体认同心理和认同行为过程中。审美认同与需求相伴相生,没有无需求的认同,也没有无认同的需求,需求是认同的原因和动力,认同是需求的结果和目标。反过来讲,没有审美需求,审美认同将成为无源之水；没有审美认同，审美需求也将无所适从。需求是起点，认同是终点；需求是因，认同是果；需求的满足与否或程度如何由认同来检验评估。基于二者的相对独立而又有机统一，笔者提出审美认同机制中的"需求—认同"命题。

二、"需求—认同"的内涵界定与实践指向

"需求—认同"既是一个学理性的存在，也是一个现实性的存在。"需求—认同"像一个无限循环过程，主体对客体对象的认同已经实现，又会产生新的"认同性需求"，新的"认同性需求"又要经过复杂的过程，去努力实现"需求性认同"的目标。

（一）"需求—认同"的美学内涵界定

作为一个主体行为，审美认同的发生，必须有相应清晰的客体对象，否则将无所依。因此，认同行为发生至少由认同主体、认同需求和认同对象三个元素构成。

1. "认同主体"即"我"

它可以指个体，或心理上的"本我"，或社会上的"自我"，或精神上的"超我"；也可以指群体，例如集体、阶层、阶级、民族、国家、社会等更大的概念范畴。造成认同过程复杂的很大原因就在于在实际的认同过程中，认同主体受制于年龄、性别、种族、职业、群体、文化等不同社会身份的影响，以及不同的情景与场合的影响，会有不同的认同需求，对认同对象的认同过程和认同结果也不相同。更为复杂的是，同一认同主体在不同时间、空间环境中对同一对象的认同情况不同，不同认同主体之间对同一对象的认同情况又千差万别，对认同对象的认同效果也就各不相同。也正是因为如此，才进一步说明，认同对于个人、对于群体、对于社会的必要性和重要性。

2. "认同需求"是"我"的需求

在这里，"认同需求"不是一个"超越文化"的概念，也不仅仅是一个心

理模糊概念，而是具体的、实在的、"可为"的存在。个体也好、群体也罢，需求的动机具有无意识性，但是主体对需求的认知具有自觉性和明确性，可以具化到一个个具体的内容当中。因此，认同需求可以分为多个层次，如本我需求、自我需求和超我需求或本能需求、交往需求、审美需求；也可以分为生存需求、发展需求和享受需求或生理需求、情感需求、价值需求；还可以分为物质需求、制度需求和精神需求，等等。不管从哪个角度去划分，认同一定是具体的、多层次的，是由外而内、由浅入深、由易到难的。

3. "认同对象"也可以称为"认同资源"

它是认同的客观对象，是主体需求到主体认同的"中介"，主体需求能否得到满足，最终是针对认同对象做出的反应，需求满足得怎么样，达到什么样的认同状态，也是由认同对象的质量高低决定的。也就是说，认同主体之所以对认同客体产生认同心理是因为认同客体能够满足认同主体的某种需求。否则，如果某一客体对象与认同主体的需求没有利益"相关性"的话，那么认同主体对其也不会产生"兴趣"，认同也就无法进行或者无法实现。那么，认同资源作为一种相对独立的、客观的"中介"存在，其品质好坏，也可以通过认同人群的多少或者认同程度的高低来进行评价，因此，认同对于认同对象的质量又是一种客观的评价指标。

所谓"需求—认同"，其美学内涵就是在审美认同发生过程中，认同主体的内心活动或隐或显。作为一个中介存在，连接着认同主体和认同资源，贯穿于认同发生的全过程，存在于每一个具体的认同心理和行为中，是"认同性需求"与"需求性认同"的高度统一。简单讲，"认同性需求"指的是层次上有广度、情感上有深度和价值上有高度的需求。只有有了多元的层次才能具有代表性和普遍性，只有有了真诚的情感才能具有吸引力和凝聚力，只有有了价值的内化才能具有长久性和行动性。"认同性需求"的意义在于将需求与认同两个环节高度统一，不仅将"认同"过程化、内容化、具体化，而且将"需求"层次化、目标化、方向化。

与认同的分类相一致，"需求—认同"也可以分为自我"需求—认同"、社会"需求—认同"、民族"需求—认同"。从范畴领域角度讲，前者更强调需求与认同对于自我个体生存、生活和生命的意义，中者更强调以各种各样的目的、意图、缘由组建的社会群体关于审美认同的考量，后者则放在更加开阔、开放的场域和更加悠久、绵长的历史中去考量审美认同。

（二）"需求—认同"的实践指向

"需求—认同"这个学术命题除了其美学意义，对其他相关领域的学术与实践活动也有启示意义。从个人到集体、从民族到国家、从过去到现在再到未来；从中国到世界，"需求—认同"广泛存在于人类社会的生存、生产和生活等各类实践活动当中，与每个人都密切相关。

1. 对自我个体而言，"需求—认同"问题时刻处处都需要面对

从个体的出生到青年再到老年，从个人的"日常生活"到"非日常生活"，在个体的生命构成中，"需求—认同"指向个体内心意愿、思维情感和身体行动等多个层面，也指向个体生物本能、工具理性、精神生产。从个人的社会属性讲，有个体劳动工作、日常交往、公共空间、私人空间等方面的指向。从人之为人的"类"存在角度讲，有"本我""自我""超我"的本源指向，也有空间层面的内向、外向、中间三个维度的指向，还有在时间层面的过去、未来、现在的指向。尤其是在现代社会与后现代社会语境下，这个问题显得更加重要，正如有学者所言"当今世界是一个由陌生人组成的世界"[①]，"需求—认同"对每一个个体的生命、生存、生活各方面都有重要的意义。

2. 对群体社会而言，"需求—认同"关系到群体的成员吸纳与组织运行

一个群体的存在经常要面临利益维护、成长壮大、安全保障等"存活问题"，与此相关的群体问题有价值失范、越轨行为、惩罚与激励、群体内冲突、群体外偏见、群体对峙、阶层歧视、社会偏见、社会冲突、代际鸿沟等。此外，群体社会的"需求—认同"也涉及生产力、生产关系、上层建筑的指向，以及劳动、劳动工具、产品的指向，还有生产、市场、消费的指向等。

---

① Michael Lgnatieff.The needs of strangers［M］.New York：Elisabeth Sifton Books，1984．

对群体社会而言,"需求—认同"是已发生的,也是未完成的,是现代人所共有的"不确定的经历"①。

3. 对国家民族而言,"需求—认同"问题常常存在于复杂的国际关系当中

面对异常复杂的国际关系,特朗普执政期间的单边主义,欺凌霸权、恣意退群等行为为中美关系带来诸多不确定性,制造的国际冲突问题也越来越突出,从政治到经济,从军事到社会,从文化到科技等方方面面,无所不在。在政治领域,"需求—认同"是一种政策制定与传播艺术,它影响着一个政策的出台、制定、宣传与执行。在经济领域,"需求—认同"是一种规律性的生产方式,它影响着一个产品的研发、生产与销售。在科技领域,"需求—认同"是一种根本性的推动力,它影响新技术的诞生,也决定传统技术的生存空间。在军事领域,"需求—认同"是一种安全防御评估系统,涉及人心的走向和战争的成败。在文化艺术领域,"需求—认同"是一种创作规律、传播规律、接受规律。

总之,当前世界,从政治到经济,从文化到艺术,从群体到个人,"需求—认同"问题不一而足。"需求—认同"问题有着广泛而深刻的社会背景和文化根源,如全球化、工业化、网络化、现代性等带来的脱域性、流动性、短暂性、冲突性、陌生化、碎片化,导致"需求—认同"问题不但不会减少,反而在当前及未来还可能会增多。"需求—认同"来自新的社会关系重构、新的制度适应、新的时空重置、新的情景重建、新的文化习得;来自变迁后的再稳定、割裂后的再融入、陌生后的再熟悉、冲突后的再化解、隔阂后的再信任、歧视后的再理解、偏见后的再接纳。它是社会功能主义、结构主义的正向价值建构,也是社会冲突论、互动论的必然结果。

三、"需求—认同"存在于电视艺术生产全过程

审美认同作为一种现象,广泛存在于艺术创作、传播与接受活动中,然

---

① 赵静蓉.文化记忆与身份认同[M].北京:生活·读书·新知三联书店,2015:7.

而，对于不同的艺术类型，认同活动发生发展所呈现的特点也有所不同。马克思在《共产党宣言》中提出"精神生产说"，他认为，"精神生产随着物质生产的改造而改造"[①]。他在《〈政治经济学批判〉序言、导言》中，正式提出"艺术生产"是人类掌握世界的方式之一的观点。艺术生产是"生动"的"全过程"，具有"加工性、创造性"，强调"主体的人及其心理能力"。[②]那么，对电视艺术而言，其一，就审美活动本身，作为主体的一种审美心理和思维过程，认同的重要性不言而喻。作为一个完整的、动态的、系统的审美活动，认同现象客观存在且贯穿始终，作为一种创造性的劳动实践，主体对待作品文本的态度有其差异性。其二，作为兼具文化艺术属性和媒介传播属性的电视艺术，其审美认同又具有自身特色，其中重要的一点就是无论是在创作生产、传播还是在接受过程中，都面临着多个主体的集体协作，这种协作本身就需要彼此认同。毫无疑问，不同主体的审美取向、审美态度，以及所处审美环境的不同都会造成审美需求和认同效果的差异性。因此，认识"需求—认同"在电视艺术内容生产、传播与接受过程中的功能和作用，对于理解电视艺术审美认同的发生机制十分重要。

电视艺术审美认同的发生离不开认同主体、认同客体、认同环境以及认同关系的建构。在电视艺术审美认同活动中，需求是一种天然的存在，与认同相伴相随，是认同发生的内在动力。不管是从生产消费角度分析，还是从创作主体角度分析，抑或从接受活动角度分析，审美认同现象都将存在，而且受众心理在艺术接受中有着重要的意义，扮演着重要的角色。因此，"需求—认同"作为一种客观存在，贯穿于电视艺术的创作生产、文本构成、传播与接受的全流程当中（如图1所示）。

---

① 马克思，恩格斯.马克思恩格斯选集（第1卷）[M].中共中央翻译局，译.北京：人民出版社，1995：270.
② 童庆炳.马克思早期的艺术生产论的现代意义[J].中国文学研究，1997（4）：3-10.

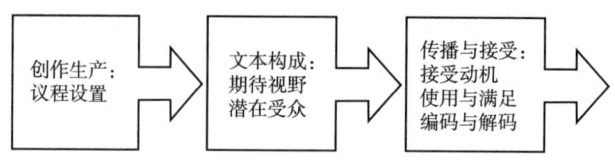

图1 "需求—认同"在电视文艺"艺术生产"全流程中的体现

（一）在创作生产端，"需求—认同"主要体现的是创作主体的"议程设置"要求

根据丹纳关于艺术的"三个总体"说[1]，电视艺术创作者和受众对作品文本的认同感不是虚无缥缈的存在，而是与特定的时代、民族和风俗有着千丝万缕的联系，即构成共同的审美情景。电视艺术创作生产是主体的一种审美创造活动，是其在电视艺术创作生产过程中主动的、积极的、能动的态度表达和价值评判。但是，接收方接受与不接受，接受得多或者少，接受得深或者浅，接受得强或者弱，接受记忆还是选择遗忘，流于消费还是外化为行动，都是创作主体比较在意的结果。甚至说，作为大众媒体，天然地要追求受众的数量规模和质量层次，亦即通常所说的关注度、话题热度、影响力、传播力。那么，主体的创作行为就不仅仅是为创作而创作，他们会考虑方方面面的审美需求，而不是自娱自乐，所以会根据自我和他者的审美需求进行"议程设置"，以期实现最理想的传播效果。

（二）在文本构成中，"需求—认同"主要体现的是文本中的"期待视野"与"潜在受众"

接受美学认为，读者在文学文本中只是一个潜在的、隐性的存在，但是对电视艺术文本而言，受众已经不只是一个隐含的存在，而是越来越明显，越来越主动，强调他们的参与性与互动性。与此相关的"粉丝"关注、收视率已经成为电视文艺收视效果的一种最重要的衡量标准，成为"电视节目、

---

[1] 丹纳.艺术哲学[M].傅雷，译.江苏：江苏文艺出版社，2012：14.

广播节目和广告交易的'通用货币'"①。在电视文本创作完成的时候,已经"寄托"和"隐藏"了创作主体各种各样的预设目标,这种预设就包含了受众的"需求—认同"和"使用与满足"功能的实现。实现的前提就是电视艺术文本的开放性以及受众在"文本阅读"中的主动性、积极性和建构性。"受众在艺术鉴赏过程中不仅不是被动角色,反而是一种主动角色,甚至可能成为艺术活动的中心……除了传统的被动接受角色,还有主动接受角色,变动接受角色和消费角色。"②

(三)在传播与接受端,"需求—认同"主要体现的是传播动机的内在动力和受众"解码"的心路历程

日本传播学者佐藤毅曾探讨电视与日本人自私化个性的产生以及"充欲主义价值"流行之间的关系。他认为,"电视接收机作为一种商品,其本身就是人们的欲望追求的对象。例如从黑色到彩色,从小屏幕到大屏幕,从单声道到立体声,从单一功能到多功能,每次更新换代都会引起人们的购买热"③。电视受众审美接受就是出于某种需求对电视艺术节目进行有选择的符号认知,并由此进入情感同化、价值内化和行为外化的动态过程。如果受众没有特定的审美需求,也就没有理由去欣赏相应的电视节目,哪怕休闲放松也是一种需求。不管是主动、被动、变动还是娱乐消费,都说明受众在艺术接受过程中是有心理反映、审美期待、审美体验的,但是因为受众本身的差异性,其接受的兴会层次也各不相同,有的只是"感触",有的只是"生兴",达到"兴会"状态的情况很少,达到"兴味"层级的就更少。④

所以,"需求—认同"作为电视艺术的受众审美行为,是一种客观存在,连接着电视艺术的主体、文本与客体,也连接着主体的内在心理变化和外在行为表现,存在于电视艺术的生产、文本、传播与接受的全流程当

---

① 鲁伟.收视率大面积造假,谁在幕后操控这一切[J].财经,2017.
② 章国锋.国外一种新兴的文学理论——接受美学[J].文艺研究,1985(4):71-73.
③ 佐藤毅.传播社会学[M].东京:日本科学出版社,1986:169—170.
④ 王一川.艺术学原理[M].北京:北京师范大学出版社,2015:251-256.

中。电视艺术"需求—认同"的内涵在于艺术接受过程与结果评价"认同性需求"与"需求性认同"的高度统一。电视艺术受众的"认同性需求",区别于一般性需求,指的是有内容层次、有情感深度、有价值高度的需求,其理论意义在于将"需求"层次化、目标化、方向化;其实践价值在于提醒我们,不能以满足受众"无认同的需求"而满足,而是要为实现更高层、更深入的"认同性需求"而努力。例如,实现受众的民族认同需求、社会认同需求和自我认同需求,否则"需求"将永远陷于"三俗"的境地。电视艺术的"需求性认同",指的是依托于具体需求的认同,其理论意义在于将"认同"内容化、充实化、具体化;其实践意义在于启示我们,不能够不顾受众的内在需求而提出"无需求的认同"目标,而是要朝着实现"需求性认同"的方向而努力。例如,满足受众的生理需求认同、社会需求认同和精神需求认同,否则"认同"将永远流于空洞的口号。这就是电视艺术"需求—认同"的全部内涵。它不同于"使用与满足"的功能性表达和静态性评价,不仅强调"传播达到",还在于考察受众满足后的一种心理反馈,尤其是更深层次的文化内涵、社会内涵、哲学内涵、美学内涵的接受。它也不同于"编码与解码"的符号性解读和文化霸权思维,充分考虑到受众需求的客观性和积极性。

四、电视艺术"需求—认同"研究的理论意义和实践价值

(一)拓展了电视艺术基础研究领域与思维

这方面包括电视艺术心理学研究、美学研究、社会学研究、文化学研究等。心理学领域按照主体不同,分为电视艺术受众"需求—认同"心理研究、电视创作主体"需求—认同"心理研究、电视艺术传播主体"需求—认同"心理研究。美学领域按照流程不同,分为电视艺术"需求—认同"过程中的接受美学研究、电视艺术"需求—认同"过程中的文本研究、电视艺术"需求—认同"视角的创作美学研究。社会学领域按照结构不同,分为电视艺术"需求—认同"中的自我认同、电视艺术"需求—认同"中的集体认同、电

视艺术"需求—认同"中的民族认同。文化学领域按照类型不同，分为日常生活需求与电视艺术认同、文化记忆与电视艺术认同、符号互动与电视艺术认同。

（二）为电视艺术应用研究提供了新的视角和方法

"需求—认同"便于多元观察电视艺术发展历程中的一些文艺现象。例如，在中国电视艺术初期，从晚会直播到央视春晚，这背后的需求动机和认同逻辑是什么？20世纪90年代的综艺栏目大发展，21世纪之后的娱乐选秀爆棚，其背后的需求动机和认同逻辑又是什么？从"需求—认同"理论出发，我们可以清楚地发现电视艺术节目类型嬗变的"需求—认同"逻辑。再如，当下我们电视艺术发展面临的热点现象、现实困境，例如，低俗化问题、同质化问题、娱乐化问题，同样可以从"需求—认同"逻辑中寻找原因和答案，到底是群众的文化需求还是市场的需求？主流文化或者官方意识形态出于什么样的态度、目的和情绪？

（三）为电视艺术决策研究提供新的思路和参考

进入21世纪以来，虽然中国电视艺术取得了不俗的成绩，但是也存在比较突出的问题，政府频繁下发的各种"调控"文件、政策、规范可以作为佐证，"限娱令""限唱令""限外令""限真令"等不一而足，然而，从实际效果看，总是按下葫芦浮起瓢，这背后同样可以从"需求—认同"逻辑中寻找原因和答案。市场需求、政府需求和群众需求之间的博弈日益激烈，那么三者之间的平衡点在哪里，在电视艺术政策调控上是不是有一种长效机制可以应对？

当今世界是一个"飞速发展的世界，不仅其社会变迁的速度远远快于先前各种制度，而且其社会变迁的广度和深度也与以前迥然有别"，"冲突使人们四分五裂，各种压迫也成为世界的基本特征"，"在充满更多的不确定性和

多重选择的情况下,我们面临着更多的信任风险"①。当前社会"是一个失去稳定身份或认知的生活世界,为媒介、信息、超现实、模拟替代的社会"②。正因如此,"需求—认同"问题引起广泛关注和重视。对电视艺术而言,不管是从信息传播功能看还是从艺术审美功效看,抑或从文化价值建构的作用分析,研究电视艺术审美活动中的"需求—认同"问题都有其实践价值。

1. 对内主要表现为文化的凝聚力、向心力

对我国而言,"需求—认同"既存在于遍及全球的现代化、信息化带来的普遍的认同危机,也存在于由我国现实国情决定的特殊的认同困境。面对现代化建设中出现的现实难题,诸如城市化带来的人口流动,现代化带来的社会分工,市场经济带来的阶层变化,信息化带来的时空革命,如何在建设社会主义伟大事业的奋斗征程中,争取全社会最大的共识、减少分歧、解决矛盾、化解冲突,共创和谐稳定的国内社会环境,需要勠力同心,"撸起袖子加油干",实现国内认同。面对政治民主化诉求的压力,"双循环"经济转型的压力,科技创新与成果转化的压力,社会阶层固化与就业压力,文化大国向文化强国转型的压力,都直接或间接、或多或少与认同有关。

2. 对外主要表现为文化的传播力、影响力

"需求—认同"困境是全球化、现代性、后现代性引发的全球难题。在2020年国际局势不确定的情况下,作为世界第一人口大国、第二大经济体,我国在复杂的国际政治经济格局当中,如何确立自己的国际形象,或者说以什么样的身份来实现国家民族复兴,立于世界民族之林,同时还能赢得他国的尊重与支持,需要实现国际认同。"一方面我们看到,中国的腾飞和崛起获得了全球瞩目的成就。"③与此同时,我国在和平崛起、民族复兴的道路上也面临着来自国内外的压力与挑战,尤其是遭遇了西方政治文化体系的强力抵抗,

---

① 吉登斯.现代性与自我认同:晚期现代中的自我与社会[M].夏璐,译.北京:中国人民大学出版社,2016:15+3+8.
② 徐贲.通往尊严的公共生活:全球正义和公民认同[M].北京:新星出版社,2009:5.
③ 胡智锋.新环境下的电视媒体发展与创新[EB/OL].(2016-11-15)[2016-11-15].http://www.71.cn/2016/1115/920745_9.

冷战思维依然存在，国际秩序依然在博弈中变动。

如果前者是国家文化软实力提升的要义所在，那么后者就是国内文化凝聚力提升的紧迫性所在。这无疑是国家传播战略、国家文化战略的重要表现，是当代中国主流文化建设的使命与担当。

最后，当前传媒科技应用发生了很大的变革，对传媒发展的影响日益深刻，影响了中国乃至世界传媒的发展进程，概括起来，主要有三大趋势：一是全球化进程加剧；二是跨界融合升级；三是公共服务诉求强烈。三大趋势构成了我国传媒发展宏观的话语背景。在这种语境下，中国电视艺术的生存环境显得格外复杂，在发展方向上面临着全球化与本土化的交织；在发展形态上面临着新媒体与传统媒体的纠结；在功能属性上面临着事业与产业的困惑。全球化要求中国电视艺术在全球浪潮与本土自觉中寻求发展之道，这是文化本体的必然要求；跨界融合要求中国电视艺术在跨界融合与自主创新中寻求生存空间，这是艺术主体的题中应有之义；公共文化服务要求中国电视艺术在产业利润与社会责任中寻求生存路径，这是传媒主体的必然选择。这些新的形势和趋势影响着中国电视艺术的走向，电视艺术发展要研判行业发展的趋势，及时予以创新，迎接变化带来的挑战，那么从审美认同机制中的"需求—认同"出发最为重要的三点：一是牢固树立"以人民为中心"理念，服务人民、热爱人民，关心人民群众的生命、生存和生活，这是中国特色社会主义语境下电视艺术始终不渝的初心与使命；二是要自觉抵制"三俗"，培育观众的审美需求，引导观众的文化需求，甚至提高观众的文化品位，这是电视艺术的传媒责任与担当；三是深入了解我国观众的真实需求，从国家大局、社会结构、个人定位认真分析，哪些是真实需求，哪些是迫切需求，哪些是虚假需求，这是电视艺术创作生产与传播的前提和重心。

传统化回归与螺旋式升级：论互联网时代传媒艺术审美活动的转向*

一、引言：传媒艺术族群的发展与审美的视角

从艺术史与传媒史的交叉定位中，我们发现并命名了"传媒艺术"这个艺术族群。"狭义上，传媒艺术是指自摄影术诞生以来，借助工业革命之后的科技进步、大众传媒发展和现代社会环境变化，在艺术创作、传播与接受中具有鲜明的科技性、媒介性和大众参与性的艺术族群。传媒艺术主要包括摄影艺术、电影艺术、广播电视艺术、新媒体艺术等艺术形式，同时也包括一些经现代传媒改造了的传统艺术形式。"[①] 笔者认为，从传播载体层面观察，传媒艺术自1839年摄影术诞生起至今不到200年的时间里，有两个标志性的时间节点，一是摄影术的诞生；二是互联网的出现。前者标志着传媒艺术族群出现并进入机械化时期，后者宣告传媒艺术数字化时期的开启。在这两次大的时间节点上，传媒艺术的审美活动也发生了重要转向。尤其是进入数字化时期以来，大数据、人工智能、万物互联、5G都正在以不可阻挡之势影响和改变着传媒艺术创作生产的各个要素、环节和流程，催生出丰富多彩的新的媒体艺术样式和形态，广泛而深刻地影响着人类社会的生存、生产和生活

---

* 本文原载于《现代传播》2019年第1期，收入本书时略有改动。
① 胡智锋，刘俊.何谓传媒艺术［J］.现代传播（中国传媒大学学报），2014，36（1）：72-76.

方式。

那么,在新的形势和背景下,我们如何去理解和处理传媒艺术实践活动中面临的新现象与新问题,这就需要将审美活动作为一个突破点去重新审视。在审美创造上,如何理解诸如传媒艺术创作传播者的"跨界跳槽"问题、传播载体的技术依赖问题;在艺术文本上,如何理解诸如文本的类型化与边界溢出问题、文本的真实性与虚拟真实的问题;在审美受众上,如何理解诸如年轻受众审美心理的"乌合之众""娱乐致死"与"朋友圈文化"问题,以及受众审美接受方式的交互式体验、沉浸式体验问题;等等。这些问题的思考与解决,关系到传媒艺术审美价值的评判、传播方式的变革、受众市场的扩大以及产业链的打造。由此可见,探讨互联网时代传媒艺术审美活动的规律和特点,无论是对传媒艺术创作实践,还是对传媒艺术理论研究而言,都有很强的现实必要性和理论紧迫性。

因此,需要以审美活动为主要研究对象,以审美创造、艺术文本和审美受众为主要观察点,综合比较分析传统艺术、机械化时期传媒艺术、数字化时期传媒艺术在审美活动中呈现的规律和特点。

二、从审美创造视角观察审美活动转向的特点

从传媒艺术审美创造活动的实际发生过程看,仅有"人"的存在,还不足以完成艺术创作传播,还必须有传播介质作为载体,即"传媒"的存在。因此,审美创造包括"人"和"物"两个方面。其中,"人"是传媒艺术审美创造的核心层,即创作者和传播者;"物"是外围层,即与审美创造活动相关的传播机构、传媒技术等。与传统艺术相比,传媒艺术无论是对"人"的社会角色分工,还是对技术的依赖都有不同表现。

1. 社会分工:由自由性到专业性再到跨界开放

在传统艺术的审美创造过程中,艺术的创作者、传播者常常是混杂在一起的,没有职业界限或者说职业边界比较模糊。艺术家既是作品的创作者,也可能是自己作品的宣传推广者;或者创作只是个人的兴趣爱好使然,没有

自觉的传播意识。因此,从艺术创作传播人员分工的角度讲,传统艺术的审美创造主体处于相对自由的状态。然而,在传媒艺术的机械化时期,随着机器工业的到来,传媒艺术创作传播不再是"手工劳作"模式,而是机械式的、大规模的、流水线式的、成批量的生产传播模式。从创作传播主体上讲,已经由个人化的呕心沥血转向集体智慧的分工合作;从创作传播流程上讲,已经由"为艺术而艺术"转向"艺术生产"①的链条化。因此,出现了专业性的传播者和职业化的创作者,如导演、编导、演员、编剧、播音员、主持人、摄影师、录音师、配音师、剪辑师、美术师等。他们按照分工在不同流程和环节当中各司其职。②

在传媒艺术的数字化时期,新技术带来信息生产流程的革新、产品形态的丰富、商业模式的升级。③对审美创造主体的审美活动开展而言,是手段的丰富、时机的增加、空间的拓展、语态的掌控。这提高了传媒艺术的生产力,也促成了传媒行业生产关系的调整。重要的表现之一就是传媒艺术的创作者与传播者之间的界限变得越来越模糊,没有绝对化的职业化分工。一方面,各个媒体之间的传媒工作者相互"兼职"或"跳槽"。另一方面,同一传媒行业内的不同工种之间也是彼此"兼职"。究其原因,一方面,随着传媒体制改革的推行,传媒文化市场越做越大,传媒艺术创作传播的相关元素和资源都被价值化和市场化,以此加速了传媒资源的合理配置和自由流通。另一方面,这符合传媒艺术创作规律的基本要求,体现了传媒艺术审美创造规律的连贯性,因为传媒艺术创作尽管领域比较宽泛,但各个艺术品种之间基本的审美创造规律、美学要求是统一的。

综上,艺术人才由模糊不清的"自由择业"状态发展到职业化、专业化

---

① 马克思早在《1844年经济学哲学手稿》中就提出了"艺术生产"的概念,在《共产党宣言》中直接提出"精神生产说",在《〈政治经济学批判〉序言、导言》中,正式提出"艺术生产"是人类掌握世界的方式之一的观点。
② 周建新,王珏. 发力源、着力点、实施面:传媒艺术教育中创作实践能力培养三论[J]. 现代传播(中国传媒大学学报),2017,39(3):153-156.
③ 崔保国. 中国传媒产业发展报告(2017)[R]. 北京:社会科学文献出版社,2017.

状态，再到人才市场开放、跨界流动的状态。从表面看，在互联网时代，传媒艺术创作传播对人才的要求似乎又回到传统艺术的"自由随意"状态，但事实并非如此。首先，从人才的职业性要求到跨界流动，并非专业性要求的降低，只是这种专业性不再以学历、经历、经验等固有标签为依据，而是将人才的实际才能和人才标签分开，这是尊重人才和才能的正确选择。其次，人才的跨界和快速流动，是传媒市场规律的必然要求，优秀人才必然能够在市场竞争中谋求更好的位置，发挥更大的潜能。最后，人才跨界"兼职"，是传媒艺术生命力强盛的体现，"问渠那得清如许，为有源头活水来"，只有人才开放共享，才有审美创造力的丰富和创造能力的创新与提升。

2. 传播载体：由"人的延伸"到"技术依赖"再到"人的回归"

"媒介是人的延伸"[①]，从人类传播历史可以看出，语言是人类听觉系统的延伸，文字是人类视觉系统的延伸，印刷是人类听觉和视觉系统的延伸，电子和网络传播则是人类综合感知系统的延伸。在传统艺术时期，传播介质由于受技术条件所困，难以突破物理时空的局限，传播的广度和速度有限，这也大大影响了审美活动的效果。然而在传媒艺术的机械化时期，电子技术为审美活动带来了新载体、新平台，更大程度地摆脱了地域、时间、语言、文化等要素的阻碍，"时空压缩"[②]使人类社会传播变得更加"随心所欲"和"天马行空"，也为审美活动提供了新视野、新体验。本雅明认为："艺术作品的可机械复制性在世界历史上第一次把艺术品从它对礼仪的寄生中解放出来。"[③]然而，机械复制一方面加速推广了艺术品审美价值的传播；另一方面"在艺术的审美观念转型中……也导致了艺术对技术的过度依赖"[④]。这种依赖可以从三个方面来理解：从发展动力讲，科技已经由外因转化为内因，人类社会相关科技的重大突破必然带动了传媒艺术的革新；从审美内容呈现讲，科技已经

---

① 麦克卢汉. 理解媒介——论人的延伸 [M]. 何道宽, 译. 北京: 商务印书馆, 2001: 1.
② 鲍曼. 全球化——人类的后果 [M]. 郭国良, 徐建华, 译. 北京: 商务印书馆, 2001: 1.
③ 本雅明. 机械复制时代的艺术作品 [M]. 王才勇, 译. 北京: 中国城市出版社, 2001: 17.
④ 何晓军. 从"本体"到"体制"——艺术的审美观念转型及其反思 [J]. 渤海大学学报（哲学社会科学版）, 2016, 38 (5): 124-127.

由形式转化为内容，科技本身构成了传媒艺术作品的内在元素，技术美学成为一种潮流和时尚；从创作传播过程看，科技已经由传播辅助手段转化为创作传播目的，追求技术带来的速度、广度、深度、激情、绚烂、刺激成为传媒艺术的重心。

在传媒艺术的数字化时期，尤其是移动互联网出现以后，智能手机、平板电脑在高速网络环境下，已经完全可以将人类现有的媒介功能迅速集成在一起，随时随地获取传媒信息和新的审美体验。然而我们发现，一方面，多屏互动带来传播手段和审美活动方式的丰富多元，传播渠道建设更加现代化、自动化，"技术理性"的拥护者络绎不绝；而另一方面，传媒对于"人工智能"的呼唤，对于"智慧媒体"的探究，对于融媒体的追逐，都无一例外地指向"人的回归"。首先，这是人的需求的回归，不管是融媒体还是智慧媒体，不管是对于人工智能的应用，还是对于大数据技术潜力的挖掘，传媒介质发展演进的动力都归结为人类的基本需求，即基于人的心理、生理和审美的需要。其次，这是人的智慧的回归，无论创作和传播技术多么先进，传媒介质模仿乃至超越的还是围绕着人的智慧做文章。最后，这是人的价值的回归，"文化之根系乎人，文化目的则是为了人——人自身的价值重建"[1]，传媒艺术载体的"物"的价值是人的"对象化"的产物，其存在的意义终究是人生产、生活和生命本身的意义建构。

综上，从单一的人类感知需求的满足到越来越清晰、越来越快捷、越来越丰富的传媒技术依赖，再到智能媒体的强调，从表面看，在互联网时代，人类对于信息传播及其带来的审美需求，似乎又回到"人的需求"这个原点，但事实远非如此。首先，人类审美需求离不开技术的推动与呈现，但是艺术传播与传播艺术都是建立在人类审美感知前提下的。各个媒介沿着"人的延伸"的发展思路没有问题，千条大河入海流，只要归结点是人的审美需求就不会有方向错误。其次，无论传媒技术如何进步，传媒载体如何先进，万变不离其宗，都是"人的各种神经感知的延伸"，因此，对技术的依赖、崇拜甚

---

[1] 王岳川. 中国文化转型中的艺术审美定位 [J]. 中国音乐, 1994 (4): 29-30.

至是"技术理性"的拜物教也不足为奇，毕竟技术的进步和艺术的发展最终服务的还是人的审美需求，人的需求是其永恒的出发点。最后，人的感知是一个复杂的整体，不是单一的听觉、视觉、味觉、触觉，各种感知系统都需要在审美活动中获取它相应的信息刺激，因此，互联网带来的媒体融合是符合人内心的审美需求的，是不可阻挡的趋势。

三、从艺术文本视角观察审美活动转向的特点

与传统艺术相比，传媒艺术文本在元素构成与形式呈现方面有很大的不同，文本边界体现出较大的开放性，即文本形式创新的尺度越来越大，速度越来越快，如新的艺术元素的运用、新的艺术类型的产生。与此相关的，传媒艺术文本在美学法则的规制与遵从方面也有很大不同，如新的审美观念层出不穷，让人目不暇接，尤其表现在艺术真实与生活真实的关系上。

1. 文本形式：由类型到类型化再到反类型化

类型是"对艺术世界作为类别、门类、样式、品种、种类和体裁的系统的分析"[①]。人类历史上的各种门类艺术可以作为艺术类型划分方式，传媒艺术的各种艺术样式以及某种传媒艺术下的不同艺术品种也可以作为艺术类型划分方式。此处的类型指的是艺术文本最终的呈现形式及其隐含的审美规律。在传统艺术时期，艺术的类型是相对开放的，留给创作者尽情的挥洒空间。然而，在传媒艺术的机械化时期，随着传媒产业化和市场化的发展演进，类型成为艺术文本审美价值的呈现方式和实现过程，是一个时期艺术文本普遍遵从和使用的修辞语法，因此称之为"类型化"。类型化是一种程式化的艺术生产方式，是传媒工业的必然产物。以电影艺术为例，"类型电影或者电影的类型化是电影艺术的独有特征，这是因为电影的产业化或者工业性质，使电影的生产必须走类型化这条道路"[②]。

---

① 卡冈.艺术形态学[M].凌继尧,金亚娜,译.上海：学林出版社,2008：1,406.
② 蓝凡.电影类型新论[J].艺术百家,2012,28(6)：133-144.

在传媒艺术的数字化时期,互联网文化构成全新的传媒艺术语境。"时至今日,以网络为代表的数字媒介正以不可抗拒的技术力量,带来了社会审美文化的历史性转向。"① 在这种形势下,传媒艺术各个类型不断进行重新组合嫁接,产生新的艺术样态,对传媒艺术文本审美形态产生了重要影响。究其原因,一方面,"反类型"是艺术创作的基本规律,"类型化"本身就是不断发展的过程,而并非一成不变。"艺术是什么?这个问题没有过时,也不会过时。边界的模糊,是指边界需要调整,而不是取消。"② 另一方面,"反类型"是艺术发展的辩证法。"类型创造是艺术创造的基本技法之一,它包含了相似、翻新、扩延和突破等艺术手法与意义。……类型创造也是艺术历史性创造的基本原则之一,从一定程度上说,艺术的发展就是非类型——类型——非类型的辩证过程。"③

综上,文本形式从边界的开放性走向相对的程式化,又在模式化和类型化过程中不断交叉融合,走向了"反类型"的趋势,从表面看,在互联网时代,传媒艺术对文本形式的探索似乎又回到传统艺术时期的"开放无际"状态,但事实并非如此。首先,"反类型"不等于不要类型,类型化依然是传媒工业的生产方式,传媒艺术文本的美学范式、审美规则在工业化流程当中日趋固定。④ 其次,"反类型"并非审美的终结。恰恰相反,类型自身在蔓延、在不停地生长,一方面,"类型创造自己的参照域(field of reference)"⑤,主类型不断衍生出各种次类型(亚类型);另一方面,各个成熟的类型之间相互"越界""混搭""杂糅""侵蚀",于是出现"融类型""跨类型"等新兴的传媒艺术审美样态。⑥ 最后,"反类型"归结于艺术"自律性"的内生张力和"他

---

① 欧阳友权.网络审美资源的技术美学批判[J].文学评论,2008(2):5.
② 高建平.美学在当代的复兴[J].文史知识,2014(11):5.
③ 蓝凡.电影类型新论[J].艺术百家,2012,28(6):133-144.
④ 胡智锋.媒介融合语境下中国影视文化艺术之变[C].第三届浙江青年电影节·新电影论坛发言.
⑤ 华箫.立即的经验[M].美国:纽约花园城市双日有限公司,1962:130.
⑥ 杨林玉.跨类型、超类型与反类型:当下国产青春电影的类型发展态势[J].民族艺术研究,2017,30(6):15-22.

律性"的外部需求的相互作用，内因和外因共同推动传媒艺术文本的审美范式在不断自我批判、自我扬弃的路径上演进。

2. 艺术真实：由模仿现实到客观纪实再到虚拟现实

"美是人类文明之花。真、善、美是人类追求的三大价值。"[①] 真实是艺术的生命，是传媒艺术孜孜不倦的追求，然而，当传统美学在阐释传媒艺术的真实性问题时，有时会面临比较尴尬的局面，或者解释不清楚，或者无法解释，更有甚者，与传统美学理论和观念相悖。在传统艺术审美活动中，一般认为艺术真实源于现实生活，服务于现实实践。"生活真实与艺术真实是文学创作中两个重要的理论范畴。生活真实是文学作品的创作源泉，艺术真实是文学作品的创作原则之一。"[②] 但是对于什么才是生活真实、有无绝对的生活真实等问题一直有着很大的争论。然而在传媒艺术的机械化时期，因为人类社会的照相技术、录像技术、录音技术越来越成熟，对现实"模仿"和"还原"的能力达到空前的高度，人类的纪实本领大大突破了时空的局限。在这种背景下，传媒的"纪实观念"被社会各界广泛认可和接受，成为一种美学思潮，深深影响电影艺术、电视纪录片的创作。[③] 但是，纪实主义并未完全解决传媒艺术面临的媒介现实与社会现实之间的矛盾问题，或者艺术真实与生活真实之间的关系问题。有观点认为，所谓"媒介现实"，"是指媒介正日益扩大而不是缩小我们的见闻，……媒介带给我们的是经过它转述的世界，而不是现实本身"。[④] 一般而言，大家会认为眼见的、耳听的真实，但无数的事实可以证明人的感官其实非常受局限，很有可能是片面的、狭窄的、暂时的，因为对于真实的认知既可能是个体的也可能是群体的，既可能是客观的也可能是主观的，既可能是已有的也可能是变化的。

---

① 胡智锋.媒介融合语境下中国影视文化艺术之变[C].第三届浙江青年电影节·新电影论坛发言.
② 张艺鸣,季峰.浅谈生活真实与艺术真实的关系[J].新闻研究导刊,2016,7(19):39.
③ 胡智锋,周建新.从"宣传品"、"作品"到"产品"——中国电视50年节目创新的三个发展阶段[J].现代传播(中国传媒大学学报),2008(4):1-6.
④ 胡正荣.传播学总论[M].北京:北京广播学院出版社,1997:254.

在传媒艺术的数字化时期，利用虚拟现实（VR）技术几乎可以构建出与现实社会完全相对应的虚拟角色、虚拟人群、虚拟社区、虚拟世界，并由此延伸，利用增强现实（AR）技术、混合现实（MR）技术和扩展现实（XR）技术来制造更加"真实"的"媒介现实"。尽管大家知道"媒介制造的现实不等于现实生活中原生形态的真实，而是制造的一种'媒介现实'"①，而且"'媒介现实'（是）与现实差距很大的'社会现实'"②，但是，在审美活动中却能让人产生身临其境之感。究其原因，一方面，这种"境"是在艺术审美过程中体会到的感觉，在那一刻的体验过程中，其"刺激感"是前所未有的，惊艳在于迅捷的、感官的"战栗"。另一方面，这种"境"也是符合现代社会心理真实感的"视觉崇拜现象"③，尽管事后，甚至事前和事中都知道这不是真实，但却在内心愿意相信这是"真实的"。"进入传媒艺术时代，艺术逐渐走向非实物化的'模拟和虚拟'传播。模'拟'与模'仿'一字之差，但其含义却大不相同。一个'拟'字，便表征着艺术不仅通过创作再现现实世界，更通过传播建构现实世界、创造新的现实世界。而等到传媒艺术的数字虚拟技术时代来临，我们在思考艺术问题时，现实世界和虚拟世界究竟哪个世界'在先'，哪个世界'在后'，也变得值得争论起来。"④

综上，在艺术真实与现实生活的关系上，由模仿现实到还原现实，再到虚拟现实，从表面看，在互联网时代，传媒艺术对现实的虚拟与重构本质上还是对现实的模仿，但事实并非如此，这种模仿不仅更加逼真、全面和立体，更可谓革命性变化和哲理性反思。后文还将详细分析这个问题。在此，需要我们思考三个问题，首先，什么才是真实？与此相关，艺术真实与生活真实的关系该如何处理？很显然，这个艺术原命题在互联网时代并非不再重要，

---

① 胡智锋.电视传播艺术学[M].北京：北京大学出版社，2004：4.
② 陈力丹.舆论学——舆论导向研究[M].北京：中国广播影视出版社，1999：79.
③ 龚举善.视觉审美文化当代转型的总体路向[J].内蒙古社会科学（汉文版），2017，38（6）：139-145.
④ 刘俊.论传媒艺术的科技性——传媒艺术特征论之一[J].现代传播（中国传媒大学学报），2015，37（1）：93-100.

也并未得到彻底解决，而是由此带来了新的美学难题。其次，虚拟真实算不算真实？与此相关，为什么虚拟现实更容易让人接受为真实？有观点认为，所谓真实其实是真实感，这种真实感不见得与事实多么相符，但一定是在感情上让受众信以为真的。最后，在审美法则的掌控上，真实似乎在一步步靠近，但真相却未必再现，与此相关，虚拟真实与美和善的关系，尤其是由此引发的伦理问题如何处理？虚拟意味着重构，难免会对现实进行改造和破坏，那么，如何能保证对现实的忠诚和"技术理性"，在此再一次挑战了人类社会的常识逻辑判断。

四、从审美受众视角观察审美活动转向的特点

受众是审美关系构建的必要部分，也是审美活动发生发展的重要推动力量。与传统艺术相比，受众在传媒艺术审美活动中扮演着越来越重要的角色，尤其是在审美关系的建构与审美体验的发生过程中更加彰显了自己的声音、形象、话语、地位、权力。因此，传媒艺术受众在审美活动中无论是内在的审美心理还是外在的参与方式，都与传统艺术有所区别。

1. 审美心理：由小众化的遵从到大众化的盲从再到分众化的随从

20 世纪 60 年代，德国"康士坦茨学派"提出了接受美学理论，姚斯认为，"他（作家）必须对受众的'期待视野'做出预测，预先考虑自己的新作能否对读者产生吸引力并引起读者的兴趣，能否为读者理解与接受，必须预先确定自己对现存的社会观念与道德常规以及不同的欣赏趣味的态度"。[①] 根据接受美学的观点，受众的角色功能贯穿于艺术创作、传播、接受的整个过程。尽管受众的地位在传统艺术的接受过程中已经得到了认可和肯定，但传统艺术的受众群体仍然是小规模的，再加上传统艺术文本的经典性和传播范围的限制，受众内心对艺术的审美期待更多表现为高度认同，将审美活动中的价值崇高、文化传承、文以载道、道德引领等作为价值追求。然而，在传

---

① 章国锋. 国外一种新兴的文学理论——接受美学[J]. 文艺研究，1985(4): 71-79.

媒艺术的机械化时期，"艺术生产"在机器工业复制下效率大大提升，与此同时，传媒技术在飞速发展，传播手段变得更加丰富多元，大众文化、流行文化、时尚文化随之而来，对传媒艺术受众而言，纷至沓来、五彩斑斓的传媒艺术文化犹如霓虹一样耀眼夺目，让人在欢喜之余不自觉地落入了娱乐流行的大潮中，审美心理发生了较大变化，表现在如下几方面：在审美趣味上更多由细细品味走向简单跟风，"什么流行喜欢什么"；在审美期待上更多的由内在价值认同走向外在趣味趋同，"什么花哨喜欢什么"；在审美取向上更多的由"娱神"走向"娱人"和"自娱"，"什么娱乐喜欢什么"。一个明显的特征就是追求文化的流行性、娱乐性、浅表性、时尚性。

在传媒艺术的数字化时期，受众在审美活动中不再是盲目地跟风流行与大众狂欢，而是更加突出和强化个性意识和"小圈子意识"，职业、地域、性别、学历等因素越来越成为文化分类的依据，如年轻人的"粉丝"文化、二次元文化、异次元文化、丧文化、杀马特文化等，尽管还有大众流行的因素在内，但是同一种文化类型里因为审美趣味不同出现了不同的分流，而且彼此界限十分清晰。究其原因，首先，互联网为受众审美活动提供了多元的创作平台、交流平台、互动平台和消费平台。与此相适应的是，传媒艺术受众参与创作传播活动的机会越来越多，这使得审美活动本身打上了受众的个性特征，受众的观点、态度、情绪、兴趣、爱好直接影响传媒艺术的生产制作和传播。其次，由于社会的高速发展和生活的快节奏，社会群体的变化性和流动性又比较普遍，无疑，传媒艺术适应了这种节奏的变化。最后，随着社会阶层化越来越明显、代际化问题越来越突出，年轻受众也理所应当地成为文化建构者、传播者和消费者的主体，资本、传媒与受众的三者共谋，几乎将传媒艺术文化打造成了年轻人的亚文化。

综上，受众审美心理由小众化的遵从到大众化的盲从，再到分众化的随从。从表面看，在互联网时代，受众在审美活动中无论是心态还是价值判断，似乎又回到传统艺术时期的圈子窄化和人际化传播的特点，但事实并非如此。首先，分众化不是受众的减少，而是群体的细分，无数个审美价值相对独立的受众群体集中在一起构成自己的小圈子文化、朋友圈文化，是传媒艺术数字化时期的一个明显特征。其次,分众化是受众审美心理与传媒艺术审美取向的共谋。"分久必合,合久必分"的道理在传媒艺术审美活动中也同样适用,互联网时代的受众已经由庞大的、模糊的群体概念演化为具体的、精准的"用户"概念,因此对传媒艺术的精准传播和受众的精准定位而言,分众化势在必行。最后,分众不是受众失去审美价值判断,相反,是受众审美心理更加独立、成熟和理性的表现,对作品的选择及其价值评判不再是人云亦云,受他者因素左右,而是基于自己的审美感知、审美经验、审美理想的选择。

2. 审美体验方式:由"虚静坐观"到主动参与再到沉浸式体验

在传统艺术中,受众对艺术作品的体验讲究"静观"[①],高峰体验、顿悟品读,从而创构"艺术意境","窥见自我的最深心灵的反映"[②]。从体验方式看,接受者与作品或接受者与创作者之间是有距离的、无功利的、单向度的关系。然而在传媒艺术机械化时期,这种关系变为更加近距离的、主动的、互动的关系,也因此,受众的角色不再是被动者,而是参与者。受众对审美活动的主动参与体现在以下几个方面:首先是伴随性参与,受众对传媒艺术作品创作过程全程参与,高度介入,甚至成为创作内容十分重要的组成部分。其次是互动性参与,传媒艺术审美活动从"我播你看"的方式,变为"大家做大家看"和"边做边看"的方式。最后是决策性参与,受众不管是作为哪种角色参与到审美活动中,依然还是保持着现实生活中的身份,代表现有的立场去发表言论,这种言论是有所思后的"主动出击",是出于"自我改造"或"他者评判"的目的。

在传媒艺术数字化时期,随着计算机图形技术、仿真技术、传感技术、显示技术等的开发,虚拟现实的相关创作手段在传媒艺术创作生产领域中得到应用,沉浸式影院、沉浸式画展、沉浸式戏剧、沉浸式游戏、沉浸式主题乐园等产品呼之欲出,"吸粉"无数。所谓沉浸式体验指的是多感知、多维

[①] 孟凡生.从"静观"到"介入"——论环境美学的"参与"维度[J].中北大学学报(社会科学版),2018,34(5):61-67.

[②] 宗白华.美学散步[M].上海:上海人民出版社,2015:70.

度、互动性的审美体验。首先，它强调的是在传媒艺术产品体验中，虚拟技术营造的现实逼真的情景，让受众视觉、听觉、触觉、嗅觉等多种感知系统在此得到刺激。其次，它强调的是在传媒艺术产品体验中，受众可以立体、多维地去观察、感知，历史与现在的时间界限被打破，二维的空间局限被打破，主体与客体的界限也被打破。最后，它强调的是想象、联想、理想的现实应验的即时性与交互性，只要愿意，梦想可以在此立即成真，理想可以在此马上实现。简单讲，沉浸式审美体验对受众的最大吸引力在于其让审美体验的复杂过程变得简单，重重困难被逐一克服。

综上，由"虚静坐观"到主动参与再到沉浸式体验，从表面看，在互联网时代，传媒艺术受众在审美活动中的体验方式和结果似乎又回到传统艺术审美超越的"情景交融""心物交感"和"天人合一"的"感兴"状态，但事实并非如此。首先，在传统艺术审美体验中，受众"虚静"体验到的沉浸感，"是一种非参与性的沉浸"，是精神上的参与而非"物"（现实）的参与，而在沉浸式产品的审美体验中，受众无论是"身"还是"心"都已经投入到产品营造的"境"中，尽管这种投入是技术性的，是基于感官上的"错觉"，是来自"刺激—反应"模式的生理机能。[①] 其次，在传统艺术审美体验中由审美感知到审美想象，再到审美愉悦、审美感悟，是一个层层递进的过程，而在沉浸式产品中也许是一步到位或者是很快就能实现，它更多指向的是技术手段带来的互动即时的梦幻感。最后，在传统艺术审美体验中，在审美感知的发生阶段就对受众的知识储备、思维能力、审美能力有基本的要求，至于审美想象、审美愉悦和审美体悟等高级阶段，对受众的要求就更高了，而在沉浸式产品中，知识、阅历、心情、境况都不是体验效果的决定因素，只要受众愿意参与，无论是儿童还是老人，技术手段都可以实现审美体验的"物我同构"以及"他我"与"自我"互通[②]。

[①] 程赟，丁筑兰. 论虚拟现实艺术的"沉浸"[J]. 重庆文理学院学报（社会科学版），2017，36（5）：69–73.

[②] 陈伯海. 生命体验和审美超越——论审美体验的由来与归趋[J]. 河北学刊，2011，31（4）：102–109.

五、结语

从传统艺术到机械化时期的传媒艺术,再到数字化时期的传媒艺术,从审美创造、艺术文本和审美受众的视角去观察审美活动的变化,我们会发现:首先,审美创造无论是从"人"的层面还是从"物"的层面分析,无论社会如何发展,技术如何进步,人总是审美活动的主体,人的需求永远是审美活动的旨归。其次,艺术文本无论是从形式层面还是从本体层面分析,无论艺术样态如何丰富,呈现手段如何发达,现实总是艺术创造的源泉,生活永远是艺术忠于的法则。最后,审美受众无论是从心理层面还是从体验层面分析,无论受众群体如何变化,参与方式如何创新,愉悦总是受众共同的目标,生命体验永远是审美活动的最高追求。那么,综合比较这两次审美活动转向的特点,笔者发现,这种转向既非断崖式的转折,也非直线式的上升,而是呈现连续性的、明显的向传统"回归"的趋势,笔者将其称为螺旋式"升级"。实质上,这也是"美"离不开人的审美活动[1],"媒介是人的延伸","人是媒介的旨归"的原因和道理。

---

[1] 叶朗. 美是什么 [J]. 社会科学战线, 2008, (10): 225-236.

电视节目创新动力：外在压力与主体自觉[*]

关于什么是电视节目创新，如何创新，从学界到业界，从理论到实践，从技术到战术，从节目到栏目，从形式到内容……已经有了大量的论述和诸多的案例。毫无疑问，没有任何一个电视节目不想创新，也不是每一个电视节目的创新设想都可以付诸实践并取得成功。创新需要付出时间、精力和智慧，付出当然希望获得相应的甚至更多的回报。电视节目一旦创新成功会事半功倍，有可能因此在相当长一段时间里一骑绝尘、傲视群雄，这也是吸引大家去创新的重要原因。但是预期理想与实际效果往往存在较大差距，创新能否成功，回报率是高是低很难把握，事与愿违、事倍功半、邯郸学步的情况也常常出现，这就是常说的电视节目创新风险的问题。然而，无论是回溯历史，还是审视当前，中国电视节目从未因为存在如此多的风险而畏惧或停止创新的步伐，中国电视几十年的历史就是不断创新的历史^①。那么，中国电视节目创新的动力是什么？笔者认为，可以简单概括为客观和主观两个层面，客观层面指的是电视节目生存发展的外在压力；主观层面指的是电视节目创新的主体意识自觉。

---

* 本文原载于《电视研究》2013年第9期，收入本书时略有改动。
① 胡智锋，周建新. 从"宣传品"、"作品"到"产品"——中国电视50年节目创新的三个发展阶段［J］. 现代传播（中国传媒大学学报），2008（4）：1-6.

一、电视媒体创新的外在压力

电视媒体发展离不开与其相关的媒介环境、社会环境、文化环境以及科技环境等外部生态环境的影响：日趋激烈的媒介竞争格局引发媒介资源的争夺战，给电视节目带来生存的忧患；转型期社会问题凸显和各阶层利益诉求复杂多变，给电视节目带来功能的疑惑；多元文化价值观的交会和碰撞，给电视节目带来需求的困扰；日新月异的科技发展加速了文化科技的融合，给电视节目带来观念的挑战。这些环境客观存在，每一个电视节目都不可能置身事外。

1. 媒介环境带来的压力

由于历史原因、体制原因以及世界媒体发展的影响，当前我国电视媒体面临的媒介格局十分复杂，竞争也十分激烈：从内部看，从央视到卫视，从地市级频道到县级电视媒体，频道林立，资源分散；从外部看，从境外电视台到网络视频，从移动互联网到其他媒体样式，无不想在中国电视传媒市场上分一杯羹。因此，对一个电视节目来讲，它要面临的竞争对手已经不只是同类型节目、同时段节目，还有不同类型、不同时段、不同平台之间的传媒内容。毫无疑问，在新形势下电视传媒依靠传统行政方式形成垄断地位来维持生存发展的方式已经一去不复返了。无论是希望改善现有的不理想的收视表现，缓解生存压力，还是希望进一步增强节目的竞争力，拓展发展空间，任何一个电视节目都必须进入市场，参与竞争。所以，创新已经关乎电视节目的生存与发展，谁在创新中领先，谁就能抢占先机，墨守成规无异于坐以待毙。以电视综艺节目为例，短短几年的时间，从《超级女声》到《非诚勿扰》，从《中国达人秀》到《中国好声音》，热潮持续不断，但尴尬的是，无论哪个节目都摆脱不了昙花一现的窘境。其重要原因之一就是，电视综艺节目面临着同一类型不同节目之间、不同类型节目之间、新旧媒体之间、国内外节目之间惨烈的竞争局面，不得不翻新花样，小改版不行大改版，大改版不行就干脆换新节目。

2. 社会环境带来的压力

当前，我国正处于社会转型的关键时期，社会生活发生了剧烈的变革，社会结构趋向分层化与碎片化，不同阶层之间利益诉求日益多元。随着社会贫富差距加大，民生问题、公平问题、正义问题等备受关注，社会心理更加复杂，社会情绪更显脆弱，社会矛盾更易发生。如何关注现实、反映现实，发现问题、解决问题，电视媒介有责任、有义务在其中发挥重要作用，扮演独特的角色，但是如何把握好这个尺度，既体现媒体的社会责任，又不越俎代庖，对任何一个电视节目来讲都是一个考验。以电视新闻节目为例，自从《南京零距离》（后升级为《零距离》）在南京乃至全国异军突起后，民生新闻成为一股热潮，新的电视民生新闻栏目纷纷出现。民生新闻以其全新的报道方式，贴近实际、贴近生活、贴近群众，表达不同阶层人们的心声，表现他们的心理情感与心理需求，回应他们在生存与发展中面临的问题。这种报道方式对过去那些忽视百姓关切、无视社会问题、高高在上、盲目乐观、报喜不报忧、热衷歌功颂德的新闻报道理念、报道内容、报道方式是一种积极的修正和必要的补充，因此深受欢迎。但是，我们不得不承认，电视民生新闻栏目也带来了不少问题，例如低俗化、舆论暴力、新闻伦理等。如何减缓潜在的社会冲突与矛盾，如何化解不良的社会情绪与心理？全社会都需要积极面对，深入思考，电视媒体对此更是义不容辞。不过，社会问题的最终解决还取决于政府社会治理与法制建设的能力与水平，电视节目需做到恰如其分、恰到好处，不失语也不越位。

3. 文化环境带来的压力

随着经济全球化进程加快，当前精神文化领域出现了多种价值观的冲突：既有全球化与本土化的碰撞，也有主流文化、精英文化、大众文化之间和而不同的交叉，还有先进文化与落后文化、雅文化与俗文化之间的博弈。这样的文化语境，孕育了丰富多元的文化生态与文化景观，也催生了多样的文化主体与文化需求。作为当代艺术与文化的重要载体，电视媒体难以脱离大的文化氛围和时代背景而独立存在，一方面受不同文化价值观的影响；另一方面要满足不同的文化需求。以电视剧创作为例，中国电视剧的质与量发展取得了可喜的成绩，突出表现之一就是内容形式、品种类型的多样性，而且同一类型的优秀电视剧越来越多，既有重大革命历史题材的主旋律类如《人间正道》《长征》等，也有家庭伦理类如《金婚》《北风那个吹》等，谍战类如《潜伏》《暗算》等，名著改编类如《三国演义》《西游记》等，青春偶像类如《玉观音》《奋斗》等。成绩的背后是电视人必须思考的难题：如何处理好国家政治宣传需求和文化市场需求之间的平衡，如何处理好大众文化需求与电视艺术要求之间的关系。

4. 科技环境带来的压力

从诞生到发展，再到成长为第一大众传媒，电视媒体对科技的依赖程度始终如一。与传媒科技相关的电子技术、信息技术、网络技术、数字技术等的每一次重大变革，都会对电视节目的生产观念、传播观念、接受观念产生冲击。当前，三网融合与传媒科技数字化、网络化变革加快了传媒融合的进程，大数据广泛应用大大提高了电视节目生产与传播的针对性和有效性，这些不仅拓展了传媒产业与文化消费市场，也冲击着电视媒体已有的地位。任何一个电视节目，如果不能紧跟科技发展的脚步，不能顺应新的潮流与趋势，没有全媒体的视野，没有大数据的战略，都将会在竞争中处于被动地位。以大数据在电视剧创作中的应用为例，2013年推出的爆火美剧《纸牌屋》，被中国网友戏称为"白宫甄嬛传"的美国政治悬疑剧，在全球40多个国家热播。该剧的制作方既不是电视台，也不是影视公司，而是一家在线视频播放网站Netflix。2012年，Netflix开始准备推出自制剧。在决定拍什么、怎么拍上，Netflix利用大数据，通过用户在该网站上每天产生的行为，如收藏、推荐、回放、暂停，包括用户的搜索请求等，进行精准推荐，并将这些数据用于内容生产，最终有了《纸牌屋》的面世[①]。

上述四种客观环境产生的压力，是中国电视所处的制度环境、时代背景、

---

① 影视行业秘密武器——"大数据"[N/OL].中国文化报，2012-05-06 [2013-05-06].http://www.cflac.org.cn/yscj/cyyj/201305/t20130507_187594.

发展阶段及未来趋势作用于电视媒体创新的总体诉求[①]，既是不可低估的生存挑战，也是节目创新的发展机遇；既是难以回避的生存压力，也是难能可贵的创新动力。

二、电视节目创新的主体自觉

如何将这些外在压力转化为内在动力，推动节目创新走向自觉，还需要创新主体意识的觉醒。笔者认为，电视节目创新主体至少可以分为创造主体、组织主体和接受主体。创造主体主要负责节目内容生产，组织主体主要负责节目的组织运行管理，接受主体的主要任务是节目的消费与意见反馈。电视节目创新的主体自觉指的是在电视媒体内容生产、传播与接受全过程中，各个责任主体各司其职，主动积极地进入到自我进步、自我革新的自觉提升状态。与此相对应的是，电视节目创新主体自觉可以突出表现为群众意识的自觉、市场意识的自觉和受众意识的自觉。

1. 创造主体群众意识的自觉

人民群众是历史的创造者，也是文化的创造者。电视节目创造主体的最大特征在于群体性，这里的群体性指的不仅是电视内容生产需要一个群体的集体智慧，更在于电视节目创作需要植根于肥沃的社会土壤，也就是群众文化的发展。所谓群众意识的自觉，主要表现在电视节目创作自觉走群众路线，凝聚群众才艺，植根群众文化。群众的智慧是电视节目创新取之不尽用之不竭的源泉，群众才艺是电视节目创新的内容保障，群众文化是电视节目创新的土壤和基础。任何一个电视创作者都来自群众，任何一种电视文化形式和艺术样式也都与群众文化、群众才艺息息相关。以电视综艺选秀节目为例，其成功不能简单地归功于主持人、策划人或管理者，一批又一批才艺高超的选手才是节目质量的保证。而这些选手的才艺来自哪里？很显然不可能

---

① 胡智锋，杨乘虎. 中国电视节目创新问题之观察与思考——中国电视节目创新问题研究之一[J]. 现代传播（中国传媒大学学报），2011（6）：60-64.

是节目组一个月或几个月的专业培训可以实现的，选手所在区域丰富的群众文化活动是强有力的文化基础和支撑。例如从《星光大道》走出的很多著名选手都带有浓郁的区域文化特征，如演唱西北民歌的阿宝（2005年度冠军），演唱云南深山民歌的茸芭莘那（2006年度冠军），演唱雪域高原民歌的旺姆（2009年度冠军），表演民间艺术的刘大成（2010年度冠军），演唱桑植民歌的刘赛（2011年度冠军）等。很显然，没有区域群众文化的熏陶，没有区域民风民情的洗礼，这些选手仅仅依靠个人的天赋很难达到这个高度。当然，如果没有区域文化的繁荣发展，节目也将失去已有的文化艺术基础。

2. 组织主体市场意识的自觉

中国电视市场化已经开始多年，电视媒体已经从以"作品"为主体的阶段，过渡到以"产品"为主体交织着"作品"特征的阶段[①]，尽管在电视节目的组织运行管理上掺杂着宣传的、社会的、文化的等多种力量，但作为一种内容产业，资源调配、要素整合、成本投入等组织运行管理的主要环节最终还应归结于市场。所谓市场意识的自觉，主要表现在自觉走市场化路线，尊重市场规律，顺应市场需求。如何尊重市场规律，满足市场需求？必须改变传统计划经济体制下以行政思维主导的电视节目组织运行管理模式，用市场手段调配资源。市场是无情的也是客观的，没有高质量高水准的节目，难以赢得观众，也就没有收视率，那么自然会被广告商抛弃。自市场化改革以来，电视剧在产业化的道路上较为成功，突出表现为以下几个现象：一是明星效应明显，包括演员、编剧、导演、经纪人等相关工种都在进行声势浩大的"造星运动"；二是广告效应明显，广告包括硬性广告和软植广告，已经成为电视媒体、电视剧制作公司的重要经济来源；三是投资效应明显，电视剧产业成功吸引了国内外、行业内外的大量资金投入；四是链条效应明显，电视剧内容生产相关产业链得到逐步的延伸、完善。可以想象，如果不主动借助市场的力量去推动，今天的电视剧很难拥有现在的规模，也很难达到目前的

---

① 胡智锋，周建新. 从"宣传品"、"作品"到"产品"——中国电视50年节目创新的三个发展阶段[J]. 现代传播（中国传媒大学学报），2008（4）：1-6.

水准。

3. 接受主体受众意识的自觉

这里的受众不是传统被动接受的"乌合之众",而是有充分选择权、积极参与权,甚至是很高话语权的观众。他们是电视节目的消费者,对节目可以满心欢喜,也可以随意挑剔,他们以及他们的思想、观点、意见、建议本身就是节目内容的一部分或者是影响节目生产传播的重要因素。长期以来,电视节目就有很强的受众意识:从观众来信到热线电话,再到网络留言,从现场互动到嘉宾主持,再到短信互动,观众参与节目的方式越来越多,观众介入电视节目的力度在不断加大。从某种意义上讲,观众的水平直接影响甚至决定了节目的水准。正因如此,现在的电视节目都十分重视收视反应,除了对节目的收视率进行专业分析,还通过官方网站、官方微博、热线电话、研讨会等多种形式收集观众意见和建议,并将其作为节目创新的依据。

以上这些在不停地刺激甚至迫使电视节目求变求新,电视节目唯有变被动为主动,自觉深入地理解、准确地把握、创造性地满足媒介自身发展及社会、文化、传媒科技变革的多重需要,树立群众意识、市场意识和受众意识,才能有更持久、更强大的动力去找准自己创新的定位与方向。

电视节目引进为何压倒原创*

2013年，湖南卫视全新推出的大型明星亲子旅行生存体验真人秀《爸爸去哪儿》十分火爆，获得了学界、业界以及社会各界的诸多好评。关于节目的成功，笔者认为有很多原因：一是多种高收视元素的高度融合，如明星、情感、探险、真人秀等元素的有机结合；二是多种宣传渠道的高度配合，如电影银幕、电视荧屏、网络刷屏等多频时代下多平台、多手段的互动营销；三是多方文化诉求的高度统一，如主流文化的价值宣传、大众文化的娱乐消费、精英文化的品质追求等都在节目里得到了回应；等等。

但是一个无法回避的事实是，它与近年来很多成功的真人秀节目一样，是从海外引进的，其版权和模式购自韩国MBC电视台的《爸爸！我们去哪儿？》。这就再次引起了大家的疑虑、热议和讨论：如果不是引进海外版权，该节目还会这么成功吗？为什么这么多成功的电视综艺节目都是从海外引进的？我们本土原创节目为什么就不能如此成功？疯狂地引进海外节目对本土原创节目究竟会产生什么样的影响？……如此多的问题，聚焦在一起就是如何对待中国电视节目引进与原创的问题。对此，仁者见仁，智者见智。我们认为，盲目乐观和过于悲观都有些偏激，应该正确认识这一现象，深刻理解这一问题，科学分析二者的关系。

首先，电视节目引进是一个正常的文化艺术交流现象。电视节目引进不是一个全新话题，从时间上看，现在有，过去也有，将来还会有。往近处说，

---

* 本文原载于《光明日报》2013年11月23日第9版，收入本书时略有改动。

闪耀荧屏的《中国好声音》《中国梦想秀》《中国达人秀》等一些综艺节目，无不是"海外血统"。从节目类型看，我国引进的海外电视节目不只是综艺节目，也有新闻节目，还有电视剧、动画片和电视纪录片等节目类型。只不过对于不同类型的节目引进的方式、重点不同，对于栏目性节目，更多的是购买版权和模式；而对于后三者，更多的是直接购买内容播映权。再往大处说，版权、内容、模式的引进，不只电视节目有，电影也有，文学、戏剧、音乐、舞蹈、绘画等任何一个文化艺术样式都有。在全球化的大背景下，不同国家和地区优秀电视节目交流和交易是正常现象，而电视欠发达国家向发达国家学习是必然的过程，也是必要的环节。

此外，电视市场化进程加快带来的激烈竞争，不同程度刺激了电视节目制作和播出机构对海外节目引进的青睐，因为任何一档大型原创电视节目的研发过程是艰辛的也是漫长的，且真正制作播出、走入市场、面向观众更是需要耗费大量的人力、物力和财力，无疑从海外引进成功的节目版权和模式，可以节省一些时间，降低一些风险。再者，在信息高速发达的今天，节目播出方式、播出渠道多元多样，受众尤其是年轻观众，从多个平台获取全球最新的电视节目资讯，视野不断开阔，欣赏水平不断提高，这也倒逼着电视节目制作和播出机构不得不加快学习世界先进理念、模式来提高节目质量。

其次，电视节目引进只是一种手段，不是目的。电视节目引进不等于成功，没有科学合理的本土化改造，再先进的节目制作理念和模式也都只是空谈。对引进节目和原创节目进行对比考察，我们就会发现，不是所有的引进节目都能取得成功，很多引进节目在电视荧屏上悄然地出现又悄然地消失，影响力太小，大家不去关注它的前世今生、来龙去脉。例如，《我心唱响》《激情唱响》《老公看你的》《完美暗恋》《明天就出发》《最高档》等节目，都是"出身名门"的海外版权，但在我国昙花一现，没有获得观众和市场的认可。

与此同时，原创节目也不代表就不会成功，梳理一下2013年左右的中国电视荧屏作品，从央视到省级卫视再到地方电视媒体，从新闻节目到电视剧，从纪录片到动画片，都涌现出很多创新理念、创新模式、创新类型，也生产创作出很多很好的本土电视荧屏佳作，取得了社会效益和经济效益的双丰收，新闻类节目如《新闻联播》以及大量的民生新闻栏目；电视剧就更多了，不仅类型丰富，产量突出，质量水准也大幅提升，而且还成功走进海外市场，如《媳妇的美好时代》等；国产纪录片如《大国崛起》《再说长江》《舌尖上的中国》等都深受海内外观众欢迎；动画片如《喜羊羊与灰太狼》《熊出没》等都是国产动画的成功典范。

最后，电视节目引进与原创是辩证统一的关系。电视节目引进与原创不是一个非此即彼的绝对敌对关系。没有节目引进不意味着我们本土节目就一定会有原创出现且取得成功，有了引进节目也不代表着我们本土节目就一定会失去原创能力。相反，"狼来了"产生的鲶鱼效应，可以带动竞争，激发活力，刺激本土节目创新能力的提升。因此，对电视节目引进与原创的态度，我们反对两种极端的错误倾向：一是"关门主义"，即夜郎自大、闭门造车，以井底之蛙的意识和形态而沾沾自喜；二是崇洋媚外，过分依赖引进，过分热衷引进，试图投机取巧、照搬照抄、一劳永逸，结果导致片面理解、囫囵吞枣、食而不化，更有甚者借机以引进为噱头大肆炒作，赚取广告，吸引眼球。这两种倾向对中国电视节目创新而言都是一种深深的伤害，同样带来节目原创力的惰性和创意的枯竭。

如何在这个问题上采取正确的态度，我们认为，应该坚持文化自信和文化自觉。所谓文化自信，就是持有开放积极的心态，即以全球视野，顺应前沿潮流趋势，参与市场竞争，研究基本规律，大胆向国内外一切优秀节目学习取经。同时，主动推动本土优秀原创节目走出去，提高本土原创节目的传播力、影响力和竞争力。所谓文化自觉，即作为一个具有悠久历史的文化大国，作为一个发展迅速的电视大国，在电视节目创新上不能轻言放弃，要肩负历史使命，勇挑文化重担，植根历史，发扬传统，讲述"好故事"，发出"好声音"，生产创作出更多无愧于时代、无愧于人民的精品力作。

总之，对于海外电视节目引进我们不必恐惧，但是必须警醒；对于本土电视节目原创，我们不必妄自菲薄，但绝不能妄自尊大。将引进与原创相统

一，将学习与改造相结合，坚持自信自觉、兼容并蓄、洋为中用、以我为主的原则，适度引进、科学引进、合理引进，从而生产创作出既有全球视野又有民族情怀，既有先进理念又有本土特色的高智慧含量、高艺术水准的电视节目。

原创关乎未来*

中国流行音乐发展到现今阶段，可利用的艺术资源，如歌曲、旋律、唱法、风格等十分丰厚，一档音乐综艺仅凭翻唱便足够唱得热闹。但这也带来音乐在这个时代传播时的一个弊病：老歌在选秀、竞演节目中被反复重演；而新兴的原创作品，却苦于没有渠道而无人问津。综艺节目日益红火，但音乐的"身影"却慢慢淡去，屏幕中只见歌手、偶像的热闹，不见音乐的繁荣。

但是，近年来这一现象有了一些改观。豆瓣评分高达9.2分的《声入人心》成功"出圈"；《经典咏流传》把经典诗词唱进歌里，让传统文化直击心灵；《歌手2019》让观众看到了2019年音乐综艺的一点创新；《我是唱作人》让观众看到原创音乐的希望。如若音乐综艺继续忽视原创，弃如敝屣，止步不前，终有一天我们的节目都会迎来"歌荒"的灾难。回顾国内音乐节目市场，上一次以原创音乐为发力点，还要追溯到多年前的《中国好歌曲》。在推出了《卷珠帘》《野子》等一批原创新歌之后，节目停办，随即这一类型的音乐节目都陷入停滞。当我们跳出各种秀和比赛，把音乐置于同传统、同未来的关系中来讨论时，原创性毫无疑问是影响中国流行音乐发展方向的一个重要基准。若《歌手》这样有"音乐盛宴"美称的节目有一天"无歌可唱"，那华语音乐何谈未来？

没有好的原创作品输送新鲜血液，音乐类节目乃至整个音乐产业都将成无米之炊。因此，打造和扶持以原创为核心的音乐综艺节目，变成了关乎未

---

* 本文原载于《工人日报》2019年6月24日第5版，收入本书时略有改动。

来的重要议题。没有人能否认原创音乐的力量，没有人敢想象失去原创的未来。即使冒着不被主流市场接纳的风险，也需要有人敢打这场突围之战，给原创音乐搭建起大众传播的平台。《我是唱作人》就承载了业界和观众的双向期待。这档节目已经开始慢慢跳出以往音乐视听节目的主流"套路"。没有太多真人秀故事铺垫，不以观众眼泪论英雄，开场第一个环节就是十分专业的"互听 demo"，没有修音和试唱，现场一群挑剔的"耳朵"带领着观众，将音乐的重心回归到原创歌曲本身，连舞台都可以暂时放一边。

真正原创新生的作品，一旦进入原有的由经典构成的音乐版图中，就会发挥自身的作用，改变这个时代的音乐特征。原创音乐的繁荣发展，能够从内而外推动行业的活力迸发。新鲜的、高质量的音乐作品不断涌现，带来的是音乐消费的升级，推动整个行业进一步发展。因为经典是回忆，是情怀，而原创才是未来。在节目《我是唱作人》里，有像热狗、王以太这样的说唱歌手为观众带来了说唱新作品，也有梁博、毛不易等原创歌手带来个性鲜明的原创作品，还有王源、陈意涵、钱正昊这样的年轻人在音乐创作道路上坚持不懈，为年青一代的音乐作品"造血"。这样的综艺节目为原创音乐提供了一个传播的平台，不仅能够帮助好作品拨开云雾，进入听众的耳朵，而且能让歌手走出舒适圈，将真正的原创音乐传递给大众。这种赤诚之心，正是艺术所需要的态度。同时，利用电视平台的传播优势，让大众的目光由台前转向幕后，关注艺术的创作过程，也有利于发现与培养更多有潜质的音乐人和有特色的音乐风格，丰富华语音乐的多样性，重塑音乐生命与原创精神。

只有不断地出新作、唱新歌，音乐才能够在大众心里一直"活着"。经典会在岁月轮回中代代相传，而新的原创也会不断破土而出，经过考验，终有一天也将成为经典。原创关乎未来，传媒和市场应该为原创留出空间，听众的耳朵也应该为原创留出空间。打造和扶持以原创为核心的音乐节目，让更多音乐节目将内容重心向原创音乐制作、表达和呈现方面倾斜，如此才能引导全社会重视音乐的原创性，提升大众审美，推动中国流行音乐不断向前发展。

关于电视对主流文化传播与引领的思考[*]

长期以来，中国电视在主流文化的传播与引领上做出了积极贡献：一方面作为传播者，它始终自觉地传播着社会主义主流文化内容；另一方面作为创作者，它始终自觉地坚持着社会主义主流价值观。这些努力为中国电视赢得了支持、肯定和赞誉，也奠定了其在主流文化传播与引领上的优势地位。然而新的媒介环境和文化环境对这种优势地位提出了挑战，因此，如何巩固这种优势地位，就成为摆在中国电视面前的一个难题。笔者认为，巩固地位的核心在于提升水平，而提升水平的关键在于全面创新。

一、新形势、新挑战

当前，中国电视面临的媒介环境和文化环境发生了很大变化。媒介环境有狭义和广义之分，狭义上的媒介环境也指媒体内部发展环境，即当前媒体自身各类型、各系统、各要素相互作用形成的媒介生存发展状态；广义上的媒介环境也被称为媒体外部发展环境，即当前影响媒体生存发展的政治、经济、文化、科技等因素综合作用形成的大的媒介生态。媒介内外环境的变化对中国电视的生存发展产生了深远影响，同时，文化发展的新形势对主流文化传播也提出了挑战。

---

[*] 本文原载于《电视研究》2014 年第 1 期，收入本书时略有改动。

1. 媒介内部环境的基本态势——竞争异常激烈

无论是新闻节目、综艺节目还是电视剧，都难以摆脱你方唱罢我方登场的"几年之痒"的困境，因此"不得不翻新花样，小改版不行大改版，大改版不行就干脆换新节目"①。其重要原因之一就是，中国电视从节目到栏目，从频道到大型活动，都"面临着同一类型不同节目之间、不同类型节目之间、新旧媒体之间、国内外节目之间惨烈的竞争局面"。就电视媒体的竞争格局而言，一方面"从央视到卫视，从地市频道到县级电视媒体，频道林立，资源分散"；另一方面"从境外电视台到网络视频，从移动互联网到其他媒体样式，无不想在中国电视传媒市场上分一杯羹"。

2. 媒介外部环境的基本态势——形势十分复杂

电视媒体发展离不开国际国内政治环境、经济环境、社会环境、科技环境等外部环境的影响："当今世界正处在大发展大变革大调整时期。世界多极化、经济全球化深入发展"②；国内"综合改革"、向"深水区"改革进军的呼声越来越高，愿望也越来越强烈，尤其是十八届三中全会的召开，吹响了改革的集结号，也做了总体部署；转型期社会问题的凸显，各阶层利益诉求的复杂多变；日新月异的科技发展加速了文化科技的融合，"信息传递和获取日益快捷，全球传媒业经历着前所未有的深刻变革"③。这些客观形势给电视媒体发展的观念及功能定位提出了新的挑战。如何抓住时代脉搏，紧跟时代潮流，有效传播无愧于时代、无愧于人民的主流文化产品与作品，是摆在中国电视面前的重要课题。

3. 多元文化背景对主流文化的传播造成压力

"所谓主流文化，是指一个社会、一个时代所倡导的起着主要影响的文

---

① 周建新，胡智锋.电视节目创新动力：外在压力与主体自觉[J].电视研究，2013（9）：25-27.

② 胡锦涛.在世界媒体峰会开幕式上的致辞[EB/OL].中央政府门户网，2008-10-09[2009-10-09].https://www.gov.cn/ldhd/2009-10/09/content_1434304.

③ 胡锦涛.在世界媒体峰会开幕式上的致辞[EB/OL].中央政府门户网，2008-10-09[2009-10-09].https://www.gov.cn/ldhd/2009-10/09/content_1434304.

化，是在文化竞争中形成的，具有高度的融合力、较强的传播力和广泛认同的文化形式，是能够在诸多文化中起到主导地位，并具整合和引领作用的文化。"[①] 然而，任何一个社会、任何一个时代的主流文化都不是孤立的存在，有主流文化必然就有非主流文化，二者总是相伴随行，又相互竞争，共同构成多姿多彩、丰富灿烂的文化图景。"在当今社会，我国的社会主义主流文化就是以马克思主义为指导，吸取中华民族优秀传统文化和世界优秀文化遗产的、具有先进性并体现时代精神，为人民服务的、有中国特色的社会主义文化。"然而，在主流文化之外还存在大众文化、精英文化、流行文化等多种文化样态。文化都需要受众，也都有赖以生存的"版图"。主流文化要真正实现在"诸多文化中的主导地位"，需要强有力的媒体平台来传播、推广和宣传，电视媒体无疑是重要的选择。然而，作为大众媒体的电视还有其他文化样态的生产与传播，这就形成了一个竞争关系。事实是，非主流文化往往以其更加活泼、更加轻松、更加大众、更加时尚、更加流行的特征在文化传播、文化影响、文化消费上给主流文化造成压力。

不管是媒介环境的新变化，还是文化发展的新趋势，都将给电视的主流文化传播与引领带来新困惑，影响电视媒体在主流文化传播与引领中的优势地位。因此，如何巩固已有的优势地位就成为中国电视急需解决的问题。

二、巩固地位：内容、方式和渠道

如何面对新的媒介形势和文化形势，抓住机遇，顺势而为，克服不利影响，巩固电视引领主流文化的优势地位，笔者认为，可以从传播内容、传播方式和传播渠道三个方面努力。

1. 传播内容：克服娱乐化

毋庸置疑，随着大众文化的迅速发展及各种娱乐方式的迅速普及，文化消费群体也呈现越来越年轻化的趋势，年轻受众的崛起对信息的娱乐性要求

[①] 王秋波，刘贵丰. 让主流文化成为真正的主流[N]. 学习时报，2013-01-28.

越来越高。相对而言，主流文化偏严肃的主题、偏沉闷的形式难以吸引年轻受众的目光。据《潇湘晨报》显示，2014年左右，每逢暑期档，中国电视荧屏都会出现一个奇怪现象，那就是各种"雷剧"频频亮相，如2010年暑期档，江苏卫视播出《活佛济公》，混搭造型及穿越台词引发争议。2011年暑期档，济公与他的"黄金搭档"们再度降临，湖南卫视《新还珠格格》也引起吐槽声一片。2012年进入神剧爆发年，《钟馗传说》《轩辕剑》《活佛济公3》，更是出现了嫦娥唱英文歌，济公说"伤不起"，满天神佛都玩iPad的场面。同时期的其他剧种，像历史剧、职场剧、婆媳剧等都难以与其在收视率上一较高下。

2. 传播方式：克服碎片化

互联网、新媒体时代，信息传播呈现随意性、碎片化的特点，出现了微博、微信、微电影、微视频等新兴传播方式，这些短小精悍、快速灵活、随时随地、率性而为的传播方式更受人青睐。受众很难有大量的时间去关注一种文化产品或文化现象，这对相对"高端大气上档次"的主流文化产品、作品而言，如何应对当前传播方式带来的变革是个难题。在这种情形下，如果无底线地降低身段、一味迎合这种传播潮流和趋势，对电视传播主流文化而言，将是得不偿失的。笔者多次提到，在新媒体时代，电视面临挑战，依然应该坚持"内容主流化、直播日常化、高端大制作"①，即在品质、品位上下功夫，在系统性、深刻性上下功夫，这是电视的责任所在，也是面对竞争的取胜之匙。

3. 传播渠道：扬长避短

三网融合推进，多种接收终端出现，尤其是多屏时代到来，使得信息传播的渠道日益丰富多元，这为主流文化传播提供了多种可能性。对电视而言，面对多元传播渠道的竞争，如何扬长避短，取百家之精华十分必要。尽管网络、移动媒体在主流文化传播与引领上有各自的优势，但是电视媒体在它们

---

① 胡智锋，周建新. 从"宣传品"、"作品"到"产品"——中国电视50年节目创新的三个发展阶段[J]. 现代传播（中国传媒大学学报），2008（4）：1—6.

面前并非束手无措,因为渠道的选择最终取决于产品的内容形式。电视媒体在信息产品、文化产品,尤其是视频内容生产这一领域,依旧具有强劲的优势。更重要的是,丰富多元的渠道带来竞争的同时也带来了机遇,电视媒体完全可以主动出击,与其他信息传播渠道协同合作,借助其他渠道优势,提升传播能力。

信息传播发生的一些新变化,确实给电视媒体的主流文化传播和引领提出了难题,但也并非无计可施,要做出调整,克服难题,这对电视媒体本身的发展而言,也是内在的激励和发展的动力。

三、提升水准:政府、媒体和社会

电视媒体如何提升对主流文化传播与引领的水平,巩固已有的优势地位,是一个系统复杂的工程。笔者认为,需要政府的政策鼓励,媒体自身的努力,还需要社会各界的支持。

1. 政府:政策规范,调控激励

政府主管部门针对电视内容生产传播出台了很多政策规范,例如,2011年出台了《关于进一步加强电视上星综合频道节目管理的意见》("限娱令")、《关于进一步加强广播电视广告播出管理的通知》("限广令")。2013年出台了《广电总局将加强电视上星综合节目管理》("限歌令")、《关于做好2014年电视上星综合频道节目编排和备案工作的通知》等。"整改令"之所以亮出如此多的"拳头",与中国电视节目的"同质化""克隆化""三俗化"倾向不无关系,如果不及时整改这些现象,无疑将对电视主流文化传播与引领造成严重伤害。尤其是在电视媒体日益市场化、产业化的今天,如何在遵循媒介发展规律的基础上,充分合理地运用行政手段,进行规范、调控和激励,不仅是政府的职能所在,也是国情使然;不仅是观众的需要,更是行业长期健康发展的需要。

2. 媒体:平衡点、结合点

长期的历史经验证明,电视传媒与主流文化可以共生共荣,找到平衡点:

一方面，电视的媒体责任、社会责任无不要求它们传播主流价值；另一方面，传播主流文化可以为电视传媒带来巨大的影响力、品牌力和生命力。大量的成功实践也证明，电视媒体可以在文化责任与收视率之间找到平衡点，在社会效益和经济效益之间找到结合点。如《星光大道》，在多年的创新发展实践中，走得踏实，走得稳健，始终在中国电视综艺创新大潮中挺立潮头。笔者认为，这其中的重要原因之一就是，它坚持走"大路""正路"和"主路"，把社会效益放在首位，坚持较高的专业追求和社会主流价值的引领[①]。

3. 社会：多种声音、专业评价

电视对主流文化传播与引领效果的评价，不只是政治评判，也不是大众的口水战，而是应该建立在一个相对客观、公正、综合的评价体系中。我们呼吁多方关注，有不同的声音对电视主流文化传播与引领建言献策、批评指正，更期待业界与学界互动，观众与媒体沟通，有批评，有夸赞，有反馈，有改进。而不是毫无原则地吹捧，也不是落井下石般的打击。科学、理性、冷静、客观的专业批评，有利于电视媒体掌握好主流文化传播与引领的方向，这也是健康良性的电视媒体发展环境所需要的。以电视剧评价为例，长期以来，电视剧的评价机制更多地依赖大众，依赖政府。前者更多地关注收视率，后者更多地关注意识形态价值诉求，而专业的学院派评价往往被忽略或不能引起足够重视。这也是电视剧常常出现叫好不叫座现象的原因。

电视对主流文化的传播与引领，政府、媒体、社会三者都不可以失位，但也不能越位，不作为或者过激行为，都不利于电视媒体发展，也不利于主流文化传播。

四、创新发展：创作、推广和机制

没有提升，巩固无从谈起；没有创新，水平难以提升。电视对主流文化的传播与引领，归根结底，需要在创作、推广、机制体制等方面迈出更大的

---

① 胡智锋.星光大道成功之道［N］.人民日报，2011-04-25.

创新步伐。

1. 内容创作：表达"好声音"，讲述"好故事"

电视对主流文化的传播与引领，主要目的就是对主流价值进行传达与阐释，但是必须有大量与其相关的丰富故事、鲜活人物、生动细节作为基础。而如何发掘、呈现这些因素，需要电视媒体在内容创作上不断创新。

2. 宣传推广：媒介融合，互动营销

单一媒体时代已经过去，抓住多媒体融合带来的机遇，做好互动营销，立体多兵种投入主流文化的传播与引领工作中，是电视媒体在激烈的媒体竞争环境中必须掌握的策略，也是主流文化未来传播的趋势。只有在宣传推广环节更新观念、更新方式、更新手段，才有可能打开电视对主流文化传播与引领的新局面。

3. 机制体制：价值呈现，市场开发

中国电视市场化已经很多年了，但一个不争的事实是，电视作为一种产业，还很年轻。对主流文化传播与引领而言，要实现主流价值呈现与市场开发的双赢，现有的一些机制体制、管理思路、管理办法还需创新改善。我们坚信这是可以做到的，因为主流文化传播与相关产品的市场开发不存在不可调和的矛盾，只是机制体制有待大胆创新。

融媒环境下乡村传播的功能转型及其路径创新*

"乡村兴则国家兴,乡村衰则国家衰",乡村振兴战略是新时代实现国家富强和民族振兴的重要途径。乡村传播是促进乡村发展、实施乡村振兴战略的重要力量。乡村传播狭义上是指将新技术、新产品、新思想及其价值观念向乡村社会普及,其所依托的媒介包括大众媒介、人际传播媒介、组织传播媒介、群体传播媒介等①;广义上是对乡村社会内部、乡村社会与外部社会之间的传播现象的总称②,包括乡村社会的传播类型、传播模式、传播效果、传播者、受传者以及与乡村社会发生信息交流的传播活动。③当前,随着乡村社会环境的变化和信息传播生态的变化,乡村传播的功能边界也在发生着变化。

一、当前乡村传播的环境

乡村振兴战略的大力推进、基于技术融合的融合媒体的出现④、新型乡土社会结构的变化,是当前乡村传播创新发展和功能转型的重要时代背景。充分认识当前面临的新环境、新机遇与新挑战,对有效发挥乡村传播作用有重

---

* 本文原载于《现代出版》2021年第1期,收入本书时略有改动。
① 李红艳.乡村传播与农村发展[M].北京:中国农业大学出版社,2007:2.
② 李红艳.乡村传播学(第二版)[M].北京:中国农业大学出版社,2014:5.
③ 李红艳.认识与深化乡村传播研究[J].北京观察,2006(7):52-54.
④ 廖祥忠.从媒体融合到融合媒体:电视人的抉择与进路[J].现代传播(中国传媒大学学报),2020,42(1):1.

要意义。

1. 乡村振兴战略为乡村传播功能转型提供新的政策背景

乡村振兴战略是党的十九大提出的重大战略，是推动我国从农业大国向农业强国迈进的重要举措。乡村发展与振兴离不开乡村传播，乡村传播在助力农业发展、提高农民素养、传播乡村文化、服务百姓生活、促进社会治理方面发挥着重要作用。乡村传播建设是美丽乡村建设的重要组成部分，乡村信息传播能力直接关系着乡村现代农业发展、农民文化和科技素养提升以及乡村科学有效治理[1]，是乡村振兴战略实施的重要推动力。而乡村振兴战略从经济、社会、生态、文化等多个层面推动乡村发展，一方面为乡村传播功能转型提供了新的政策环境；另一方面对乡村传播提出了全新要求。

2. 县级融媒体中心建设为乡村传播功能转型提供新的媒介环境

习近平总书记在2018年8月21日至22日全国宣传思想工作会议上提出，"要扎实抓好县级融媒体中心建设，更好引导群众、服务群众"。县级融媒体中心建设是我国媒体融合战略进入新阶段的重要体现，是打通党和人民群众信息沟通"最后一公里"的迫切需求。县级媒体是乡村传播的重要主体，县级融媒体中心建设将助力乡村传播作用的全面发挥，提升其传播力和服务力。《数字乡村发展战略纲要》进一步实施，将不断推动乡村宽带通信网、移动互联网、数字电视网和下一代互联网等的发展，加快乡村信息基础设施建设。当前我国不断推进人工智能、大数据、云计算等新型基础设施建设，也将为乡村传播的创新发展提供有力的技术支撑。[2]

3. 新型乡土社会结构为乡村传播功能转型提供新的社会文化环境

城镇化不断推进和新技术不断创新，对传统的乡村社会结构产生了革命性的影响。一方面，城镇化进程加快了乡村社会空心化的速度，带来了乡村传统文化传承的断裂和乡村文明的逐渐衰落；另一方面，随着互联网、新媒

---

[1] 凌云.5G时代乡村振兴战略背景下农村信息传播主阵地探究[J].新闻爱好者，2019（12）：89.

[2] 许可，梁刚建."四全媒体"视域下县级融媒体中心的创新路径[J].传媒，2020（17）：69-72.

体等的发展，新型民间组织和乡村虚拟网络组织不断出现，逐渐形成基于互联网的"新型乡土社会"①。在新型乡土社会结构中，以往"村"的结构与"人"的交往方式被改变，微信、抖音、快手等新型社交媒体的使用推动了村民的自组织化行为②，自发组织的网络社群成为村民日常交流和沟通的重要平台。传播技术的发展推动了社会结构的变化，而社会结构的变化又带来了传播结构和功能的变革与重塑。

二、融媒体环境下乡村传播功能的重新定位

社会是经传播而形成的社会关系的总和。③ 乡村传播对乡村社会的形成和发展起到重要的推动作用。它是乡村了解外部世界的重要手段，是协调乡村社会内部关系的重要方式，是推动乡村社会发展、促进乡村文化传播和服务乡村百姓生活的重要力量。乡村社会结构自身的变化以及面临的媒介类型、传播模式、传播效果、传受主体等的变化，对乡村传播功能提出了新的要求。

1. 传播乡村优秀文化

乡村是我国传统文化的发祥地，也是现代文化的根基。习近平总书记强调，乡村文明是中华民族文明史的主体，村庄是这种文明的载体，耕读文明是我们的软实力。传承乡村优秀文化，充分发挥乡村文化作用，是促进乡风文明建设、推动乡村社会经济发展、实现乡村振兴的重要保障。而乡村传播正是传播乡村优秀文化、充分发挥其作用的重要载体。乡村文化传播是指乡村文化——传统文化、群众文化和大众媒介文化的传播实践。④ 涉农电视剧、电影、纪录片等是乡村文化的重要传播形态，在乡村优秀文化的传播传承方面发挥着重要作用。在融媒体环境下，乡村文化传播的形式不断丰富，H5、

---

① 冯广圣. 互嵌与协同：社会结构变迁语境下乡村传播结构演变及其影响［J］. 南京林业大学学报（人文社会科学版），2020，20（2）：91-101.
② 卫欣，王国聘. 对农传播与自组织化：复杂网络环境下的社会结构研究［J］. 学习与实践，2016（6）：90-99.
③ 费爱华. 乡村传播的社会治理功能探析［J］. 学海，2011（5）：100.
④ 沙垚. 乡村文化传播［J］. 新闻与传播研究，2015，22（12）：106.

动画、表情包等都成为乡村优秀文化传播的新形态。短视频、直播等新型视听形态更是以其极强的直观性、自由性、互动性和开放性等特征创新了乡村文化传播形式，使得乡村文化的传播内容更加生动、传播形式更加丰富多元，扩大了乡村文化传播的范围，增强了乡村文化传播的效果。借助短视频和直播，乡村的每个个体都可以成为乡村文化的承载者和传播者，真实的乡村生活和质朴的乡村文化被直观生动地传播开来。

2. 服务乡村百姓生活

乡村传播是乡村百姓获取信息、获得知识的重要方式，是丰富其精神文化生活的重要手段。通过大众传播，村民知晓国家最新政策方针，观看文化娱乐节目，获得生活所需知识；通过组织传播，村民了解乡村，接受农业相关专业技能培训，获取专业知识，提升个人专业水平；通过人际传播，村民建立个人社会关系，满足日常情感需求……乡村传播渗透到乡村社会的方方面面，是乡村百姓生活的重要服务者。随着新技术的发展，乡村传播的服务功能呈现出多元性、丰富性和精准化的特点。从广播电视"村村通"工程到"数字乡村"工程，国家不断完善乡村信息基础设施，为乡村传播提供了坚实的物质基础和技术基础。尤其是县级融媒体中心的建设，进一步增强了乡村传播的服务功能。借助融媒体平台，村民不仅可以随时随地获取信息，开展文化娱乐活动，还可以在线处理日常事务，如生活缴费、就医预约等，村民衣食住行的需求可以得到一站式满足。在融媒体环境下，新兴媒介的嵌入和融合，不断提升着乡村信息传播效率，增强互动体验。[①]

3. 积极参与乡村治理

人们通过传播建立关系，借助关系形成社会并维持秩序。乡村传播是村民与村民、村民与村干部、村民与外部世界建立关系的重要渠道。不同的传播类型，在乡村社会关系的协调方面发挥着不同的作用。乡村组织传播是维持乡村社会秩序的重要手段。2020年新冠肺炎疫情期间，村干部的大喇叭喊

---

① 公丕钰. 数字媒体环境下参与传播理论及实践价值的在地化探索——基于对清远市"乡村新闻官"制度的考察[J]. 当代传播, 2019（6）: 70–74.

话促进了疫情相关知识的传播，在一定程度上阻止了村民外出走动，有效遏制了乡村疫情的扩散；乡村人际传播是乡村各种社会关系得以形成和运行的纽带，是村民参与乡村公共事务的重要方式①，尤其是乡村长老、致富带头人等意见领袖在传播乡村信息和协调乡村关系方面发挥着重要作用。当前，信息技术和智能移动终端不断普及，新型媒介逐渐嵌入乡村媒介生态之中。乡村根据血缘、地缘、熟人关系或者工作需要，在微信、QQ等社交媒体平台上构建了全新的生活空间，微信群成为乡村信息传播和交流沟通的重要空间。短视频、直播等新型传播形态也为村民的交流互动提供了新的场所，其互动体验更加直观，互动方式更加丰富多元。随着县级融媒体建设的不断推进，乡村传播的服务功能进一步增强。乡村地区融媒体平台可为村民提供即时便捷的向上级部门反映社会问题、发表意见、提出建议的渠道，促进社会关系的协调发展和社会的有效治理。

4. 推动乡村经济发展

乡村传播让新的知识、新的科技不断涌入乡村，为乡村发展注入新的动能，促进乡村经济发展和乡村振兴。乡村通过媒介了解外面的世界，世界同样通过媒介了解乡村。涉农电视、涉农广播、涉农报纸等是传统乡村传播的重要方式，是国家大政方针、乡村百姓意见的传达者，是农业科技知识的重要传播者。通过乡村传播，先进的农业知识得以广泛扩散，进而提升农民专业技能，助力农业现代化发展。随着县级融媒体和数字乡村建设的不断推进，乡村信息基础设施不断完善，这提升了信息传播的速度和效率，增强了乡村传播的服务功能，更好地服务乡村百姓，也为乡村产业化发展提供了更多可能。尤其是短视频、直播等新型媒体平台，为乡村经济注入了新的活力，为乡村百姓提供了新的就业渠道。在短视频、直播的赋能下，"乡村主播"成为一种时髦的职业，不仅是增加村民收入的重要方式，而且带动了农产品的销

---

① 费爱华. 乡村社会日常人际传播及其社会功能［J］. 湖南农业大学学报（社会科学版），2016，17（4）：35.

售，助力乡村经济发展和脱贫攻坚。①2020年新冠肺炎疫情期间，大部分乡村地区农产品滞销，多位市长、县长摇身变成主播"带货"，一时间田间地头、蔬菜大棚等都成了直播场地。

综上，乡村传播的功能不只有信息交流本身，更具有"社会公器"和文化建设助推器等多元属性，为乡村社会提供基础公共服务，推进乡村优秀文化传播，促进乡村群众组织交流，助力乡村社会协调治理，推动乡村数字经济发展。想要更好地实现这些功能，需要找到合适的发展路径。

三、融媒体环境下乡村传播功能转型的路径创新

当前乡村传播具备发挥多元作用的基础和条件，但乡村传播在内容生产、渠道平台、人才资源、受众媒介素养等方面还存在短板。在此背景下，全面分析乡村传播存在的问题和挑战，寻求功能转型的最优路径，具有重要的现实意义。

1. 增强乡村传播内容主体意识，提升传播力

随着移动互联网和终端技术的快速发展，微信、抖音、快手等新兴媒介成为村民获取信息、沟通交流的重要方式。与此类社交媒体传播的内容相比，大众传播内容更有权威性和专业性，然而，当前大众传播内容在尊重村民的主体性、挖掘村民需求等方面存在诸多不足，尤其是作为最贴近乡村的县级媒体因行政任务压力，将报道聚焦于政府领导和当地重要会议活动等，其传播内容没有真正体现村民的主体性。而农业、农村、农民始终是乡村传播的主体。乡村传播不仅要展现农业农村发展新面貌，而且要深入挖掘村民需求，使其成为信息传播的主体。以涉农影视节目为例，一方面，其题材要贴近乡村、贴近生活、贴近村民，将村民作为节目表现的主体；另一方面，要以广大村民喜闻乐见的方式进行传播。只有增强节目的趣味性和互动性，才能提

---

① 赵月枝，张志华.跨文化传播政治经济学视角下的乡村数字经济［J］.新闻与写作，2019（9）：12-20.

高信息传播的吸引力，才能使党的政策方针在乡村传播得更广，才能让农业科技知识更好地得到普及；只有增强村民的主体性和参与性，引导农民参与乡村的建设与规划，进行知识的交流与传递，才能提高乡村社区的决策和管理能力，形成共同的规范和行动原则。①

2. 加强乡村信息传播渠道建设，提升引导力

受体制机制、技术、人才、资金等多方面因素限制，我国乡村传播渠道建设速度与服务乡村发展力度的不平衡现象较为显著。以县级融媒体中心建设为例，虽然建设县级融媒体中心已经成为重要的国家战略，国内多家县级媒体也纷纷进行融合转型的探索，出现了以"长兴"为代表的成功案例，但整体上县级融媒体中心建设依然处在初级阶段，多数还未真正投入使用，有些还存在"貌合神离"的情况。短视频、直播等新型传播方式也逐渐引起涉农媒体、基层政府的关注，但因对新渠道认识不足、人手有限或缺乏运营能力等，乡村媒体对新型传播方式的利用受到了很大限制。加强新型信息传播渠道建设，抢占村民信息获取的主要渠道，是提升涉农媒体引导力的关键所在。人民群众在哪里，新闻舆论阵地就应该在哪里。因此乡村传播要加强渠道建设，尤其是县级融媒体平台要实现广播、电视、微信、微博、客户端等多个渠道的融合发展，并借助大数据挖掘与分析等新技术，深入了解村民需求，提高平台的互动性，为村民提供衣食住行医教等全方位、一站式服务，增强信息传播的服务性和引导性。

3. 推进乡村传播基础设施建设，提升辐射力

信息基础设施建设是乡村传播的基础保障。虽然我国移动互联网的覆盖率和移动终端的普及率逐年提高，但是部分偏远山村的信息基础设施和公共文化服务设施依然较为薄弱，无法有效满足村民信息获取和文化娱乐的需求。这一问题在2020年新冠肺炎疫情期间更加凸显。因疫情防控需要，在线教学成为重要的授课方式，这给部分山区的学生带来不便，他们甚至需要长途跋

---

① 韩鸿.墨西哥乡村传播系统对中国西部大开发的启示［J］.西南民族大学学报（人文社科版），2010，31（3）：105-111.

涉才能到达覆盖了移动信号的位置接受在线教学。部分贫困地区公共文化服务设施不够完善，村民缺乏集体学习和接受培训的公共空间，这使乡村传播的广度、深度和速度受到限制。要依托乡村振兴战略和新型基础设施建设，不断完善乡村信息基础设施，扩大信息辐射范围，提高传播效率，以更好地满足村民精神文化需求。①一方面，加强农村地区广播电视基础设施的升级改造，加快农村宽带通信网、移动互联网、数字电视网和下一代互联网的布局和发展；另一方面，加强文化广场、农家书屋等硬件基础设施建设，不断提升乡村文化服务水平，助力乡风文明建设和乡村振兴发展。

4. 注重乡村传播人才队伍建设，提升影响力

新兴传播媒介和传播技术的发展日新月异，这给乡村传播人才带来了极大的挑战。当前，涉农媒体尤其是县级传统媒体人才老龄化现象严重，部分人员还对新媒体存在偏见。一方面，人才观念和能力无法跟上媒体发展的速度；另一方面，因人才聘用和培养机制以及资金等方面的限制，难以引进具有新媒体思维、掌握最新技术的人才。同时，乡村基层干部对媒介素养的重视程度不够，无法有效利用新媒体推进乡村传播。媒体竞争的关键是人才竞争。乡村传播媒体平台要基于当前融媒体发展特征和需求，提高媒体人的专业能力和服务意识，努力生产出符合媒体融合发展趋势、满足村民需求的内容，不断创新信息传播形态，增强信息传播的趣味性和互动性。②乡村基层干部和乡村致富带头人等是乡村传播的重要主体，这部分人要深入了解乡村现状和村民需求，不断提高使用新媒体的能力，提升信息传播专业素养，从而充分发挥乡村意见领袖的作用，提高主流声音的影响力和引导力。

5. 提高乡村传播对象媒介素养，提升理解力

当前，互联网尤其是移动互联网的快速发展改变了乡村传播的主体关系，村民既是信息传播者也是信息接收者。但和城市居民相比，村民的媒介素养水平较低，部分偏远地区的村民甚至不会使用新媒介，这在无形中扩大了城

---

① 毛薇，王贤. 数字乡村建设背景下的农村信息服务模式及策略研究[J]. 情报科学，2019，37（11）：116-120.
② 陈雪. 乡村振兴战略背景下乡村传媒发展新思路[J]. 乡村科技，2019（11）：18-19.

市和乡村地区的信息鸿沟。① 同时，信息传播"门槛"降低，使每个人都成为信息的传播者，易导致虚假信息泛滥，媒介素养较低的村民因无法有效辨识信息的真实性而可能成为虚假信息的传播者和受害者。因此，涉农媒体、乡村基层组织可通过线上线下相结合的方式向村民开展媒介素养教育，一方面提高其新媒介使用能力和信息理解力；另一方面提升其对信息真实性的辨识力，从而助力乡村传播作用的有效发挥。

四、结语

乡村传播在助力乡村经济发展、协调社会关系、促进文化传播、服务百姓生活等方面发挥着重要作用。在媒体融合背景下，随着乡村社会环境的变化，乡村传播的功能形态发生了较大变革，把握新环境带来的新机遇，从传统的信息传播转向多元化的社会服务思维，充分尊重村民的主体性，创新传播内容和渠道，不断加强乡村传播人才队伍建设，提高乡村传播受众素养，是乡村传播实现功能转型的有效途径。这也将更好地助力乡村文化振兴，提升乡村生活质量，促进乡村科学治理和乡村社会经济发展。

---

① 侯煜，杜仕勇，刘迅. 乡村治理视角下欠发达乡村村民媒介素养研究［J］. 四川理工学院学报（社会科学版），2019，34（6）：39-51.

传媒艺术教育理解与探索

艺考为何热度不减*

春节喜庆气氛还没有散去，一大批考生及家长就"背井离乡"，踏上了艺考的征程。和往年一样，2017年艺术类院校的招考依然炙手可热，报考中国传媒大学、中央美术学院、中央戏剧学院等知名院校的考生人数均刷新了2016年的纪录。艺考之所以如此火爆，和文化大发展大繁荣的环境下，艺术教育的普及、人民群众精神生活需求的提高，以及文化产业对人才的迫切需求相关。也与社会舆论和新闻媒体对艺考的过度关注，以及考生与家长的盲目心态脱不了干系。

艺考考场上，美女帅哥如云，颜值和青春活力爆表，本就惹人注目。在明星低龄化的趋势下，参加艺考的明星考生越来越多，更点燃了娱乐媒体的报道热情。从2010年出演《家有儿女》主角的两位童星杨紫、张一山双双考上北京电影学院开始，到周冬雨、刘昊然、关晓彤等演员艺术院校榜上有名，再到2017年"奥运女孩"林妙可、TFBOYS成员王俊凯等加入艺考大军，明星在艺考过程中和普通人一样，通过考试一分高下，"去神化"的噱头正好契合全民娱乐时代人们的消费心态。在这一过程中，明星考生的经纪团队和娱乐记者携手摸索出一条运作传播之道——考前考后发通稿，考中直播及公关化"粉丝"联动，以紧凑有序的宣传策略和报道节奏，不断向公众披露明星考场表现、考试成绩等不为人知的细节，满足了围观群众的窥私欲，巩固这些偶像积极向上、认真努力的形象设定。业界的疯狂追捧，也往艺考这个火

---

* 本文原载于《光明日报》2017年3月1日第12版，收入本书时略有改动。

堆里加了一把干柴。同时，艺考成签约或出道现场的案例频现。素人考生通过媒体或星探发掘，成为一时的舆论焦点，进而被某家经纪公司相中，纳入麾下，成为潜在的明日之星。也有的经纪公司趁着艺考的热度，宣布签约旗下的新人考生出道，狂刷存在感。在造星工业的几方合力之下，艺考的传播力与关注度不断攀升，从业内热点演变成社会狂欢。

被舆论放置于聚光灯下，对艺考而言是把双刃剑。一方面，促使相关高校及政府部门对"艺考"流程进一步规范管理，让考试相关信息更加公开透明，给考生一个公平的考试环境。另一方面，有的媒体为吸引眼球，对"艺考"报道的分寸把握失度，或过于追求明星效应，将其塑造成一夜成名的"梦工厂"，或一味放大腐败、功利等不良倾向，将其描绘成藏污纳垢的"烧钱"运动。不管是哪种情况，都在一定程度上影响了社会各界，尤其是考生和家长对艺考的认知。

总而言之，艺考并不是高考的捷径，也不是成为明星的跳板。它终究是一场普通的考试，是高校艺术类专业人才培养的前置环节。艺考的成功不代表高考的成功，也不能说明就业一帆风顺，更不意味着财富梦、明星梦的实现。就算通过艺考成功走上了艺术之路，也并不代表从此"黄袍加身"，一劳永逸，成名成角，处处光鲜，片酬天价，生活奢侈，"粉丝"成群。在浮躁的社会环境中，人们存在渴求快速成功的焦虑心态，在所难免。然而，艺术与娱乐不同，它还担负着启迪思想的责任。艺考，最终考察的是对艺术的理解、文化修养以及考生的气质、内涵，这需要漫长的学习积累和艺术熏陶。在这场关于分数与特长、梦想与现实的"博弈"中，靠走捷径一步登天毕竟是偶然现象。在纷繁复杂的环境之中，考生们唯有静下心来，为了实现艺术梦想而不懈努力，由此获得的每一点进步和成绩才来得更实在，更有意义。

令人欣喜的是，在持续高温的艺考"热"中，我们还捕捉到一些"冷静"的变化。比如，艺考考题设置更趋向于考察考生的综合能力，对文化课成绩的要求进一步强化，以及一些艺术院校应新媒体迅猛发展的需求而设立了以互联网、游戏、衍生等为关键词的新专业。从这个角度看，相关管理部门和艺术院校正试图通过艺考的风向标，对艺术教育过于注重实用性，而忽略基础的人文素质问题进行强力匡正，引导其向尊重人才培养和艺术发展规律的初衷回归。相信在各方共同努力下，考生、家长乃至社会大众对艺考的态度终将回归理性，使更多考生的艺术梦想照进艺考的现实。

艺考要求提高文化课成绩是好事*

2019年12月11日，教育部发布《严格规范做好2020年普通高校特殊类型招生工作》，明确提出高校高水平艺术团招生取消对"极少数艺术团测试成绩特别突出的考生"进一步降低文化成绩录取要求的优惠办法。

这一要求，是对艺考纠偏的一个持续性举措，旨在要求高校不断提高对艺考生的文化课成绩要求。2018年以前，艺考生高考文化课录取控制分数不低于当地高考二本线的65%，2019年提升到70%以上。一批高水平艺术院校也在不断提高文化课成绩，中央美术学院、清华大学美术学院录取的艺考生文化课最低分都已在普通类专业一本线左右。

在相当长的一段时间里，艺考被当成高考博弈的工具，被社会高度关注，每年都会形成社会舆论，贯穿于艺考整个过程中。教育部要求不断提高艺考生文化课成绩，有助于我们端正对艺考的认识。艺考是高校艺术类专业招生考试的简称，它是我国高校生源选拔考试的重要方式，是高校人才培养的一个重要部分。因为专业人才培养的特殊需要，其考试和录取的方式、方法不同于其他普通类专业，属于国家规定的"特殊类型招生考试"中的一种。在我国高等教育"反五唯"的背景下，从一定程度上讲，艺考纠正了高考选拔"唯分数论"的错误倾向，将考生的兴趣、爱好、特长、天赋作为很重要的考量标准，是值得肯定和鼓励的。

但对考生和家长而言，艺考不是走向成功的捷径，而是兴趣的选择和理

---

* 本文原载于《光明日报》2020年1月14日第2版，收入本书时略有改动。

想的坚守。因此，教育部要求提高艺考生文化课成绩，就是为了让艺术专业也能够回归育人本位。毕竟，立德树人才是高等教育的根本任务。艺考的成功不代表高考的完全成功，也不说明今后就业一帆风顺，更不意味着明星梦的实现。选择艺考本质上与选择航天、计算机、金融等普通类专业没有什么区别，我们没有必要因为个别专业的社会曝光度高就将其"神化"。因此，广大考生和家长要明白，参加艺考只是选择人生的一个方向，是出于个人兴趣爱好的一种信念。艺考生仍要抓紧文化课学习，不能顾此失彼。

此外，在国家大力扭转"玩命的中学、快乐的大学"不良现象，对大学生合理"增负"的背景下，对艺考生来讲，艺考的成功只是艺术专业高等教育的开始，能否成才还有很长一段路要走。即便是明星考生，想借助明星光环轻松通过专业课程教育、蒙混过关拿到学历学位，也是高等教育不允许的，是为社会舆论所诟病的。

因此，艺考是高校培养优秀艺术专业人才、推动专业艺术教育发展的一种重要手段。对待艺考，我们不能将教育的结果和过程混为一谈，也不能将教育的目的与手段混为一谈，既不能贬低艺考，无端指责，更不能将其功利化，而是回归其育人的本质，尊重教育规律。

影视艺术教育如何跟上行业发展步伐？*

随着互联网、移动互联网的飞速发展，通信技术、存储技术、运算技术的快速进步，影视受众消费群的不断年轻化，我国影视行业从内容生产到传播，再到消费等整个流程和环节都深受影响，尤其是整体环境、政策背景以及产品形态三方面正在发生深刻的变革。首先，在市场化和信息化的强烈刺激作用下，涉及影视行业全产业链条上的各种文娱元素都在全球市场快速流通，例如在电影制作环节，很多好莱坞电影大片都是多国企业联合投资、多国文化元素融合植入、多国制作团队联合制作、多国演员联袂演出；而在发行放映环节，不再是分时段分区域差异化播映，而是全球各大城市同步发行热映。其次，公共服务要求越来越高。影视公共文化服务诉求是由我国影视艺术政治属性决定的，具体有两方面的含义，一方面是服务国家，即影视行业在高度全球化，积极参与全球市场角逐的同时，也要服务于国家传播战略和国家文化软实力建设大局，传播国家价值、塑造民族形象；另一方面是服务受众，即影视行业在高度市场化的同时，也要遵循《中华人民共和国公共文化服务保障法》，体现国家公共服务意识和职责要求，为广大贫困地区、弱势群体提供更多更好的影视内容。为此，我们看到，国家加大对国家级媒体国际业务的投入力度，支持国内企业去海外并购欧美的影视企业，扶持奖励一批"走出去"的影视精品；也看到国家在影视公共文化服务方面的举措，从广播电视"村村通"到"户户通"，从电影农村公益放映到全国艺术院线建

---

* 本文原载于《中国艺术报》2017年2月13日第3版，收入本书时略有改动。

立，以及国家农村数字化工程建设等。最后，跨界融合越来越快。在传统影视艺术与互联网竞合共赢的形势下，我们惊讶地发现，传统的电影、电视综艺、电视剧、动漫、游戏等影视艺术作品类型，借助互联网这个平台，其固有类型界限已经越来越模糊和游离，它们彼此跨界相生，交叉融合，不断推陈出新，例如电视综艺衍生出网络综艺，电视剧衍生出网剧，电影衍生出网络大电影，还有一些很难准确归类到某一影视艺术类型的新的艺术品种和艺术体验方式出现，如微电影、微视频、网络直播、虚拟现实等。新的影视艺术样态的出现只是一个结果，背后是影视创作生产理念与模式的变化，影视作品传播平台和渠道的变化，影视受众接受方式与审美趣味的变化。

  影视艺术教育与影视艺术发展密不可分，有很强的行业性和实践性。影视艺术教育是艺术教育的重要组成部分，宏观意义上指所有跟影视艺术行业、职业、产业相关的技能培训、专业教育及学术研究。此处从狭义上理解，特指我国高等院校影视艺术专业教育。随着我国影视艺术教育长足的进步和快速的发展，影视艺术专业成为各大高校竞相开设的热门专业，无论是在整体规模、开设院校类型还是在专业分布上，都形成了较大的体量，在整个高等院校艺术教育中占据着重要位置。但就高等教育自身办学规律而言，我国影视艺术教育的快速发展，甚至是盲目扩张也伤及影视艺术相关学科发展和专业建设本身的质量和水平。在一些高校，影视艺术教育培养方向与行业发展趋势发生冲突，培养理念跟不上时代发展步伐，培养出的专业人才很难或很慢适应行业发展需要。因此，当前影视艺术教育面临着两个窘境：一方面影视市场对影视艺术专业人才的需求量日渐增大，但亟需的高端人才、创新人才、综合型人才又难以寻觅；另一方面影视艺术教育院校每年培养大批的专业人才，但有大量的毕业生找不到工作或者放弃原有的专业理想，即专业忠诚度不高。当然，在影视艺术教育上，我们不可能苛求每所学校都达到世界一流、国内一流的水准，应该有差异化、特色化发展，但是任何一所高校也不能无视影视艺术教育的基本规律和基本要求。导致影视艺术人才培养陷入困境的原因很复杂，与影视行业自身快节奏的变化有关，但更主要的是一些高校影视艺术教育的理念比较落后。

影视艺术教育不能亦步亦趋地跟着行业发展，也不能只顾低头走路，故步自封。当前影视行业发生的巨变，对影视艺术教育正在或即将产生重大影响，影视艺术教育需要研判世界影视艺术发展的新形势、新特点、新潮流，需要正视自身影视艺术教育存在的问题与不足，以此来创新教育发展理念，具体有以下三个方面的建议。首先是拥有国际化的教育视野。这既是影视行业发展的迫切需要，也是影视艺术教育发展的内在要求。我国影视行业发展不可能脱离全球发展大的背景、大的趋势、大的轨道，世界各国影视发展彼此影响，你中有我、我中有你。当前，我国的一些优秀文化企业如万达影视、腾讯、阿里巴巴、小马奔腾、四达时代等已经强势进军欧美主流影视市场，对老牌的影视院线、影视制作公司进行收购或参股，这也说明全球影视发展一体化的格局。与此同时，我们也发现，我国很多高校与欧美一些顶级的影视教育高校、传媒教育高校不断加强交流沟通，包括师生交流学习、合作办学等。欧美一些知名院校在影视艺术教育、传媒教育方面确实比我们有更悠久的历史、更丰富的经验，也一直走在世界的前沿，我们要缩小与他们的差距，就必须潜下心来，加强与他们的交流与合作，学习他们先进的教育方式、方法，利用他们优质的教育资源。其次是树立开放创新的教育意识。当前的影视艺术教育在跨界融合的形势下面临着审美思维和美学体验的变化，艺术与技术结合形式与方式的变化，尤其是艺术样态的裂变和重新整合。传统影视美学中关于"真""善""美"的理论在当前的影视艺术创作生产与接受中出现尴尬：传统的艺术真实正在受到VR（虚拟现实）、AR（增强现实）、MR（混合现实）和CR（影像现实）等艺术体验方式的挑战；虚拟游戏世界里的道德与现实生活中的道德之间的关系变得更加难以把握；传统艺术中关于美的形式和特征在新的媒介环境下发生了变化甚至有颠覆性的错位和失衡。在这种形势下，如果影视艺术教育还保持传统的美学思维，采取单一的创作制作手段，封闭艺术类型边界，那将很难适应影视艺术现状的发展需要。所以必须有胸怀开放的、多元的思维和气度，用创新的思维概念来指导影视艺术教育，既要有清晰的、传统的影视艺术类型意识，又必须有面向未来的、创新的、大胆的、跨边界的全媒体思维。最后是坚持特色化的教育思路。我国影视艺术教育特色化的办学宗旨与思路是由客观实际决定的。这个"实际"有三个层面。第一个层面是与世界其他国家相比，我国影视艺术教育必须考虑中国实际，必须尊重中国基本国情，走中国特色办学之路。例如，在影视传媒属性这个关键点上，我们就和西方传媒有质的不同，我们的传媒承载着政治功能，有着鲜明的政治导向和清晰的社会责任，这些意识都贯穿于我们影视艺术人才培养的各个环节，不能动摇。第二个层面是与其他艺术类型相比，影视艺术教育必须考虑影视行业实际，要研究影视艺术的特性，要遵行影视艺术发展规律。第三个层面是与其他院校相比，每个高校必须从自己学校的实际出发，包括办学历史、办学优势、办学资源，这是开办影视艺术教育的立足点和出发点，如果脱离这个实际，盲目学习照搬其他高校经验，往往会适得其反。

可以预见的是，当前及今后一段时期内，我国影视艺术教育受国家文化战略与文化政策、影视行业发展实力与潜力、艺术学科升门类等的影响，发展形势利好。在这种背景下，影视艺术教育必须创新教育理念，跟上时代和行业发展步伐，在人才培养目标、培养方向、培养体系等多方面进行大胆革新，探索符合教育规律、适应新形势、满足新需求的中国特色影视艺术教育之路。

我国高等院校传媒艺术教育任重道远*

当前，我国高等院校传媒艺术教育被赋予前所未有的责任和重担，同时也面临着空前的挑战。近些年来，传媒艺术教育得到了很多高校的重视和关注，已经形成了很大的规模，但面临的客观现实是，我国传媒艺术教育质量距离国家、行业和社会需求还有很大差距，亟待进一步提高，我国高等院校传媒艺术教育任重道远。

传媒艺术教育是艺术教育的重要组成部分，它与传媒行业发展密不可分，有着很强的行业性。传媒艺术是电子媒介诞生以后人类艺术发展新走向的一个概括，包括摄影艺术、电影艺术、广播电视艺术、新媒体艺术等。传媒艺术教育是和传媒艺术创作生产、传播、接受相关的教育，宏观意义上指的是所有跟传媒艺术行业、职业、产业相关的技能培训、专业教育及学术研究。高等院校传媒艺术教育从教育层次上讲包括专科、本科、研究生教育，也包括非学历教育中的各种技能培训；从学科专业分布上讲涉及艺术学门类下戏剧与影视学类、设计学类、美术学类、音乐与舞蹈学类、艺术学理论类五个大类别下的十几个专业。

当前，传媒艺术以其特有的媒介属性和艺术品质取得了快速的发展，对人类社会精神文化生活产生了重要影响。传媒艺术及其文化已经席卷全球，带来人类文化极其深刻的变革，构成全球整体文化语境中的重要内容。科学

---

* 本文原载于《大学生科技报》2016年12月29日第6版，与邵岩合作完成，收入本书时略有改动。

技术的发展特别是信息技术、网络技术、数字化技术广泛应用，使得艺术学科与文科、工科相互交叉融合。这些都深刻影响着我国以及世界传媒艺术的发展趋势和走向。

我国高等院校传媒艺术教育一方面得益于行业发展，获得了难得的发展机遇；另一方面也为行业发展提供了丰硕的人才培养成果，发展态势良好，主要呈现以下三个特点。首先是整体规模大。保守估计，开设传媒艺术类专业的院校应该在600所以上，而2015年全国只有1219所本科院校，可见传媒艺术教育在高校中的占有率是很高的。这个数字背后是每年相关高校要投入巨大的师资以及硬件设备，并有数以万计的毕业生源源不断涌入传媒行业市场。其次是院校类型广。从专业的院校分布看，开展传媒艺术类专业的高校有：传媒类院校、艺术类院校、综合性院校，以及其他类院校，诸如师范、农、林、水、体育、军事等院校也开设了传媒艺术类专业。传媒类、艺术类、师范类院校依托自己的历史传统优势在传媒艺术教育发展中占据着十分有利的位置，是传媒艺术教育的主力军，如中国传媒大学、北京电影学院、中央戏剧学院、北京师范大学、南京艺术学院等；而综合类院校依托自身的综合优势，并从高校、行业当中引进了大批的高端人才，也迅速在这个领域崛起，如北京大学、清华大学、浙江大学、南京大学等；其他类院校则结合自身的行业特点，采用"+传媒"的模式，打特色牌，同样在传媒艺术教育中占据一席之地。最后是专业设置细。2012年教育部对高等教育专业目录修订后，专业类增加到92个，专业数有506种，而艺术学门类下设5个类别，29种专业，其中有相当大的部分是传媒艺术类或者是与传媒相关。戏剧与影视学类十个专业、美术学类的摄影、设计学类的数字媒体艺术等都属于传媒艺术类专业，而其他一些专业，如音乐学、作曲与作曲技术理论、视觉传达设计、艺术史论等也根据学校特色不同或多或少与传媒艺术相关。此外，各个高校在实际的招生尤其是在专业培养上，又在以上这些传媒艺术类专业下设置了很多不同的培养方向；还有一种情形是，一些院校的传媒艺术类专业不是设立在艺术学科门类下，而是挂靠在相近的学科下。

传媒艺术教育已经具备了如此大的规模和发展速度，而且这种增长的趋势还在继续，这对传媒艺术类相关学科、相关专业建设发展而言是一件好事，对传媒行业、艺术行业发展而言，也是一件好事。但遗憾的是，我国传媒艺术教育质量还存在诸多问题，主要体现在以下三个方面。首先是不均衡，指的是众多开设传媒艺术类专业的院校在人才培养质量上参差不齐，甚至存在天壤之别。其次是不协调，指的是传媒艺术人才培养的目标与行业的契合度不够，对于传媒行业亟需的人才我们在培养上失位或者错位。最后是不达标，指的是传媒艺术类专业开办的审批监管不到位，专业质量评估又起不到严肃的制约作用，导致传媒艺术类专业"野蛮生长"，以致部分高校传媒艺术教育盲目扩充，甚至在一些基本条件不达标的情况下就匆忙上马。

作为一种行业特色鲜明的专业教育，高等院校传媒艺术教育尽管不可能亦步亦趋地跟着传媒行业，有自己的相对独立性，但是传媒行业的这种变革对传媒艺术教育的影响不容忽视。笔者认为，当前我国高等院校传媒艺术教育发展应该根据传媒行业的发展趋势和艺术教育的发展规律，树立三种意识。首先是树立全球化意识，主动寻求更大的"舞台"，挑战更残酷的"擂台"。这既是传媒行业发展的迫切需要，也是传媒艺术教育发展的内在要求。中国传媒艺术发展不可能脱离全球传媒发展大的背景、大的趋势、大的轨道，世界各国传媒发展彼此影响，你中有我、我中有你。传媒行业全球化的竞争合作局面，加速了传媒艺术生产资料在全球市场的广泛流动，这其中，竞争最为激烈的就是专业人才，因此，对传媒艺术教育而言：一方面，全球化的市场为我们传媒艺术人才培养找到了最前沿、最高端的出口和平台，拓宽了我们的就业渠道，提供了更多施展才华的机会；另一方面，我们的人才培养面临着来自世界各大知名艺术教育院校的激烈竞争，考验我们的不仅仅是传统意义上的专业能力，而且是国际视野里的专业技能和综合素质。其次是树立全媒体意识，迎接跨界融合带来的挑战，夯实专业基础，敢于大胆创新。所谓"全媒体意识"指的是，传媒艺术教育既要有清晰的、传统的传媒艺术类型意识，又必须有面向未来的、创新的、大胆的、跨边界的全媒体思维。随着传媒相关科技的不断进步，尤其在传媒艺术创作生产、传播、消费各个流程环节中实际应用的迅速铺开，传媒艺术融合升级变革的速度还将大幅提高，以前的摄影艺术、广告艺术、电影艺术、广播电视艺术、动漫艺术、新媒体艺术在新的生产、传播和接受环境下，已经出现了边界的游离模糊和交叉共生的现象。因此，对传媒艺术教育而言：一方面，需要按照既定的人才培养目标和方案有序推进，夯实专业基础，强化理论积淀，提升实践创作能力；另一方面，不能故步自封、墨守成规，应该培养学生的创新意识、前沿意识，鼓励他们大胆探索。最后是树立全产业链意识，培养复合型人才。传媒艺术教育从职业分布或行业就业上讲包括导演、表演、摄影、录音、美术、文学、音乐、动画等传媒艺术生产创作的全部流程或工种。现实的传媒艺术实践创作绝大多数都不是独立创作，需要调动各个环节中的资源，协调各个链条上的元素，通盘考虑，才能完成一部完整的传媒艺术作品。因此，对传媒艺术教育而言：一方面，我们需要加大学生实践创作技能的训练力度，提高学生的实践创作素养和创作能力；另一方面，我们要提供专业的实践创作平台，提高学生的联合创作能力，培养他们的团队意识，提高资源整合能力。

在建设社会主义文化强国，推动社会主义文化大发展大繁荣的过程中，传媒艺术是其中的重要内容，也承担着提升文化软实力，塑造良好国家民族形象等重要任务。促进传媒艺术大发展大繁荣，队伍是基础，人才是关键，而广大高等院校是我国传媒艺术人才培养的摇篮。值得欣喜的是，我国高等院校传媒艺术教育发展基本良好，但是在速度与效益，数量和质量之间的平衡问题还需要给予重点研究和关注。这需要教育管理部门、行业和高校共同努力，及时在人才的培养模式中予以创新，迎接变化带来的挑战，探索符合教育规律、适应新形势、满足行业新需求的中国特色传媒艺术教育之路。

发力源、着力点、实施面：传媒艺术教育中创作实践能力培养三论*

传媒艺术教育具有很强的行业指向性和实践应用性，与传媒行业发展密不可分。我国传媒艺术教育为传媒行业发展培养了大批的专业人才，同时得益于行业的快速发展，获得了难得的发展机遇，但是，传媒艺术教育也存在一些不足，其中较为突出的是，传媒艺术教育创作实践能力培养的水平，距离国家、行业和社会需求还有很大差距。究其原因，涉及很多层面也很复杂，但实践创作能力培养的层次目标不清晰，相应的培养载体的支撑能力又比较弱。

一、实践创作能力培养的地位与现状：既核心又薄弱

传媒艺术指的是 19 世纪上半叶摄影术诞生之后逐渐形成的艺术族群，主要包括摄影艺术、电影艺术、广播电视艺术、新媒体艺术等，其鲜明的特征是：科技性、媒介性和大众参与性。从整体性视角来看，人类艺术可能就分为传统艺术和传媒艺术两大艺术族群。① 传媒艺术教育是跟传媒艺术创作生产、传播、接受相关的教育，宏观意义上指的是所有跟传媒艺术行业、职业、

---

* 本文原载于《现代传播》2017 年第 3 期，与王珏合作完成，收入本书时略有改动。
① 胡智锋，刘俊.何谓传媒艺术［J］.现代传播（中国传媒大学学报），2014，36（1）：72-76；刘俊.论传媒艺术的科技性——传媒艺术特征论之一［J］.现代传播（中国传媒大学学报），2015，37（1）：93-100。

产业相关的技能培训、专业教育及学术研究。此处关注的传媒艺术教育是狭义层面上的，特指我国高等院校传媒艺术类本科层次的专业人才培养。从学科专业分布上讲，涉及艺术学门类下戏剧与影视学类、设计学类、美术学类、音乐与舞蹈学类、艺术学理论类这五个大类别下的十几个专业，如戏剧影视导演、广播电视编导、播音主持艺术、影视摄影与制作、戏剧影视文学、动画、数字媒体艺术、广告设计等。

我国传媒艺术教育发展面临着三大利好。一是国家对文化艺术行业的高度重视，政府对公共文化服务职能的重视，将文化权益保障作为其重要责任予以确立；文化艺术品市场在国民经济中的比重越来越大，对整个国民经济大拉动促进作用也越来越大，影响了整个社会的精神文化生活变化。二是传媒行业快速发展，传统媒体持续发力，新媒体迅猛崛起，不仅促进了传媒行业整体的做大做强，也催生了诸多"传媒+""互联网+"的新型业态和艺术品种。三是艺术学科新增为第13个学科门类，下设五个一级学科，为传媒艺术类相关学科发展指明了发展方向，开辟了广阔的天地，带来了巨大的发展机遇。总之，我国传媒艺术教育发展势头基本良好。

单就传媒艺术专业的特色分析，"植根传媒、面向社会"是传媒艺术教育的基本要求，培养实践应用型人才是绝大多数院校传媒艺术类人才培养的基本定位。因此，在传媒艺术类人才实际的培养过程中，学生实践创作能力培养就显得格外重要。

（一）实践创作能力培养是传媒艺术教育中的核心环节

"知行合一""理论联系实际"等教育规律对艺术教育的意义十分重要，而对传媒艺术教育而言，就是要培养学生的实践创作能力。传媒艺术类相关专业根据每个学校的实际，以及每个专业的培养目标、培养层次、培养实力的差异又有不同要求和具体指标，但有几项最基本的要求应该满足：如基本实践素养的培育，实践创作元素的培训，联合（或独立）创作能力的训练。任何一个专业，不管培养的人才是针对摄影、广告、电影、广播电视、动画、新媒体还是针对其他文化艺术样态，如果没有基本的行业意识、生产制作流程概念、基本的动手操作能力，是很难适应行业需求的；同理，不管是针对传媒艺术生产的前期、中期还是后期，或者是针对传媒艺术生产的周边环节，如传媒管理、传媒经营、传媒法规、传媒教育等，也都应该树立基本的行业意识，掌握生产制作流程概念和基本的动手操作能力。总之，实践创作能力是衡量传媒艺术类人才培养质量的核心指标，也是传媒艺术类专业建设的核心竞争力，还是行业、市场和社会考察传媒艺术人才专业素养的核心内容，因此，实践创作能力培养是传媒艺术类人才培养的核心环节。

（二）实践创作能力培养是我国传媒艺术教育中的薄弱环节

长期以来，我国传媒艺术类人才培养具有专业基本固定、大班授课、重理论教育、专业性较强等特点，这虽然可以促进学生掌握本专业的知识和技能，但也容易导致条块分割、视野狭窄；虽然促进了学生专业模式的统一，却忽略了创新教育的多元性发展；虽然促进了学生对行业领域的训练与前沿动态的研究，但忽略了业界和社会的长久需求，不利于传媒艺术人才人文底蕴、社会品格、国际视野的养成……这种人才本身的素质缺陷，与传媒行业的快速发展不相匹配。

通过调研，我们发现高校对传媒艺术类相关专业的办学热情要远远高于提升专业实践创作的培养能力，这导致传媒艺术人才创作素养不高、创作能力不强，距离专业培养需求和行业要求还有很大差距，因此显得特别薄弱。这种薄弱具体体现在以下三个方面。

首先，部分高校对实践创作教育的投入不足。实践创作教育成本比较高，不仅需要大量的基础设施和设备，还需要有相应的师资配套，尤其是有实践创作能力的专业教师，这对很多高校来说是一个很大的压力。这种"投入不足"可以概括为两个方面：一是硬件投入不足，硬件设备在数量上不能够满足招生规模扩大带来的实际需求量，在质量上大量设备陈旧落后也不能适应行业发展的实际要求；二是软件投入不足，实践创作能力培养不只是提供了足够多的先进设备、场地就可以水到渠成，还需要大量的有丰富业界实践经验的专业老师来亲自指导，以及学校整体的实践创作氛围的营造和业界资源的良好对接,而现实困境在于,无论是传媒行业的精英人才还是品牌媒体,都大多集中在一线城市,这对多数高校来讲是一个难以克服的困难。此外,学校实践创作氛围的营造也不是一朝一夕可以完成,尤其是对那些非艺术类院校而言这一点很难解决。

其次,部分专业对学生实践创作能力培养的重视度不够。传媒艺术教育在专业教学中首要面临的问题就是平衡处理艺术理论与传媒实践的关系,但现实情况是部分专业在这个问题的处理上处于失衡状态,往往以制作代创作、以创作知识代替创作能力、以考试成绩代替作品评价人才品质,具体可以概括为"三轻三重":一是轻传媒实践重艺术理论,这带来的后果是培养的传媒艺术人才实践创作能力不强,容易华而不实,难以满足市场和行业的需求;二是轻艺术理论重传媒实践,这带来的后果是培养的传媒艺术人才上手快,后劲不足,难以形成高端人才,难以大放异彩;三是轻传媒实践轻艺术理论,这带来的后果是人才培养定位不清,目标不明,往往把一些特色当规律,把缺陷当优点,忽略了传媒艺术教育的基本需求和真正规律。①

最后,部分院校的学生实践创作意识不强。无论是从人才培养角度还是从传媒艺术创作生产角度,实践创作意识是传媒艺术人才重要素质和能力的体现。这种意识不强体现在三个方面。一是主动创作意识不强。学生实践创作能力的提升最终需要他们充分发挥自己的主体性,认识到实践创作的重要性,不仅在课堂教学过程中认真学习实践创作理论,还要在课外时间利用各种实践创作平台,主动寻找实践创作机会。二是联合创作意识不强。传媒艺术实践创作不是独立创作,需要调动各个环节上的资源,协调各个链条上的元素,通盘考虑,树立团队意识,提高资源整合能力,任何一个传媒艺术类型创作都不可能依靠一个人独立完成,这种联合意识说到底又是一种综合能力的体现,很多学生比较缺乏。三是独立作品意识不强。如前所述,传媒艺术类专业设置的特点在于精细,精细的好处在于精细化分工,考虑到了行业

---

① 周建新,邵岩.关于我国传媒艺术教育发展的几点思考[M]//胡智锋,张承志,孙为.中国影视文化软实力:创新与融合.北京:中国传媒大学出版社,2016:232.

需求，缺点是缺乏系统性。即缺乏完成或者主导完成一个独立传媒艺术作品的意识和能力，专业设置的特点致使很多学生在学习的时候只专注自身的专业学习，而忽略了一个完整传媒艺术作品的体系意识培养和全产业链意识培养。

二、培养实践创作能力的发力源、着力点和实施面

针对传媒艺术人才培养的特点和传统培养模式的不足，需要紧跟行业和市场步伐，瞄准实践创作的新变化、新要求，用清晰的思路去巩固提高学生的实践创作能力，具体有三个层次。

（一）培养实践创作能力的发力源：三大责任

传媒艺术教育责任主体包括以下三个方面。一是教育政策制定者。包括教育主管部门、学校，它们是政策的制定者，也是教育方向的引导者，如何在政策的研究制定上调研并把握行业动向，了解行业需求，调整政策导向，在制定科学合理的培养方案时强调学生实践创作能力培养是重点。二是教育方案实施者。包括具体的院系等教学部门和各个教研室、教学小组，每个专业有哪些硬件设备，师资团队是什么样的规模又具备什么样的特长优势，甚至每个教师在每个学期、每个课堂上的教学效果等，都掌握在院系教研室手上，因此它们是实践创作教育实施主体，他们的落实力度和实施能力直接决定了教育质量。三是学习主体。也就是我们广大传媒艺术类专业的学生，前两方的努力最终都要在学生群体中落脚，他们也是实际效果的最终检验。那么对前两者而言，最重要的一点就是要考察研究这个群体现在的学习情况，包括学习状态、学习方式、接受心理等，尤其是在互联网环境下学生获取知识的方式、方法、心理的变化，必然要求我们的授课方式及时改进与创新。这直接决定了我们政策制定的方向，也影响了我们具体教学方案的实施。

（二）培养实践创作能力的着力点：意识、技能和创作

实践创作能力培养可以概括为以下三个方面。一是实践创作意识的强化。实践创作意识的重要性在于教学管理者、教师和学生能够达成共识，相向而行，而不是互相掣肘。如果学校不重视传媒艺术人才的实践创作能力，自然就得不到政策、资金、资源的倾斜，那么一切将无从谈起；教师如果不重视学生实践创作能力的培养，或者说教师团队本身就没有实践创作能力，那么，课堂教学理念、教学内容、教学方法就很难有实践创作知识、经验的传授；同理，学生如果不重视实践创作素养的积累和创作能力的提高，前面的一切努力都将付诸东流，很难有实质的效果。二是实践创作技能的训练。所谓创作技能训练，指的是各个专业所要求的最基本的创作元素技巧训练，例如摄影专业技能、录音专业技能、编导专业技能、美术专业技能、文学专业技能等，这是实践创作的起点，也是专业人才具备的基本技能。不同专业对技能训练要求的广度和深度都不同，但是作为一个传媒艺术专业人才，熟练掌握一门专业技能是基本要求，在此基础上扩大自己的专业领域当然是理想状态。三是综合实践创作能力的提升。综合创作能力指的是联合创作能力，这是实践创作的实操环节，是实践创作能力培养中最重要的也是最后一个环节，这个环节最重要的衡量标准是作品，不管是你学习什么专业，不管你掌握了哪一类创作元素技能，最终你需要完成一部艺术作品，如广播剧、故事短片、纪录短片、动画片、舞台剧、电视晚会、游戏、绘本、交互产品等。那么对很多专业的学生来讲完成一部独立的艺术作品是很难的，部分是因为他们各自专业的主攻方向不是按照独立的艺术作品去设置专业的，这就要求他们的团队联合能力、资源整合能力强，也正因如此，我们才称之为综合实践创作能力。

（三）培养实践创作能力的实施面："五课"

一是课程。课程体系是一个专业的核心资产，是一个专业区别于另一个专业的主要特征，也是同类专业不同院校竞争的重点，它是专业建设成绩的体现，也是一个专业实力的全面反映，它的设置直接关系到专业培养目标的实现和教育成果的转化。那么，要实现实践创作能力的提升必须从课程体系下手，将其作为一个指导思想贯穿整个课程体系的架构、布局、编排，例如创作实践课程要占总体课时量的多大比重以及确立其在整个课程体系中的地位等。

二是课堂。课堂教学是传媒艺术教育较有特色的地方，设计符合课程特质和人才培养需求的教学方式、教学活动，更多地将人这个具有生命活力的主体置于课堂互动的核心上，调动人、技术、环境、资源等各方面的要素，创设和谐的、促进学习者学习、自由、发展的学习空间，是十分重要的。①"对于传媒艺术教育更是如此，互动性是教学相长的必然要求，也是传媒艺术的主要特色。传媒艺术教育课堂教学的互动性主要包括两个方面：一是教与学的互动；二是理论与实践的互动。创作实践教学具有综合性，既有教学环节的综合，又有专业课程的综合，还有跨专业学生的综合。②

三是课本。课本规划指的是教材建设，教材既是专业建设成果的集中体现，又是指导专业教学开展的蓝本，还是学生学习的指南。国家教育管理相关部门、行业组织、高校、出版社都重视教材出版，出版权威的专业教材是专业建设水平的充分体现。对传媒艺术类专业而言，如何尽快摆脱国外翻译教材占主流的尴尬境地，出版有中国特色的传媒艺术类专业教材，如何改变教材五花八门、难以形成比较系统权威教材的尴尬境地，规划出版经典的系列教材，是亟须解决的问题。对传媒艺术实践教学而言，组织相关专家，在总结传媒艺术实践与艺术理论的基础上，编辑出版有中国特色的传媒艺术实践教材对提升专业创作素养大有裨益。

四是课外。这里的课外指的是课外学习，之所以认为它重要，是因为现代的教学理念，普遍在缩短课堂教学时间，延长学生课外学习时间，学生是

---

① 陈卫东，叶新东，秦嘉悦，等. 未来课堂——高互动学习空间［J］.中国电化教育，2011（8）：6-13.

② 尹敬媛. 树全新教学观塑复合型人才——广电传媒学科综合创作实践教学初探［J］.电影评介，2008（11）：67-68.

否能够抓住这个时间段，主动去学习、会学习、学到知识、锻炼技能很重要。课外学习对于大学生而言是一个十分重要的学习环节，尤其对于传媒艺术类专业学生而言，利用课外时间去实践课堂教学理论、锻炼实践能力很重要。

五是课题。这里的课题指的是教学研究，这个环节往往会被忽略，大多数人认为这个跟实际的教学实践距离较远，这其实是个误区，对传媒艺术教育而言，及时加大行业实践、教学实践研究力度，将其提升为教育教学理论对人才培养和专业建设都很重要。丰富的教学实践成果需要教学理论研究来及时进行总结、归纳和提升，并反哺传媒艺术教育实践，指导教学实践。遗憾的是，传媒艺术教育在这方面积累的研究成果并不多，对于一门比较新兴的学科而言，这种教学理论总结显得更加难能可贵和必要。

三、关于提升我国传媒艺术教育实践创作能力的建议

传媒艺术类人才实践创作能力培养是一个系统工程，需要教育主管部门、学校和学生多方共同努力。

第一，明确培养定位是方向。在当前经济与科技飞速发展的时代背景下，我们需要的是一种以具有广泛迁移能力的基本知识与基本技能为基础的宽口径型人才，是具有广泛适应性的应用型人才。[①] 传媒艺术类人才的社会定位不仅是高校在教学过程中急需明确的，也是当下社会发展过程中不可回避的问题。由于传媒业的高速发展，此类人才的定位一直处于模糊不清、分工不细的状态。笔者认为，在新时代，我国传媒艺术类人才的培养定位应该是：培养具有传媒时代素养，包括知识素养与技术素养，同时具有良好的创作能力与实践能力，能够结合新媒体技术与观念、利用新媒体技术，将专业知识转化为作品、将学科常识转化为创作，艺术素质与实践应用相结合、艺术理论与创作能力相结合的新时代复合型人才。

---

① 李庆丰，薛素铎，蒋毅坚.高校人才培养定位与产学研合作教育的模式选择［J］.中国高教研究，2007（2）：70-72.

第二，创新培养体系是核心。科学的人才培养体系是人才培养的重要保障。应积极构建知识、能力、素质三位一体的应用型人才培养体系，按照"学生素质综合化，培养内容个性化，实践实训全程化，成才途径多样化"的要求，努力培养"明体达用"的应用型人才。①笔者在研究过程中，认真总结了我国传媒艺术类人才培养的经验教训，树立问题意识，致力于解决目前我国高等院校中传媒类人才培养中存在的问题，提出兼顾两头强化中间的"151培养模式"，即在开端以选拔优质生源为核心，在末端以优秀艺术作品创作为准绳，在中间做好课程、课本、课堂、课外、课题"五课"的内容贯通工作。"五课"前文已述，末端评价机制后文将专述，这里主要强调生源选拔的重要性。

传媒艺术教育的重点之一就是生源选拔，因为这既是高校传媒艺术教育的起点，又是关系育人质量的关键点，生源质量高低直接决定了艺术教育的成败。艺术教育相对普通专业教育而言，对生源的依赖程度更高，这是由于艺术教育对学生的艺术天赋和基本创作能力有着严格的要求，而这些很难在后期的培养中予以补足。因此，需要在生源选拔上创新方法，"不拘一格降人才"，灵活处理好几个问题：一是专业成绩与高考成绩之间的平衡问题；二是考生数量与质量之间的平衡问题；三是创新方式与公平公正之间的平衡问题。

第三，搭建创作平台是关键。传媒艺术类人才的知识结构与能力结构是实践创作能力的核心内容，就传媒艺术类人才培养现状来看，极易出现知识与能力脱节、理论与创作脱节的情况，将知识结构与能力结构打通，促使两者互为支撑、互相转化，融汇为人才发展的持续动能，是至关重要的。若要将知识结构转化为能力结构，就需要一个模拟或涉足真实产业环境的有效转化途径，就是创作平台。

创作平台是学生孵化创意、打磨作品、职场演练的有效环境，是提升综合素质的重要构成。笔者认为，应该建立集招生与就业、课堂与课后、校内

---

① 王荣德.新建本科院校应用型人才培养体系的构建与实践［J］.高等工程教育研究，2011（6）:102-106.

与校外、理论与实践为一体的多重培养机制，在面向校内的同时，以更开阔的视野向全社会开展，形成对传媒艺术人才有先进性、普适性的培养平台。通过不断优化创作平台，加大创作与实践的比重，将作品作为衡量学生学习的重要标准，并努力为学生拓展国际竞赛平台与社会实践平台。在实践应用环节，以创作平台为纽带，打造"创作导师＋联合创作团队＋实际项目＋推广评奖渠道"的实践培养体系。

第四，改革评价体系是重点。传媒艺术教育应该推广建立以作品为核心的检测机制和评价体系。通过对学生作品的艺术水平、技术水平、内容与形式的结合度、获奖与社会影响力、商业孵化的可能性等方面进行立体化的评价，来检验人才培养的质量。具体的评测方法包括教师评价、学生互评、专家督导等，形成多向度的评测体系，以验证传媒艺术创作在实践中的潜能。

实践创作能力的评估应贯穿日常实践实训教学、集中实践教学和毕业实践创作三个阶段，并在每个阶段根据专业特点设立明确的检测目标。日常课堂应将实践实训基础能力训练融入到课堂当中，有条件的直接升级为实践实训课程；集中实践教学应集中时间、集中地点、集中师资、集中精力，开展实践教学集训；毕业创作则应将毕业环节作为大学实践创作能力的一次集中展示，强调人人有作品、力争出精品。

除上述四个重点外，传媒艺术类人才培养还应注重营造创作环境。创作型人才培养的成功不仅取决于培养各具体环节的顺利改革，还取决于人才成长环境的营造。人才成长环境包括校园文化、专业传统、艺术氛围、学习空间等有机构成要素。纵观国际传媒艺术类人才培养，其成功之处，不仅是有科学的人才培养体系、先进的实验室和高端的设备设施，而且有学生们薪火相传的大学文化、艺术追求、人生理想。从传媒艺术类人才培养环境的构成以及创作氛围的营造方式来看，一方面需要基于理论建构起包括实验室、软硬件设备设施在内的创作实训平台；另一方面需要由良性的作品竞争带动的传媒艺术类创作型人才培养的良好氛围，最终营造出人人参与创作、人人喜欢创作的育人氛围。

总之，实践创作能力提升对提高传媒艺术教育质量的重要性不言而喻，

高等院校需研究提出一套具有中国特色、科学性和可行性的人才培养体系,进一步创新人才培养方法和手段,这既需要研究传媒艺术教育规律,也需要保持与传媒行业的良性互动,并坚持走内涵式发展而非盲目扩大规模的创新道路。

媒体融合语境下我国传媒艺术教育创新的动力、理念和模式[*]

习近平总书记在 2014 年的文艺工作座谈会上指出，互联网技术和新媒体既改变了文艺形态，催生了一大批新的文艺类型，也带来了文艺观念和文艺实践的深刻变化。同时，十九大报告也强调，要繁荣发展社会主义文艺，必须加强文艺队伍建设，培养一大批高水平的创作人才。传媒艺术属于我国社会主义文艺中的重要类型，在国家文化建设中占据重要的地位。因为具有鲜明的技术属性，传媒艺术在媒体融合环境下，依靠技术的充分赋能，促进了各个流程、要素和环节的变革与升级。在这种背景下，我国传媒艺术教育理念与模式必须全面创新，才能适应传媒艺术实践发展需要，才能培养一支高水平的传媒艺术人才队伍。

一、媒体融合语境下传媒艺术实践变革的趋势与潮流

自摄影术诞生以来，"包括摄影艺术、电影艺术、广播电视艺术、新媒体艺术，以及经现代传媒改造了的传统艺术形式"的传媒艺术族群，以其"机器和人共为主体"[1]的特性，迅速普及、大范围扩张，改变了人类艺术生态和

---

* 本文原载于《艺术传播研究》2020 年第 1 期，与王珏合作，收入本书时略有改动。
① 胡智锋，宋素丽.全媒体时代艺术教育的生态认知、底层建构和方向追寻——访长江学者、北京师范大学艺术与传媒学院院长胡智锋教授[J].新疆艺术学院学报，2018，16（4）：1-14.

文化生态。有研究者认为，传媒艺术的历史演进可以分为三个时期，即机械复制时期、电子化时期、数字化时期——前者发端于1839年的摄影术的诞生，中者起始于20世纪二三十年代电视的诞生和有声电影的风靡，后者起始于20世纪六七十年代互联网的出现。① 然而，互联网技术对传媒艺术理论及其实践活动的影响还远没有结束，尤其是媒体融合对传媒艺术带来的影响正在上演且未来无限可期。随着大数据、人工智能、物联网、5G技术在传媒艺术实践中的广泛应用，媒体融合进入大发展阶段，即从媒体融合到融合媒体，再到智能媒体的关键时期，② 传媒艺术的创造主体、文本形态、接受环境将发生深刻变化。笔者认为，传媒艺术的媒体融合分为三个阶段，即多渠道相互整合内容阶段、多渠道合而为一阶段、本体独立成熟阶段。

（一）传媒艺术的领地意识与内容整合

尼古拉斯·尼葛洛庞帝（Nicholas Negroponte）等人提出的"媒体融合"（media convergence）③ 准确捕捉到数字化生存时代传媒发展的基本态势和理想化的模型。但从中外的传媒实践观察，这个理想的实现并非一片坦途。这一方面是传媒体制机制的原因——如从体制架构上讲，摄影艺术、广播电视艺术、电影艺术、网络文艺分属不同的部门来管理，长期以来形成的管理体制、管理机制和管理方式都有所不同，发展的模态自然也就不同，那么在长期的历史形成过程中自然就会形成自己的领地。另一方面是传媒自身规律所致。媒体的本质是讯息④，讯息的背后是人的需求。人类对讯息的基本要求是一以贯之的，如更真、更善、更美；但人的需求也是有其变化过程的，它是建立在人类社会发展整体态势基础上的，而"真、善、美"在不同的技术条件下实现的可能性是不一样的——纵观人类传播史，受制于人类信息技术、通信

---

① 胡智锋，吴炜华.传媒艺术的历史演进、研究路径及学科回应：一种跨学科的文化视野［J］.现代传播（中国传媒大学学报），2013，35（12）：50-54.
② 廖祥忠.从媒体融合到融合媒体：电视人的抉择与进路［J］.现代传播（中国传媒大学学报），2020，42（1）：1-7.
③ 尼葛洛庞帝.数字化生存［M］.胡泳，范海燕，译.北京：电子工业出版社，2017.
④ 麦克卢汉.理解媒介——论人的延伸［M］.何道宽，译.北京：商务印书馆，2001：1.

技术、制作技术等的发展程度，口耳传播、文字传播、造纸术、印刷术、报刊、电报、电话、摄影、广播、电影、电视不是一蹴而就、鱼贯而入的，总有先后顺序。由此可见，传媒艺术的领地意识和融合意识如同矛盾的双方一直都存在，当一种新的媒介出现时，它必然是对已有媒体传播技能选择性的"扬弃"；而已有媒体也不会立即束手就擒、被取而代之，总有它使命和功能的延续，因为固有领地的历史优势有其发展"惯性"。所以，在媒体融合的早期，各个媒体对媒体融合、对互联网的态度都是从冷漠的抵制到被动的半推半就，但也会因为压力去"师夷长技以制夷"，但底线是自己的领地不可被"侵犯"。在领地安全的前提下，媒体间相互借力，吸收彼此的内容，以增强自己的传播优势，提高自己的传播影响力。

（二）传媒艺术的边界消失与渠道统一

互联网牵引的媒体融合不仅在加速，而且在提质增效，即将媒体融合时期转型升级到融合媒体时期。所谓融合媒体，即媒体融合由于技术成熟进入实质融合阶段——PC端和移动端将实现统一，网络新媒体的平台性和生态性愈加明显，网络新媒体以其空前的用户吸附能力重构这个社会人与人之间的关系。在这种情况下，传媒艺术内容生产流程的边界和文本类型的边界都在逐渐消失。一是传媒艺术创作、传播和接受的角色身份在消失。在融合媒体时代，传统意义上的传媒内容生产、传播与接受的流程化将不再严格区分，消除了严格的板块边界，作者、传者和受者身份有可能二者重叠，也有可能三者合一，难以厘清。二是传媒艺术文本类型的形态边界在消失。一方面，在融合媒体生态下，传媒艺术已有类型自身在数字化、网络化、虚拟化、情景化的趋势下被不断地改造，趋向形态特征的同一性。另一方面，"类型创造自己的参照域（field of reference）"，主类型不断衍生出各种次类型（亚类型）；各个已有的类型之间在文本形态、叙事模式、呈现方式等方面，相互"越界""混搭""杂糅""侵蚀"，最后统一为相互妥协认可的新兴的传媒艺术样态。①

(三)媒体艺术的智能生产与本体独立

随着人工智能技术的应用,机器智能创作生产的内容AIGC(Artificial Inteuigence Generated Content)将大量出现,于是,在一个时期内,专业制作队伍创作的内容PGC(Professional Generated Content)和用户主导创作的内容UGC(User Generated Content)将共存。大数据分析、精算法、智能模拟等在传媒艺术的创意策划、文案(剧本)写作、场景创造、角色表演、无人拍摄、特效制作等环节中广泛应用,彻底颠覆已有的创作与传播流程。另外,在传媒艺术接受环境中,随着AI、VR、AR、MR技术的开发,虚拟现实技术将在传媒艺术创作生产领域得到广泛应用,一些沉浸式的影院、画展、演出、文旅产品等呼之欲出。至此可知,智能媒体时代所显现的,不同于媒体融合初期的内容整合,也不同于融合媒体阶段的平台统一和移动互联化,而是传媒艺术创作、传播与接受的全流程、全要素将在人工智能主导的模态中实现融合统一。为此,笔者判断,传媒艺术的本体将发生变化,不再有边界分工、区块分割,一种全新的艺术审美样态将出现在我们身边,影响我们的生活方式、思考方式、社交方式、消费方式。

在这种情形下,如何迎接"人人为媒""万物为媒""社会为媒"时代的到来,为人与人、人与物、人与社会的新型媒介关系提供更优质的服务;如何适应艺术文本边界的日益杂糅混搭,不断推陈出新,为广大受众提供更多更高质量的审美享受;如何抓住传播平台PC端和移动端统一的机遇,创新传播方式,提高传播效率,实现精准传播和优质传播;如何洞察受众人群接受方式、接受心理的复杂变化,为其提供更具生态性、景观性、体验性的接受环境和接受空间——这些都是学术界必须及时回答和阐释的学术命题,也深深影响到教育界的创新发展。

---

① André Glucksmann.Robert Warshow. The Immediate Experience, Movies, Comics, Theater and other Aspects of Popular Culture [J]. 1962, 130.

二、媒体融合语境下我国传媒艺术教育的理念创新

媒体融合带来的传媒艺术实践巨变决定了现有的传媒艺术教育理念与模式必须改革创新。在当前环境下,传媒艺术教育承担着重要的历史使命和责任,培养什么样的传媒艺术人才、如何培养传媒艺术人才,是传媒业界、学界及其他各界面临的共同问题。这直接关系到国家意识形态安全、社会治理水平、网络文化安全、国家形象传播和文化软实力的提升。基于此,笔者认为,传媒艺术教育应该从价值导向、实践指向、体系设置三方面,树立全新的育人理念。

(一)传媒艺术教育创新的价值观念

媒体融合已经上升为国家战略,高水平传媒艺术人才培养意义深远。这离不开价值观内核构筑与正确引导。习近平总书记指出,如果一个民族、一个国家没有共同的核心价值观,莫衷一是,行无依归,那么这个民族、这个国家就无法前进。艺术作为人类精神的重要载体,不仅是创作者的主观之思,也反映着社会文化的发展导向。人才培养的质量直接关系到未来艺术创造的效果,而艺术作品创造就是价值输出,因此,传媒艺术教育重视价值观在教育体系中的引领作用,在价值引导上做到"两个融合":一是面对人才理念和培养格局升级的新要求,做到人文底蕴与科学精神的融合;二是面对人才培养使命的新要求,做好民族特色与国际传播的融合。新时代的传媒艺术人才,既能致力于对民族艺术新经验的探索、对当代中国发展力的表达、对人类命运共同体的关注,也能兼具文化自信和话语能力;既能通过先进的理念与优秀的作品,满足公众精神消费和日常审美需求,也能服务于"讲好中国故事""展现中国形象"的文化传播战略,提升国家传播能力。

在具体教育创新过程中,应秉持价值人文性、民族性和国际性相融合的"三个维度"。一是加强价值塑造的人文性。传媒艺术发展的出新与人文和自然学科的创新密切相关,科学教育有助于形成现代型人才的逻辑性、思辨性

和理性判断力;"艺术教育有助于形成现代型人才的主体性、独创性、审美判断力,科学教育与艺术教育并驾齐驱才是现代型人才培养的大方向"[①]。作为时代视听表征的艺术,急需先进理念和科学内涵作为支撑。过去,我国人文学科重视传统沿承,对探索性的议题发掘不足,对前沿性的领域开拓不够,并多采用业已成型的理论范式解释不断发生与演变的社会现象,在一定程度上产生了新话语或新想象较为匮乏的问题。因此说,媒体技术作为艺术创作的必要手段已不足够,文化积淀、媒介素养、科学精神也将全面纳入从业者基本能力构成的评价标准中。人才的能力提升不仅是指单维的技艺精进,还包括通过方法论的初步形成具备发现新命题、探索新命题、解决新命题的自觉。二是加强价值传承的民族性。面对国家发展日新月异、社会议题不断迭代的现实,原创能力与进取意识就变得尤为关键,民族文化发展与前沿艺术探索亟待一体化融合。因此,宜在传媒艺术创作中延承中国文艺传统,在作品内涵构建中重视对中华文化精髓的汲取与中国民俗艺术的运用,打造具有中华美学价值的视听符号体系。三是加强价值传播的国际性。不仅要做好我国艺术创作民族美学的再塑和特色风格的传播,还要将眼光投入到融媒体发展和国家传播事业的前沿阵地中去,体现对当代中国的展示、对时代发展的思考、对国际议题的参与和对文化精粹的宣扬。在作品表现形式上,应吸纳前沿媒介创意的新质,通过前沿科技和影像语言的应用来提升跨文化传播的能力,全面融入艺术生产与消费的全球化浪潮,并引领东方艺术新风向。

(二)传媒艺术教育的实践指向性

过去几十年,我国的传媒艺术专业教育主要为我国相关产业的起步解决了专业人员数量提升和应用制作技能培养等问题,在摸索式发展中逐步实现了院校分布广阔、教学资源丰富、专业设施齐备的良好局面,为中国传媒产业的发展提供了必要的前提条件。未来随着产业竞争加剧,传媒艺术高等教育的整体定位必然会发生重大变迁,面临着由内而外的本体创新诉求和由此

---

① 郭必恒. 2018 年中国艺术教育年度报告——高校篇[J]. 艺术评论,2019(3):152-157.

及彼的融合创新诉求，相应地，人才标准也将出现层级化的跃迁，与国家的科技发展与社会转型实时同步。

在媒体融合语境下，我国传媒艺术人才培养创新，要在沉思历史经验的基础上，置身于社会发展变革的动态进程，汲取传统艺术发展创作经验，投入适应新传媒业态的创作转型中，从用人需求反推育人要求。以"倒置法"来反观人才培养目标和教育路径，可通过对当前建构中国传媒艺术品牌所需的创作产业结构、创作人才结构、创作素养结构的多维剖析，定性分析传媒艺术高等教育发展的关键要素，在教学结构中系统性地补充相应环节，在教学内容上针对性地强化相应内容，并在艺术实践中始终坚持以前沿研究和产业创新为导向。

在具体教育体系创新过程中，应在创新性、结构性上坚持"两个把握"的创新思路：一是把握传媒艺术人才培养体系的创新性，统观以往国内的教学经验和当下海外的教育范例，用作借鉴但不作照搬，以新思维、新方法解决当下我国艺术高等教育的新问题；二是把握传媒艺术人才培养体系的结构性，在培养机制上有抓手、有重点，而非随机提议、平均用力、散点建设。

（三）传媒艺术教育体系设置的全面性

媒体融合语境下的传媒艺术新业态，也要求传媒艺术人才培养提高与媒介化社会需求的契合度，并加快融合性创新体系的建设，搭建艺术与技术、艺术与科学、艺术与传播等学科交叉平台。习近平总书记在视察解放军报社时指出"强化互联网思维和一体化发展理念，推动各种媒介资源、生产要素有效整合，推动信息内容、技术应用、平台终端、人才队伍共享融通"。这对媒体从业者的宏观视野、发展意识、知识储备和应变能力提出了综合要求。融合性的传媒艺术教育正是上述素养提升的关键环节，决定着人才能力的质变。

在此背景下，传媒艺术教育应该以"一体多维"的理念不断扩大培育空间、升级艺术理念、深化教育内涵。其中，"一体"是指打造立体化综合教学平台，"多维"则是指在该平台空间内通过维度创新实现效能提升，具体包含以下四个层面。

资源维。"资源维"指的是通过建立超链接关系，打破校园边界和区域边界，以开放的姿态，面向国内外开办相关专业的重点高校和开展相关业务的一流企业，积极寻求优质资源合作，探索联合培养路径，形成多方集群之"势"。

动力维。"动力维"指的是发展内驱型系统转向。传媒艺术教学实践需要循序解决"创作""创新""创意"的素能培养问题——"创作"是指将课堂知识应用于作品生产；"创新"是指在技术、媒体和艺术各要素之间发现新质并赋予形态；"创意"是指能用国际设计语言进行传统文化的当代阐释，最终应指向对专业知识应用外延的突破。

目标维。"目标维"指的是创作研究型尖端定位。我国文化创意产业正值转型提升期，智能媒体产业亦处在布局启动期，均需要将具有高站位发展意识、精细化专业知识、深积淀理论学识并掌握丰富创作经验和多元社会资源的人才作为引擎来推动相关产业细分领域的发展。

功能维。"功能维"指的是社会服务型功能标准。"传媒业界、学界乃至整个教育界应以融合之精神、开放之态度、历史之责任，携手合作、共同开创智能传媒教育的新形态，方才不负传媒作为社会发展原动力和社会结构变迁的决定性因素的智能媒介化时代的到来。"①

三、媒体融合语境下传媒艺术教育模式的创新

传媒艺术高等教育新范式构建，意在整合学科资源，形成群体优势，促进交叉融合。宜以现有艺术类优势学科和核心专业为龙头，以相关特色专业为搭手，深度挖掘学科间关联属性，实现协同发展、借势发展、增量发展，打造跨专业联合创新的有力引擎。传媒艺术高等教育的建设与推进，是在国家大力支持调整优化学科专业、鼓励高校凝练办学特色的形势下，深化人才

---

① 廖祥忠. 未来传媒：我们的思考与教育的责任［J］. 现代传播（中国传媒大学学报），2019，41（3）：1-7.

培养模式改革的重要方向，也是形成"艺术+"学科共享平台以服务相关产业新发展与新布局的重要举措。具体来说，可借由专业体系、人才素能、教学模式、教学方式等几个重点方向的转型进行探索。

（一）专业设置的结构化转型

推进传媒艺术教育由局部调整走向深度创新，是适应行业发展与社会转型的所需与必行。应始终关注移动互联网、人工智能、大数据等带来的传媒艺术新业态，提高艺术人才培养与媒介化社会需求的契合度。以融合型专业、融合型师资、融合型教材、融合型课堂为培养保障，以"艺术"为核心、以"传媒"为介质，积极将艺术创作延伸到其他学科的表现领域上，走"新艺科"和新文科、新工科相融合的发展之路，并聚焦人工智能艺术创作及虚拟现实、增强现实、混合现实等艺术呈现领域的创新，引导艺术教育从传统范式向智能范式转移。

同时，可尝试以专业结构调整推进教学内容调整，加快艺术高等教育的内涵式发展：对一些不符合学科发展需求，难以适应行业、社会、教育发展新形势需要的专业适时进行更新换代；对一些在发展定位、培养过程等方面有交叉重合的专业，整合优化空间资源、设备资源、教学资源、教师资源；对国家、行业、市场的急需，要发掘学科内、学科间专业交叉融合优势，及时占领新的教育教学领域。这样可以使艺术类专业教育定位更加清晰、合理和科学，既保持传统优势，又适应趋势潮流，加快融合性学科专业建设，搭建艺术与技术、艺术与科学、艺术与传播等学科交叉平台。

（二）传媒艺术人才素能的基底式转型

当前，国家在文化创意产业发展上面临转型诉求：由数量到质量、由制作到创作、由模仿到创新。在此关键阶段，具有顶层设计能力和多元创作手段的尖端人才尤为关键，但反观从业者现状，囿于制作能力和因于旧式思维的情况依然常见，文化底蕴单薄、科学技能匮乏、思想视野局限、创作观念陈旧等素养不足亟待弥补。新时期传媒艺术人才培养，须立足全媒体时代大众媒介消费的诉求，立足互联网环境中大传媒产业服务国民生产各领域的拓展潜能，以媒介应用创新和文化传播创新为抓手进行能力构建，不断提升创新意识、创作能力和创优追求。

具体来说，人才素能的转型即通过逐步夯实人文基础、专业技能和实践经验，在技术制作的基础上，加强培养媒介创意和审美创造的能力，使其从"收集＋加工＋传播"转向"挖掘＋创意＋传达"。一方面，扭转重应用、轻人文的现状，通过加强历史、文学、哲学、科技、美学等方面的综合知识教育，全面提高学生的生活感悟、语言表达、概念提取和视听联想等能力，加深其思想维度和精神积淀。另一方面，在"传媒＋""互联网＋"的趋势下，尊重融媒体发展规律，鼓励学生围绕大产业概念学习策划、创意、采编、设计、制作、传播等内容，对应产业特征并结合自身优势，实时调整学习侧重点。总体上，在思维认知和实践技能双方面实现基底重构。

（三）传媒艺术教学模式的创新性转型

传统的艺术人才培养具有专业固定、大班授课、理论教学为主、实践教学为辅、考核形式单一的特点，这在专业知识与技能拓展、模式统一与创新多元、职业要求与实践需求等方面产生断裂，"不利于传媒艺术人才人文底蕴、社会品格、国际视野的养成"①。新时期传媒艺术教育面对这种现状，需要调整育人思路，以坚持交叉培养、鼓励联合创作、发挥集群效应的理念创新促进培养模式的转变。

传媒艺术高等教育培养模式转型，可进行多维度的建设：在教学资源配置上，进一步实现交叉融合、共通共享，既保证艺术学科统一协调发展，又充分调动各专业积极性；在人才培养方式上，强化"研究创作制"，在提升艺术创作素能的同时加强人才的研究素能，以创作发掘研究问题、以研究解决创作难题，将创作触角伸向创新前沿，将研究视角伸向产业前沿；在创新空

---

① 曹坤. 用"跨界思维"打造传媒人才的实践创新能力——以中国传媒大学为例［J］. 现代传播（中国传媒大学学报），2012，34（3）：130-133.

间构建上，通过探索人才项目孵化机制，设计激励、扶持、资助学生创业创新的有效措施，搭建富有发展生机的融媒体实验平台，以互动式、服务式、体验式的媒介教育，通过提升艺术传播主体能动性来激发传媒艺术生产活力。

（四）传媒艺术教育教学方式的精益化转型

面向未来创新的艺术教育教学，应同步改善理论和实践教学方法，不断挖掘信息深度并拓宽知识维度。在课堂教学改革方面，将课堂学习与课后学习相结合，将线上学习与线下学习相结合，在课程教学注重实用性技能传授的同时，加强尖端创作的引领型研究，瞄准艺术行业发展关键问题探索解决方案，并加强艺术前沿的学理性研究，拓宽产业格局和理论视野。在实践教学改革中，一方面提升实践教学的创新要求，与真实产业项目对接，与真实行业问题结合；另一方面加强专业间、学科间的融合实践，走出本专业的边界，走向传媒艺术创作的交叉领域。

此外，应进一步提升传媒艺术人才培养的国际化程度。在媒介深度融合的语境下，洞察全球信息传播与媒介消费态势、科学研判国际舆论环境、抢抓艺术产品创新先机，无一不要求从业人员具备深刻的国际理解能力和开阔的国际视野。落实在高校育人实践中，则需采取"请进来"与"走出去"相结合的双向策略，展开高品质和前沿性的国际交流与合作，以联合培养、交换学习、暑期学校、短期培训、国际会议、实习实训等形式，为学生创造走进国际一流大学和知名企业的机会，打通与全球对话的教育通道，以解决现有的国际化教学合作中存在的重课程轻实践、重制度轻机制、交流易联动难、单向易多向难等问题。

综上，传媒艺术文化已经席卷全球，媒体融合已经构成了大势潮流，这为人类的生存与表达带来极其深刻的变革，构成了全球化的整体语境。顺应媒体融合趋势、助力媒体融合发展、服务媒体融合创新，是传媒艺术教育当前及今后一个时期的重要使命。我国传媒艺术的教育改革和创新发展，将是一个发展性和交叉性并存的课题。其中教育理念创新和培养模式优化，是基于资源累加、合作互动、项目拓展、体量扩容和理念更新的动态发展过程，需要以一流标准、系统筹备、精细设计、缜密实施和全程质控来保障人才培养的全程水准。传媒艺术教育范式的创新与实践，有利于拓展艺术边界、融合传媒框架并打破学科壁垒，催发教育成果新质，并以融合性思维深化内涵式发展，通过构建人才培养共同体，为我国融媒体建设提供人才保证和智力支撑，以可持续发展、内涵式发展、特色化发展的标准走出一条服务于我国产业升级和艺术创新的品质育人道路。

媒体融合语境下我国传媒艺术实践变革的趋势、本质与反思[*]

习近平总书记在文艺工作座谈会上指出，"互联网技术和新媒体改变了文艺形态，催生了一大批新的文艺类型，也带来文艺观念和文艺实践的深刻变化"。传媒艺术属于我国社会主义文艺中的重要类型，在国家文化建设中占据重要的地位。自摄影术诞生以来，传媒艺术族群以其"机器和人共为主体"[①]的特性，迅速普及、大范围扩张，改变了人类艺术生态和文化生态。因为具有鲜明的技术属性，传媒艺术在媒体融合环境下，尤其是在媒体融合到融合媒体、再到智能媒体的关键时期[②]，依靠技术的充分赋能，在艺术生产的各个流程、要素和环节中不断变革与升级。这不仅影响传媒艺术及文化实践本身，还将影响人类社会的生活方式、思维方式、社交方式、消费方式。在这种背景下，如何理解传媒艺术实践深刻变革的趋势与本质，需要集思广益、深入探讨。

---

[*] 本文原载于《中国新闻传播研究》2020年第4期，收入本书时略有改动。
[①] 胡智锋，宋素丽. 全媒体时代艺术教育的生态认知、底层建构和方向追寻——访长江学者、北京师范大学艺术与传媒学院院长胡智锋教授[J]. 新疆艺术学院学报，2018, 16(4): 1–14.
[②] 廖祥忠. 从媒体融合到融合媒体：电视人的抉择与进路[J]. 现代传播（中国传媒大学学报），2020, 42(1): 1–7.

一、传媒艺术发展历程演进

狭义上的传媒艺术"是指自摄影术诞生以来,借助工业革命之后的科技进步、大众传媒发展和现代社会环境变化,在艺术创作、传播与接受中具有鲜明的科技性、媒介性和大众参与性的艺术族群。传媒艺术主要包括摄影艺术、电影艺术、广播电视艺术、新媒体艺术等艺术形式,同时也包括一些经现代传媒改造了的传统艺术形式"①。有研究者认为,传媒艺术历史演进可以分为三个时期,即机械复制时期、电子化时期、数字化时期,前者发端于1839年摄影术的诞生,中者起始于20世纪二三十年代电视的诞生和有声电影的风靡,后者起始于20世纪六七十年代互联网的出现。②这三个阶段是相对意义的划分而非绝对意义的区隔,因为一个阶段的标志是新的传媒艺术形态的繁盛而不是其他传媒艺术形态的消亡。在传媒艺术发展演进进程中,技术赋能对传媒艺术带来的巨大影响最值得关注,这也是传媒艺术技术属性的具体反映。当前的问题在于,互联网技术对传媒艺术理论及其实践活动的影响还远没有结束,尤其是媒体融合对传媒艺术的影响正在上演且未来无限可期。因此,以媒介融合为界,又将传媒艺术的数字化时期细分为四个阶段,即数字化初期、媒体融合阶段、融合媒体阶段和智能媒体阶段。

尼古拉斯·尼葛洛庞帝(Nicholas Negroponte)等人在研究互联网对媒体发展的影响时提出了"媒体融合"(media convergence)这个概念,意思就是,数字化生存时代的传媒将实现"一体多能"发展,即同一载体将实现信息来源的多元化、传播方式的多样化、体验方式的丰富化和功能的综合化发展。③其实,"在不同的时空中,媒体融合往往与媒体分化(media divergence)并

---

① 胡智锋,刘俊.何谓传媒艺术[J].现代传播(中国传媒大学学报),2014,36(1):72-76.
② 胡智锋,吴炜华.传媒艺术的历史演进、研究路径及学科回应:一种跨学科的文化视野[J].现代传播(中国传媒大学学报),2013,35(12):50-54.
③ 尼葛洛庞帝.数字化生存[M].胡泳,范海燕,译.北京:电子工业出版社,2017:61.

存,并呈现出辩证发展的关系"①。媒体的分与合是信息传播的使然,是由人类信息技术、通信技术的发展程度决定的。这揭示了媒体的变革动因,因为媒体的本质是信息②,信息的背后是人的需求。信息本身是综合的,人的需求也是多元的,人对信息需求的强度、广度和深度最终决定了媒体的样态。

纵观人类传播史,一方面,人类对信息的传播与接受的基本要求是一以贯之的:一是求真,即获取的信息更加便捷、清晰、全面;二是求善,即获取的信息更加有价值、有关联、有作用;三是求美,即获取的信息更加有趣、有味、有品。另一方面,不同媒介对人类需求满足的重点不同,口耳传播、文字传播、造纸术和印刷术自不必说,传播技术和传播介质的发展程度决定了传播的广度和历史纵深度。第一次工业革命带来人类社会生产效率的提高,机器生产、社会大分工出现提高了造纸技术和印刷技术水平,使大规模复制成为可能,这对于传播来讲也是一次质的飞跃。电子技术出现和应用催生了电子媒介,摄影艺术、电影艺术、广播电视艺术依次登场,它们让即时传播成为可能;其传播速度越来越快、空间越来越广,建构了信息生产与传播的新时空,让"地球村"从想象变为现实;同时,它们以强大的包容性和综合性,利用其传播和艺术的双重属性,不仅制造了新的视听奇观和审美体验,而且改变了美术、音乐、文学等传统艺术的传播格局和艺术生态。尽管它们在艺术探索和审美功能上有相似性,但是重点不同,广播艺术继续诉诸听觉,摄影艺术继续诉诸视觉,电影艺术侧重于想象的塑造,电视艺术侧重于传播的艺术,对于人的需求而言,这是整体需求与部分需求的结合,是多样性和丰富性的统一。

媒体融合的本质就是让人类获取信息的准确度更高、效率更高、质量更高。但是为什么只有互联网发展了才催生出这个理念?没有提出这种理念并不代表媒体融合的信念追求与实践探索不存在,电视媒体就是对电报、电话、广播、报纸、杂志等信息某种程度的融合。只是这种融合的度或者说能力还

---

① 廖祥忠.从媒体融合到融合媒体:电视人的抉择与进路[J].现代传播(中国传媒大学学报),2020,42(1):1-7.
② 麦克卢汉.理解媒介——论人的延伸[M].何道宽,译.北京:商务印书馆,2001:19.

不够，例如，制作流程专业化和复杂度带来的传播延时性问题，单向线性传播带来的难以保存、回看和检索问题，收视空间的相对固定带来的移动收看问题等。这些问题其实在互联网的早期也没有被解决，如移动环境中及时获取信息的问题。"随着带宽的不断扩容，互联网先后可以传送承载文字、图片和视频等信息形态，多呈现方式、多媒介成为当时传媒业的新业态。"[1] 尤其是随着 AI 技术、5G 技术、VR 技术的全面应用，媒体融合不仅在加速，而且在提质增效，即由媒体融合阶段转型升级到更为高级的融合媒体阶段和智能媒体阶段。媒体融合使传媒艺术的平台性和生态性愈加明显，以其空前的"内容整合力、渠道统治力和用户黏附力"[2] 来重构人与人的关系，也推动了全媒体传播体系的形成，深刻影响了社会治理。[3]

二、媒体融合语境下传媒艺术实践变革的趋势

媒体融合不仅仅带来传播介质的演变，也影响到传媒艺术创造主体、文本内容、接受环境的变化。

（一）传媒艺术创作主体的身份角色日趋模糊

在"人人为媒"的媒体融合时代，作者、传者和受者身份重叠，难以厘清。因为传统意义上的传媒内容生产、传播与接受的流程化、板块化、领地化将不再严格区分，而这一切的边界和分工都随着用户群体在传媒艺术中的崛起和成为主导力量而自然消弭。"我用故我在"，尤其是在社交媒体中，用户将成为王者，他们可能是传媒内容的生产者，也可能是传播者或消费者。例如，短视频的拍摄者、转发者和娱乐者可能是同一人、同一个群体。曾经

---

[1] 廖祥忠.未来传媒：我们的思考与教育的责任[J].现代传播（中国传媒大学学报），2019，41（3）：1–7.

[2] 廖祥忠.从媒体融合到融合媒体：电视人的抉择与进路[J].现代传播（中国传媒大学学报），2020，42（1）：1–7.

[3] 高晓虹，等.以媒体融合发展助力社会治理[N].人民日报，2019–12–25(9).

小众的，甚至是精英的创作群体将由专业化队伍发展到非职业化的大众队伍。① 需要说明的是，这里的非职业化并非排斥专业化，只是从职业归属角度讲，很难将这样的群体划分为某一固定的职业类型，他们或许是职业创作主体，也可能是跨界创作主体；这里的非职业化也并非排斥创作质量的专业性，因为跨界创作并不意味着跨界创作者的创作水准低。总之，他们来自五湖四海，来自各行各业，他们在互联网平台上乐此不疲、随时随地、自由自在地一起创作、一起分享，享受着这种技术赋权带来的愉悦感和自豪感。

（二）传媒艺术文本类型的边界日趋杂糅

在媒体融合加深的趋势下，一方面，传媒艺术已有文本类型在变革、成长、演进，主类型不断衍生出各种次类型、亚类型；另一方面，各个成熟的类型之间相互杂糅，融合产生一些新兴的传媒艺术样态。② 以比较流行的青春类型电影为例，它既可以产生校园青春电影、二次元青春电影，也可以与其他类型片交融产生青春冒险片、青春爱情片、青春喜剧片。究其原因，一是艺术类型自身遵循一个不断自我否定、自我扬弃、自我进化的规律，所谓类型的成熟与否是相对的，它总是随着社会环境、文化环境、创作生态和受众的接受情况等诸多条件的变化而发展变化，否则就会失去市场和影响力。③ 二是因为创作主体变化带来传媒艺术内容生产形态的变化，例如，随着制作主体的大众化，过去专业制作队伍创作的内容PGC（Professional Generated Content），演变为用户主导的制作内容UGC（User Generated Content），而随着人工智能技术的应用，人工智能制作内容AIGC（Artificial Intelligence Generated Content）将大量出现。于是，在一个时期内，PGC、UGC和AIGC三者共存，文明互鉴、优势互补，交流碰撞中难免使身份和边界走向模糊，

---

① 周建新．传统化回归与螺旋式升级：论互联网时代传媒艺术审美活动的转向［J］．现代传播（中国传媒大学学报），2019，41（1）：108-113.
② 华箫．立即的经验［M］．纽约：纽约花园城市双日有限公司，1962：130.
③ 周建新．传统化回归与螺旋式升级：论互联网时代传媒艺术审美活动的转向［J］．现代传播（中国传媒大学学报），2019，41（1）：108-113.

更何况三者在历史上还有其延续性和继承性。

（三）传媒艺术接受环境的虚实边界日趋交叉

随着VR、AR、MR技术的开发，虚拟现实将在传媒艺术创作生产领域得到广泛应用，"当前的一些沉浸式影院、沉浸式画展、沉浸式戏剧、沉浸式游戏、沉浸式主题乐园等产品呼之欲出"①，依靠的就是虚拟技术营造的逼真情景、沉浸式体验、多维感知享受。可以畅想未来的智能媒体时代，随着智能设备及物品的快速普及，以及物联网技术走进群众的日常生产生活，传媒艺术将无时无处不在我们身边，影响我们的生活方式、思考方式。更有甚者，媒介将与社会一体同构，公域与私域的结构也将重构。②对每一个个体、团体和社会阶层而言，传媒的力量将融入生存、生产和生活的现实环境。

三、媒体融合语境下传媒艺术实践变革的本质

从媒体融合到融合媒体再到智能媒体，对于传媒艺术本身而言，这已经不是技术引擎带来传媒艺术实践某一方面、某一部分的简单变革了，而是体系化、深度化、整体化的变革，对于传媒艺术发展将产生质的演进。笔者将这种变革趋向的本质概括为三个方面。

（一）传媒艺术将由艺术大众化演变为大众的艺术

一方面，从人类社会发展进程判断，艺术创造主体应该由小众到大众不断演进，这是人类进步的需求，也是艺术自身发展的需求。人类社会的进步需要更多人去认识艺术、了解艺术并投入艺术的创造中，而艺术自身发展同样需要艺术创造者、艺术家、伟人不断涌现，将其发扬光大，使其绵长久远，

---

① 张开扬.电子游戏与传媒艺术融合的艺术价值及市场前景[J].淮北师范大学学报（哲学社会科学版），2016, 37（5）：108—112.
② 胡泳.众声喧哗：网络时代的个人表达与公共讨论[M].桂林：广西师范大学出版社，2008：38.

保持影响力和生命力。

另一方面，我们不得不正视的现实是，在人类艺术发展史上，艺术一直都是高高在上的象牙塔式的存在，这既有艺术自身的独特性、精英性、稀缺性的原因，也有技术、经济、地域、文化等多重制约的原因。随着机器工业的到来，传统艺术创作生产进入传媒艺术的机械化时期，传媒艺术创作不再是"手工劳作"，而是"呈现出机械式的、大规模的、流水线的、成批量的生产复制模式"①。机器复制给艺术创造的经典性带来了冲击，但是从艺术普及角度讲是有其积极意义的，正如本雅明所说，"艺术作品的可机械复制性在世界历史上第一次把艺术品从它对礼仪的寄生中解放出来"②。然而即便如此，艺术依然属于小部分阶层，对于大多数人而言，艺术高不可攀，因为不具备起码的认知和接受能力，更不用说去创造。电影艺术、电视艺术虽然内容通俗、易于接受，但影视作品的制作生产依然专属于专业领域的独有权力，制作、传播和接受三方有着严格的界限和壁垒。因此，这里的艺术大众化更多的是从艺术传播的范围和受众接受量去思考的，真正的大众艺术的实现需要媒体融合赋予基本的平台和机会，需要大众作为创造主体主导艺术的生产、传播与接受。必须强调的是，这里的"大众的艺术"是文艺人民性的具体实践。社会主义文艺的本质是人民的文艺，人民既是历史的"剧作家"，也是"剧中人"，同时还是欣赏者、批评者。朱立元认为，文艺的"人民性"指的是"在内容上反映人民的生活、命运，表现人民的情绪和愿望，代表人民的利益和呼声，体现人民的思想、审美观点和理想，以及广泛地吸取和利用民间艺术的养料；在形式上易于人民接受和喜闻乐见"③。毫无疑问，媒体融合下的传媒艺术将为人民群众带来这样的话语权和传播渠道。

---

① 周建新.传统化回归与螺旋式升级：论互联网时代传媒艺术审美活动的转向[J].现代传播（中国传媒大学学报），2019，41（1）：108-113.
② 本雅明.机械复制时代的艺术作品[M].王才勇，译.北京：中国城市出版社，2001：17.
③ 朱立元.美学大辞典（修订本）[M].上海：上海辞书出版社，2014：647.

（二）传媒艺术将由艺术的传播演变为传播的艺术

一方面，传媒艺术天生兼具艺术和传播双重属性。摄影、电影、广播、电视、动漫、游戏等传媒艺术类型的一个共同特点是诞生早期一直以传播工具的符号存在，其更多被认为是一种传播介质，即便存在一些传播方式上的艺术性处理，也只是停留在技艺层面而非艺术本体层面。例如，电视是不是艺术的争议随着中国电视的出现和发展持续了很长时间，时至今日还有一些不同的声音。网络文艺同样如此，网络文学是文学的网络化传播还是具有独立艺术本体的新型文艺形态，网络综艺是电视综艺的网络化传播还是具有独立艺术本体的新型文艺形态，网络电影是电影艺术的网络化传播还是具有独立艺术本体的新型文艺形态，还存在一定的争议。这个可以理解，因为一种新艺术类型的出现以及成熟都需要时间和过程。

另一方面，在传媒艺术双重属性的构建过程中总是传播属性大于艺术属性，或者是与传统艺术相比，显得不那么纯粹。其实，文学、绘画、雕塑同样具有传播属性，都是一个时代文化传承的重要载体，只是社会往往将其传播属性淡化处理。媒体融合下的传媒艺术将不再是传统艺术的数字化处理，而是一种独立的艺术本体，"同时指向真的与假的、非虚构的与虚构的所共同构筑的媒介现实世界"[①]。以传媒艺术的参与性为例，媒体融合下的传播艺术不再是为传播而传播，传播的工具性将让位于艺术的本体性，传播过程中的互动参与不是艺术的传播手段，而是艺术的呈现内容和形式中必不可少的一部分。而随着精算法、机器人写作、AI主播、语音实时识别与转换、受众打赏、开放式互动结构等技术的应用和艺术现象的出现，传受关系将相互促进、彼此交融，传播的议程、对象、效果成为创作过程以及文本构成的一部分。同时，这种参与性也将成为其审美表达和体验规律的一部分。也就是说，传媒艺术传播的合目的性与合规律性在媒体融合的驱动下实现了有机统一。

---

① 胡智锋.电视传播艺术学[M].北京：北京大学出版社，2004：6.

（三）传媒艺术将由艺术生活化演变为生活的艺术

"西方传统意义上的美学体验和典型的日常生活之间有着天然的对立。"然而，随着艺术的广泛传播、普及以及大众审美修养的提高，随着生活艺术质量的提升，"日常生活美学"这一客观存在引起了大家的关注，它的创作题材没有传统美学的独特性、超凡性、经典性，而是"正好与之相反，是普通的、平凡的事件、活动和物"①。然而在过去的传媒艺术发展过程中，尽管摄影艺术将镜头对准了日常生活中的物，电影艺术将视野转移到小人物的悲欢离合，电视剧更是在普通人物的日常生活中去寻找故事，但是其艺术形象的塑造原则、故事的叙事原则并没有因为"日常生活审美化"②的趋向而挑战传统的美学规则，如主题性、典型性、结构性、故事性等。在媒体融合语境下，传媒艺术的受众在审美心理上由小众化遵从到大众化盲从，再到分众化随从；在审美体验方式上由"虚静"式旁观到主动参与，再到沉浸式体验。③艺术真实与生活真实之间的关系，虚拟世界价值伦理中善与恶的关系，审美与审丑之间的关系等，都需要理论界给予实践新的解答。然而，有三点需要思考。一是生活的本质无限宽广，生活的内容也应该无限丰富和精彩，生活的艺术化是人的理想，是一个永无止境的发展过程。感知、体验、情绪、状态不是一时冲动，也不是偶尔为之，它将成为生活常态。一如审美日常化、审美生活化的扩充和扩容，艺术在生活中将如灿烂之花，四处绽放。二是生活的艺术化不是终点，而是阶段性成果，最终的理想是，依托传媒艺术的无限空间和遐想，艺术的生活化和生活的艺术化也将在此统一，生活将成为"诗意的栖居"，虽随处可见但处处美好。三是生活的艺术不是青年人的专属和特权，对于受众而言，传媒艺术提供的欣赏内容、参与方式、活动空间无限丰富，不同阶层、不同性别、不同年龄、不同疆域、不同民族的受众都能在此找到

---

① 卡尔森.日常生活美学的困境与出路[J].王泽国，译.哲学动态，2013（4）：101-105.
② 费瑟斯通.消费文化与后现代主义[M].刘精明，译.南京：译林出版社，2000：98.
③ 周建新.传统化回归与螺旋式升级：论互联网时代传媒艺术审美活动的转向[J].现代传播（中国传媒大学学报），2019，41（1）：108-113.

自己熟知而陌生的"独立王国"。

综上,无论是从"人"的层面还是从"群体"的层面分析,人总是审美活动的主体,人的需求永远是审美活动的旨归。人民群众是艺术创作的英雄,我们呼唤更多的创造群体立足中华大地,创造人类命运共同体意识观照下的艺术形象,自觉去传承和发扬中华优秀传统文化。

四、媒体融合语境下传媒艺术实践变革的反思

可以预见在未来,随着大数据、人工智能、物联网、5G 技术在传媒艺术实践中的广泛应用,媒体融合将进入更为实质、广泛的融合阶段,进而进化为融合媒体和智能媒体阶段。在这种情形下,如何迎接"人人为媒""万物为媒""社会为媒"时代的到来,为人与人、人与物、人与社会的新型媒介关系提供更优质的服务;如何适应艺术文本边界的日益杂糅混搭,不断推陈出新,为广大受众提供更多更高质量的审美享受;如何抓住传播平台 PC 端和移动端统一的机遇,创新传播方式,提高传播效率,实现精准传播和优质传播;如何适应受众人群接受方式、接受心理的复杂变化,提供更具生态性、景观性、体验性的接受环境和接受空间。这些都是摄影艺术、广播电视艺术、电影艺术、动漫游戏艺术、新媒体艺术等传媒艺术类型正在面对和即将面对的新问题。笔者认为,学术界需要及时对以下三个问题给予思考和回答,以回应传媒艺术实践面临的新困惑。

(一)价值导向问题

习近平总书记指出:"如果一个民族、一个国家没有共同的核心价值观,莫衷一是,行无依归,那这个民族、这个国家就无法前进。"我国传媒艺术作为社会精神生活的重要内容、重要载体和存在空间,不仅是创作者的主观之思、传播者的技艺展现、消费者的娱乐体验,而且反映着国家的价值导向。

当前我国传媒艺术实践在价值导向上不得不面对的现实困境主要来自两个方面。一是文化领域中的社会主要矛盾问题。即如何解决好数字鸿沟、技

术鸿沟带来的文化公共服务的不平衡、不充分。尽管我国的经济社会建设已经取得让世界瞩目的成绩，但是东中西部区域发展不平衡、社会各个阶层的文化水平差距较大等问题，严重影响了基本公共文化服务水平的提升。二是文化自信与文化自觉问题。传媒艺术发展的技术先导理念是事实，西方在很长时间里占据技术优势也是事实，但是传媒艺术作为一种艺术，其本质是人类社会审美实践，与其他艺术在艺术价值上是有统一性的。"美是人类文明之花。真、善、美是人类追求的三大价值。"[①] 而现实的尴尬在于，崇洋媚外、妄自菲薄、文化自卑的现象在传媒艺术实践中依然存在。

对此，笔者认为，在媒体融合语境下，传媒艺术实践在价值导向上应该着重从以下三方面入手。一是加强传媒艺术的人民性。"以人民为中心"的创作理念、传播理念和消费理念，是传媒艺术实践的根本遵循。人民群众是传媒艺术应该塑造的英雄，也是传媒艺术发展的智慧基础。满足人民群众对美好精神生活的需求和向往，始终是国家发展的根本任务，当然也是社会主义文艺发展的初心和使命。二是加强传媒艺术的民族性。落实习近平总书记要求，"遵循美育特点，弘扬中华美育精神"，在传媒艺术创作上延续和承中国文艺传统，在作品内涵构建中重视对中华文化精髓的提取与中国民俗艺术的运用，构建具有中华美学价值的视听符号体系。三是加强传媒艺术的国际性。在人类命运共同体的审美观照和视域下，注重在作品表现形式上推陈出新，吸纳前沿媒介创意的新质，重视通过前沿科技和影像语言的应用来提升跨文化传播的能力，更深层次地融入艺术生产与消费的全球化浪潮，并引领东方艺术新风向。

（二）文化安全问题

习近平总书记在中央国家安全委员会第一次会议上指出，"贯彻落实总体国家安全观，必须既重视传统安全，又重视非传统安全"。传媒艺术形成

---

① 参见胡智锋在第三届浙江青年电影节。新电影论坛中的报告《媒介融合语境下中国影视文化艺术之变》。

的网络文化安全正是非传统安全的重要组成部分。在网民数量激增、流量大爆炸的时代，网络文化加速裂变，与此相关的安全挑战越发凸显。当前我国传媒艺术面临的网络文化安全有四大挑战："一是以意识形态为核心的政治文化安全；二是承继优秀传统文化的民族文化安全；三是传播健康内容的大众娱乐文化安全。"① 四是在全球网络文化相互交融中，网络文化与数字伦理规范问题成为全球互联网治理面临的新挑战。一指的是，在全球网络空间大洗礼和新格局博弈②的过程中，如何提升意识形态在网络文化领域的"话语权"、加强意识形态对网络文化的引导、利用网络文化推动意识形态的传播与发展等的措施。二指的是，在网络文化市场化的大潮下，不少生产主体片面追求其产品属性和盈利目的，网络文化内容生产面临结构失衡、文化失位、价值失范、传统美学精神失落的安全风险。三指的是，随着互联网的广泛应用，网络逐渐成为人们日常生活中的必要部分，在新媒体的强势进军下，三大网娱即网络综艺、网络剧、网络大电影充斥着人们的生活，特别是作为网络原住民的"青年一代"的文化心理和媒介素养急需正确引导③。

对此，笔者认为，在媒体融合语境下，传媒艺术实践在文化安全上应该着重从以下三方面入手。一是坚持中国特色社会主义文化的主体性。对党和国家而言，网络文化已经成为意识形态传播的主战场和主阵地，尤其是随着网民的大量增加以及网民的全龄化，网络文化价值观关乎社会主义文化在互联网空间的主导性和方向性；关乎社会主义核心价值观的弘扬和传承；关乎增强道路自信、理论自信、制度自信和文化自信，关乎全民族的凝聚力、向心力。因此，要加强党对文化传播的宏观控制力，增强中国特色社会主义文化的跨文化传播力。二是应该正视网络世界文化的多元性，处理好网络文化

---

① 郭洁敏.中国网络文化安全面临的挑战与对策［M］//惠志斌，唐涛.网络空间安全蓝皮书.北京：社会科学文献出版社，2015：114-130.
② 方兴东，张笑容，胡怀亮.棱镜门事件与全球网络空间安全战略研究［J］.现代传播（中国传媒大学学报），2014，36（1）：115-122.
③ 段鹏，孙浩.网络大电影的发展趋势及其现状研究［J］.当代电影，2018（6）：124-127.

与现实文化、主流文化、精英文化和大众文化的关系。[①] 网络文化中出现的拜金主义、享乐主义、消费主义等错误思潮日益侵蚀着社会伦理、道德和价值，需要加强受众的安全意识和思想道德素质，加强网络文化建设和管理，积极完善文化安全法规制度。三是净化网络文化内容生态。网络文化在国民日常文化生活中所占的比重越来越大，已成为当代年轻人的主流文化生活方式。然而，网络文化中仍存在不少粗制滥造、抄袭模仿、渲染黄暴、炫富竞奢、颠覆传统等的内容产品，存在着"低俗、庸俗、媚俗"的不良倾向。尽快净化文化生态，创作健康良性的网络文艺产品，提升网络文艺的审美水平、文化底蕴和道德水准，是满足新时代"人民日益增长的美好生活需要"的必然要求。

（三）专业教育问题

在当前环境下，传媒艺术教育承担着重要的历史使命和责任，培养什么样的传媒艺术人才、如何培养传媒艺术人才，是传媒业界、学界以及其他各界共同面临的问题。这直接关系到国家意识形态安全、网络文化安全、国家形象传播和文化软实力的提升。当前我国传媒艺术教育不得不面对的现实困境主要来自四方面。一是"立德树人"的教育理念和根本任务需要强化。传媒艺术人才是我国社会主义传媒事业的重要建设者和接班人，他们的价值观、世界观、责任意识、道德水平、职业操守直接影响未来传媒事业的建设方向和水平。二是传媒艺术知识体系需要创新。从历史上看，我国传媒艺术知识体系更多来源于对西方的复制、模仿与改造，其中虽然有合理的成分，因为我们是西方传媒艺术实践的追随者和学习者，但是，不同于其他社会实践活动，传媒艺术实践具有很强的意识形态性、民族性、文化性、地域性，这就要求我们必须立足党情、国情、民情和世情，既不能盲目排外，也不能崇洋媚外，要创新现有的传媒艺术知识体系，使之能够"说明的了""阐释的

[①] 邹广文. 当代中国的主流文化、精英文化与大众文化[J]. 杭州师范学院学报（社会科学版），2002（6）：12–16.

了""指导的了"①。三是传媒艺术基础理论需要创新②。媒体融合背景下的传媒艺术基础理论是多学科交叉融合视野下的理论传承、积淀与创新,如传媒艺术美学理论、传媒艺术传播理论、传播艺术文化理论等,任何一个理论的建构都不是单一学科可以完成的,需要信息技术、传播学、艺术学、社会学、心理学、文化学、人类学、政治学等多学科理论的交叉融合与创新。四是传媒艺术实践创新需要提高培养体系的针对性。媒体融合背景下的传媒艺术学是"互联网+"与"传媒+"思维体系下的"大传媒"意识和思维方式,而现有的学科专业设置是依据传统的传媒产业社会分工来设置的,如导演、编导、演员、编剧、播音员、主持人、摄影师、录音师、配音师、剪辑师、美术师、制片人、策划人等,很显然,这种单线条的、条块分割和领地式的职业划分已经不能适应实践需要。

对此,笔者认为,在媒体融合语境下,我国传媒艺术人才培养需要从以下四个方向大力创新。一是不忘初心,守正创新。立德树人是教育的根本任务,"在人工智能时代,立足国家战略、紧跟技术脚步,培育一支有立场、有思想、有能力、有作为的融合传播生力军"③,是教育界的初心和使命。二是不忘根本,在沉思历史经验的基础上,置身于实践变革的趋势与潮流中,汲取优秀传统文化中的民族精神与艺术经验。三是着眼未来,积极投入社会发展变革与动态进程中,以文化自信的姿态和文化自觉的意识,致力于对传媒艺术新经验的探索,讲好当代中国故事。四是强基固本,在丰富的实践中练就真本领,精进专业技艺,深入思维系统,具备发现新命题、探索新命题、解决新命题的自觉。

---

① 郑永年.通往大国之路——中国的知识重建和文明复兴[M].北京:东方出版社,2012:3.
② 胡智锋.新环境下中国"戏剧与影视学"学科面临的新挑战与发展前瞻[J].戏剧(中央戏剧学院学报),2018(2):7-13.
③ 秦瑜明,赵希婧,桂笑冬.人工智能时代新闻传播事业的守正创新[N].光明日报,2019-12-16(6).

后 记

"生命诚可贵,爱情价更高。若为自由故,两者皆可抛。"匈牙利的裴多菲在作诗的时候一定与中国两千多年前面临"生"与"义"两难选择的孟子有同样的遗憾。似乎人的命运中最重要而美好的东西,跨越中外,贯通古今,都是"不可得兼"的人间常态。而我的经历,尤其是我作为一名中传人的经历告诉我,所有最终的"爱而不得"只不过是最初的"所托非爱"。

我是一个出生于20世纪80年代的农村孩子,来自大别山革命老区。起伏的山丘、缓流的小河、黄色的土地与绿色的庄稼是我目力所及日常景象,但这并不影响我对未来的期待。反而,一种对生活的向往、对生命的感悟、对生存的深思,扎根在我的心中,我期待并坚信:穿过"框住"我童年的天地,那里一定会有更多的人群和故事、更缤纷的色彩和轮廓在等着我。还记得在大表哥的婚礼上,我第一次接触到"电视机",那神奇的窗口装满了我儿时的一切猜测与好奇。命运是如此的神奇,也是在大表哥的婚礼上,我第一次观看了电视剧《渴望》,也慢慢地接触到那仿佛一到暑期便如约而至的1983版《西游记》和早已刻进中国人文化基因里的央视春晚……

随着小升初、中考、高考的临近,看电视逐渐变成了一种奢望,但也是对挑灯夜读的我最大的鼓励与抚慰。十八岁,高考结束,懵懂而又怀揣着希望的我走出了那个小村庄,迈入了洛阳师范学院的

大门，开始了汉语言文学专业的学习。时光飞逝，站在就业与读研深造的分岔路口，我与当时的女朋友也是现在的爱人共同报考了中国传媒大学广播电视艺术学专业的电视艺术理论方向研究生。命运的齿轮悄然转动，在我们两个携手走进中传校园的那一刻，那颗暗藏在内心名为电视的种子与爱情的萌芽生长、交织……从此，对于电视的理论学习与研究成为我人生中难以割舍的责任与热爱。在中传，我结识了太多的良师益友，师恩与友情让我的生命自此更加缤纷多彩。特别是我的导师胡智锋先生，启蒙之恩已是温暖永驻，重于泰山，知遇之情更是没齿难忘，情深似海。正是恩师教授我做人做事做学问的基本道理，除指导我学习外，帮助我打开了心门，点亮了心灯。让我能够在现实的生活与抽象的知识中，通过具体细致的观察，去思考、去体悟，也逐渐让我养成了一种习惯——不仅要在工作与学习中，更要在生活中去多角度、多维度地用心观察和深度思考。

在读书期间，我就开始大量练笔，写博客、写报告、写小文章，一切能够练习的机会我都不会轻易放过。很幸运，在2006年，在胡老师的亲自指导下，我在《人民日报》上发表了我的第一篇文章《"娱乐选秀热"忧思》。我仍清楚地记得，在这篇文章的写作过程中，小至每一处标点、每一句话、每一个段落，大至文章的构思、观点的提炼、案例的选取，胡老师整整帮我改了23遍。硕士毕业之后，我很荣幸地留在了母校工作，成为经济管理学院（原媒体管理学院）中的一员。在该院工作期间，我全身心地投入到工作当中，秉承着恩师的教诲，真诚做人，踏实做事，认真做学问。不仅每个工作日的白天把全部的精力投入到管理服务工作当中，甚至连晚上和节假日也不敢有丝毫懈怠，依旧保持着学习与锻炼的习惯，在学术的海洋中持续地遨游，这些都为之后的管理工作与学术研究，奠定了扎实的基础。如今思来，在经管学院五年的美好时光，是我刚

后 记

刚踏入工作,对一切还有些懵懂却又是最具青春活力、充满朝气的阶段。在与大家相处的日子里,我很感激这么多优秀的领导与同事给予我鼓励、帮助我成长。走过的路,每一步都算数,踏实的态度与默默的付出终究结出累累硕果,在经管学院任职的最后一年,我被任命为全校最年轻的中层干部。职务的背后意味着更大的责任,领导的这份信任与肯定一直鞭策着我在之后的日子里更加努力地前行。

工作的繁忙并没有消耗掉我对学术的热情与追求,几经周折,几番慎重的考虑,在2013年,我选择继续跟着我的导师胡智锋先生攻读博士学位。这大概是我人生中角色承担最复杂的阶段了,既是领导又是学生,既是丈夫又是父亲,既是学生又是家长……生命的重量逐渐加码,从一个人到两个人再到一群人,好在,"做人做事做学问"这七个字一直陪伴着我、提醒着我,让我能够在忙碌的日子里笔耕不辍,在浮躁的环境中坚守本心。厚积薄发,行稳致远,持续地学习与不断地思考让我"茁壮成长",荣获中国传媒大学青年拔尖创新人才、北京市广播电视和网络视听行业青年创新人才、全国广播电视和网络视听行业青年创新人才、全国青年文艺评论人才等称号。

有幸成为此次中传学者文库的供稿者之一,我深感激动的同时又十分惶恐。面对学校的这份厚爱与"大礼",如何呈现这些年的研究成果与选择哪些来呈现,我着实纠结良久。在苦闷的日子里,我看到这样一句话——找不到答案的时候,就去看看这个世界。于是,在这个寒假,我和家人进行了一场久已期盼的云南之旅。在路上,我看到各族人民的笑脸和舞蹈,听到不同民族的音乐和歌声,感受到大自然的气蕴与肌理。我突然发现,扎根人民、基于具象的观察与思考,才是艺术的土壤,也是创作和创新的源泉。回想儿时的梦想与成长路上的磨炼,我突然发现,这本选集

的意义并不只是对已有的文章进行机械的挑选与整理，而且是站在我个人视角上对现在的观察与历史的回望，它既是我个人的求学史，又是我的职业史，还是我的家庭史。这些经历与成长的厚赐，最终汇聚成如今的这本《电视艺术回望与观察》。

站在一名普通观众与电视研究学者的双重视角，很荣幸，我既是发展的见证者，又是建设的参与者。借着这次机会，我也再次回顾了这些年在学术研究这条道路上留下的足迹。本书整体的编辑脉络大致分为四部分，分别是电视艺术研究的视野与立场、电视艺术历史回望与现状评析、电视艺术理论探究与实践创新、传媒艺术教育理解与探索。在电视艺术研究的视野与立场这一部分中，先从电视文艺生态入手，搭建系统的框架，再延伸至"以人民为中心"的方向，强调群众文化在创作理念与视角上的重要地位。在电视艺术历史回望与现状评析这一部分中，主要选取了年代史、年度史、专题史这些具有代表性的章节，既着眼于宏观上的时间段又兼顾了具体的时间节点，涵盖了电视剧、电视综艺、纪录片等多个方面，对产生的现象进行观察并提出思考，完成了历史梳理、案例盘点与现象评析这三个维度的分析。在电视艺术理论探究与实践创新中，则是立足基础理论层面，结合电视创作中的具体案例，探寻电视受众、需求认同、审美转向等影响创作的底层逻辑，从而延伸至对整个行业发展的探讨。对于传媒艺术教育理解与探索，则将目光回归至最根本的人才培养环节，这一部分也与我如今的工作息息相关，身处浪潮之中，我深知艺术教育与行业发展相结合的重要性，所以在此提出一些个人的呼吁与见解。时隔多年，借着这次机会，我终于得以完整地回顾了这些年的"成长痕迹"。在这个平常的午后，我一次又一次的与曾经的自己相会。追风赶月莫停留，平芜尽处是春山。原来一切的余味苦涩，终有回甘……

在此，要特别感谢中国传媒大学党委书记廖祥忠教授、中国传媒大学校长张树庭教授等多位校领导，他们于我而言亦师亦友，在日常工作和学术研究中不断地鞭策我、鼓励我、帮助我。值此中国传媒大学 70 周年校庆之际，作为年轻的受邀作者之一，跟这么多仰慕已久的前辈、领导、老师、专家、学者在一起以出版自选集的方式为母校庆生，我深感荣幸，无比自豪，却又诚惶诚恐。因为跟各位专家、学者、老师、前辈相比，无论是我的学识阅历还是水平能力都与之有着很大的差距。然而在中国传媒大学的所有经历告诉我，有中传人陪伴的时光向来是温暖从容、厚重丰满的。就让我将我的所学所知、所念所愿和着浓浓的爱意与感激编辑成书，献给给予我"爱与自由"的母校：祝中国传媒大学 70 周年生日快乐，风华赓续！

周建新